郭璨 著

变革与重构：
面向泛在学习时代的高校教学管理制度

西南交通大学出版社
·成都·

图书在版编目（CIP）数据

变革与重构：面向泛在学习时代的高校教学管理制度 / 郭璨著. —成都：西南交通大学出版社，2021.10
ISBN 978-7-5643-8289-6

Ⅰ. ①变… Ⅱ. ①郭… Ⅲ. ①高等学校–教学管理–研究 Ⅳ. ①G647.3

中国版本图书馆 CIP 数据核字（2021）第 205427 号

Biange yu Chonggou: Mianxiang Fanzai Xuexi Shidai de Gaoxiao Jiaoxue Guanli Zhidu

变革与重构：面向泛在学习时代的高校教学管理制度

郭 璨 著

责任编辑	梁 红
助理编辑	李 欣
封面设计	原创动力
出版发行	西南交通大学出版社 （四川省成都市二环路北一段 111 号 西南交通大学创新大厦 21 楼）
发行部电话	028-87600564 028-87600533
邮政编码	610031
网址	http://www.xnjdcbs.com
印刷	成都蜀通印务有限责任公司
成品尺寸	170 mm×230 mm
印张	19.5
字数	274 千
版次	2021 年 10 月第 1 版
印次	2021 年 10 月第 1 次
书号	ISBN 978-7-5643-8289-6
定价	89.00 元

图书如有印装质量问题 本社负责退换
版权所有 盗版必究 举报电话：028-87600562

前言
Preface

当今是一个大变革的时代。科技广泛而深入的渗透教育领域，使学习的各种"门槛"逐渐弱化，一种以学习者为中心，强调"人人、处处、时时"的"泛在学习"时代正从理想走向现实。在此背景下，肩负人才培养重任的高校必须重新审视教与学的关系，重构教学管理制度才能确保新时代教学工作的有序开展。近年来，《国家教育事业发展"十三五"规划》《中国教育现代化 2035》等政策文件也屡次提及要推动高校教学管理制度更新。

基于此，本书将高校教学管理制度放置于面向未来的泛在学习背景下，沿着"缘何—是何—为何—如何"的逻辑进路，综合运用文献法、调查法、案例法、比较研究法和制度分析法，开展泛在学习时代高校教学管理制度的相关问题研究，旨在探讨现行高校教学管理制度能否规范与调适泛在学习时代的高校教学活动，规范过程中存在的困境及成因是什么，以及如何重构泛在学习时代高校教学管理制度等问题。

总体而言，本书的内容可分五个部分，总计八章：

第一部分为绪论，主要为问题的提出以及本书的整体设计。

第二部分为第一章，主要通过高校教学管理制度的理论研究，阐释什么是高校教学管理制度，以及如何构建高校教学管理制度的分析框架。

第三部分为第二、三、四章，主要基于理论分析与实证调查，探讨泛在学习时代高校教学管理制度重构的可能性与必要性。

第四部分为第五、六章，主要通过反思泛在学习理念下现行高校教学管理制度调适乏力的具体成因，探寻高校教学管理制度的重构策略。

第五部分为结论，主要为研究的总结与反思。

本书在写作过程中得到了诸多师长、益友以及家人的帮助，在此，一并表示感谢。受作者水平所限，书中难免有疏漏和不周全之处，敬请广大读者批评指正。

郭 璨

2021 年 6 月

目录 Contents

绪 论

一、问题的提出 …………………………………………………… 001

二、主要概念 ……………………………………………………… 009

三、研究现状 ……………………………………………………… 011

四、研究思路与本书架构 ………………………………………… 036

第一章 高校教学管理制度的意蕴诠释

一、高校教学管理制度的本质内涵 ……………………………… 044

二、高校教学管理制度的基本构成 ……………………………… 050

三、高校教学管理制度的分析框架 ……………………………… 056

第二章 泛在学习时代高校教学管理制度变迁的理性审思

一、泛在学习时代高校的教与学 ………………………………… 086

二、泛在学习时代高校教学管理制度变迁的合理性 …………… 104

第三章 现行高校教学管理制度的现实还原

一、国家层面的高校教学管理制度寻踪 ………………………… 116

二、现行高校内部教学管理制度的实然分析 …………………… 130

第四章 泛在学习时代现行高校教学管理制度的运行困境

一、泛在学习理念下现行高校教学管理制度运行境况调查 ……… 181

二、泛在学习理念下现行高校教学管理制度运行失灵的突出表现 … 197

第五章 泛在学习理念下现行高校教学管理制度不够完善的因素分析

一、制度供给不足难以满足主体需求 ……………………………… 211

二、制度结构失衡存在合法性危机 ………………………………… 217

三、制度建设环境影响制度形成与演进 …………………………… 224

四、制度建设价值凸显工具主义偏向 ……………………………… 228

第六章 泛在学习时代高校教学管理制度的重构建议

一、重构要义：建构以学习权为基础的高校教学管理制度 ……… 235

二、重构支点：以"学分银行"撬动高校教学管理流程再造 ……… 251

三、重构路径：推动高校教学管理制度从"规制"走向"赋能" … 268

结 语

一、研究总结与反思 ………………………………………………… 279

二、研究创新与展望 ………………………………………………… 285

参考文献

一、中文类 …………………………………………………………… 288

二、英文类 …………………………………………………………… 302

绪 论

> "一个时代的迫切问题，有着和任何在内容上有根据的因而也是合理的问题共同的命运：主要的困难不是答案，而是问题。因此，真正的批判要分析的不是答案而是问题。"①学术研究中的问题，是在学术研究中需要解决而尚未解决，从而产生的对学术认知对象的一种不解或矛盾的认知状态，是一种介乎认识的此岸和彼岸之间，被我们接触到、意识到并试图回答、揭示，或者采取相应行动的认知对象。②学术研究必须是基于问题的研究，发现问题、界定问题是学术研究的起点。

一、问题的提出

变革是普遍存在和持续不懈的，它经常出现在我们面前。③当今正是一个大变革的时代，无论我们是否愿意，新科技都在呈现指数级增长，并与经济社会各领域不断发生融合，催生出众多以互联网为基础设施和创新要素的新发展形态和发展模式。正如阿尔文·托夫勒（Toffler, A.）所言，虽然多数人总是希望现有的世界在未来得以永远延续，因为他们很难去适应另一种新的生活，更别说去接受和认同另一种崭新的文明……但事实上，

---

① 中央编译局. 马克思恩格斯选集（第一卷）[M]. 北京：人民出版社，1995：203.
② 劳凯声. 教育研究的问题意识[J]. 教育研究，2014（8）：4-14.
③ [加]富兰. 变革的力量——透视教育变革[M]. 中央教育科学研究所，加拿大多伦多国际学院，译. 北京：教育科学出版社，2000：27.

新的未来在徘徊和期待中已经到来和发生。①

（一）研究背景

1. 变革与融合：信息技术层出不穷推动着泛在学习由理想走向现实

以大数据、人工智能、物联网为代表的颠覆性技术层出不穷，使得经济社会发展迎来新的契机和挑战，引起了党和国家的高度重视。2015年3月，李克强总理在《政府工作报告》中明确指出，"要制定'互联网+'行动计划，培育新兴产业和新兴业态"，首次将"互联网+"上升为国家战略；同年7月，国务院发布的《关于积极推进"互联网+"行动的指导意见》再次提及，"互联网要成为提供公共服务的重要手段"；9月，国务院印发《促进大数据发展行动纲要》，指出，"数据已成为国家基础性战略资源，大数据正日益对全球生产、流通、分配、消费活动以及经济运行机制、社会生活方式和国家治理能力产生重要影响"；10月，《中共中央关于制定国民经济和社会发展第十三个五年规划的建议》再次强调要实施"互联网+"行动计划，实施国家大数据战略。这些政策的密集出台意味着信息化已成为当前阶段我们国家发展的重要战略。

教育信息化作为国家信息化建设的重要组成部分，是促进教育的创新与变革、促进教育治理体系和治理能力现代化的重要支撑。2016年6月，教育部颁布《教育信息化"十三五"规划》，对教育信息化建设发展提出了具体的目标与要求，强调深化信息技术与教育教学的融合发展，从服务教育教学拓展为服务育人全过程。2017年1月，《国家教育事业发展"十三五"规划》进一步提出积极发展"互联网+教育"，全力推动信息技术与教育教学深度融合。2018年4月，《教育信息化2.0行动计划》强调通过大数据采集与分析，将人工智能切实融入实际教学环境中，实现因材施教、个性化教学。2019年2月，由中共中央、国务院印发的《中国教育现代化2035》

---

① [美]阿尔文·托夫勒，海蒂·托夫勒. 再造新文明[M]. 白裕承，译. 北京：中信出版社，2006：4.

和《加快推进教育现代化实施方案（2018—2020年）》均指出，要大力推进教育信息化，加快信息化时代的教育变革，统筹建设智能化校园，着力构建基于信息技术的新型教育教学模式和教育服务供给方式，逐步实现信息化教与学应用师生全覆盖。由此观之，信息技术已由推动教育转型发展的外生动力转化为内生力量。

随着信息技术对教育现代化进程地不断推进，人们开始重视教育的意义，并对教育提出了多种不同诉求。同时，也越来越重视自身受教育权的保障，学习权作为受教育权内涵的拓展而备受关注。为此，构建网络化、数字化、个性化、终身化的教育体系，建设"人人皆学、处处能学、时时可学"的学习型社会，①构建服务全民的终身学习体系，完善弹性学习制度，建立健全国家学分银行制度和学习成果认证制度，使人才成长通道更加开放畅通，②已成为新时代人们的学习诉求和愿景。由"泛在计算"衍生而来的"泛在学习"——以学习者为中心，强调任何人在任何地方、任何时间都可能获取自己所需要的学习信息和学习支持的学习方式，与学习型社会和终身教育的价值理念一致，同时也成为建设学习型社会的目标和手段。过去，困囿于技术、资源、经济等多重因素，社会往往设立各种经济的、知识的或能力的门槛，作为开始学习或进一步学习的前提，学习供给与学习需求之间存在较大差距，学习者的学习权利较难得到有效保障。但当前，互联网络技术已从 2G 发展到 5G，从有线连接发展至无线连接，从二维空间发展到三维空间，加上物联网、云计算、大数据、穿戴技术、人工智能等现代信息技术的不断发展与整体突破，学习的各种门槛开始弱化，学习的便捷性和灵活性明显增强。一个广泛存在的学习环境、个性化的学习选择、交互的学习方式、虚拟社区化的学习生态逐渐形成，任何学习者随时、随地、随意地进行各项学习活动，并获取各地优质学习资源日益变得可能。这意味着泛在学习正在从理想走向现实。因此，将研究置于泛在学习时代背景下具有可行性和前瞻性。

---

① 习近平. 习近平致国际教育信息化大会的贺信[N]. 人民日报，2015-05-24（2）.
② 中共中央国务院印发《中国教育现代化2035》[N]. 人民日报，2019-02-24（1）.

2. 优化与转型：泛在学习时代要求面向社会之需变革高校教学管理

教育源于时代的要求，又反过来为时代服务。作为人类永续的事业，教育的生命力在于随着时代的发展不断变革。时下，科技革命和工业革命地不断加速发展，使得社会时空结构正在发生历史性巨变，其中，教育与科技的深度、跨界融合正在彻底地颠覆我们传统的教育教学，教育系统正在面临一场深刻的历史性解构、重构与创新。信息技术重构的新技术生态圈改变着知识的传播形式与教育的交往方式，带来教育教学方式的革新，推动学校从封闭走向开放。[①]正如教育家杜威（Dewey，J.）所言，"我们的社会生活正在经历着一个彻底和根本的变化，如果我们的教育对于生活必须具有任何意义的话，那么，它就必须经历一个相应的完全的变革"。[②]这场变革不再是"对传统教育模式的缝缝补补，而是在信息技术支持下促进教育流程再造"[③]。从规模上看，当前的学习格局变化可以同 19 世纪出现的从传统的工业革命前教育模式向工厂模式的历史性过渡相提并论。[④]

高等教育位居国民教育体系的最高层次，与社会联系最为直接和密切，在整个教育体系中起着根本引领作用。在联合国教科文组织《国际教育标准分类》中，本科层次教育（Undergraduate education）属于现代国家教育树干图谱的第六层次第二阶段（授予大学第一级学位或同等学历证书）。本科层次教育作为高等教育的骨干层次，其承接与对接着研究生教育与专科教育，是一国高等教育的基础。现阶段，如何推动我国高等教育由单纯扩招的外延式向内涵式发展转型，提升本科教学质量，用亿万人民的"教育梦""大学梦"共筑"中国梦"，成为实现教育现代化、建成教育强国的重

---

① 庞红卫. 信息技术如何变革学校教育——基于生态学视角的分析[J]. 中国教育学刊，2016（5）：42-46.
② [美]杜威. 杜威教育论著选[M]. 赵祥麟，译. 上海：华东师范大学出版社，1981：28.
③ 曹培杰. 未来学校的变革路径——"互联网+教育"的定位与持续发展[J]. 教育研究，2016（10）：46-51.
④ 联合国教科文组织. 反思教育：向"全球共同利益"的理念转变？[M]. 北京：教育科学出版社，2017：2.

点。教学质量提升的核心和落脚点又在于人才培养质量的提升。诚如胡锦涛同志在庆祝清华大学建校 100 周年大会上的讲话所言，"不断提高质量，是高等教育的生命线，必须始终贯穿高等学校人才培养、科学研究、社会服务、文化传承创新各项工作之中"。[①]而提升人才培养质量，关键在于改革和创新适应新时代社会发展需求和未来教育变革趋势的高校本科教学管理。

泛在学习时代的到来，驱动着高校与网络的深度联合以重塑大学的生存方式和发展空间。高校的课堂教学、科研、学校管理等方面融入越来越多的现代信息技术，并通过打造智慧校园致力于寻求自身发展的转型。线上线下、校园内外的边界日趋模糊，大学逐渐从"有限空间"向"无限空间"转变，新的教学形态亦不断涌现：高校联盟、校企联盟、慕课（MOOC）、微课、SPOC……尤其是 2020 年初新冠疫情暴发时，教育部提出了"停课不停学"的应急措施，《关于在疫情防控期间做好普通高等学校在线教学组织与管理工作的指导意见》要求各高校充分利用线上的慕课和省、校两级优质在线课程教学资源，积极开展线上授课和线上学习等在线教学活动。截至 2020 年 5 月 8 日，全国在线开学的普通高校共计 1454 所，共有 103 万余名教师开设 107 万门在线课程，合计 1226 万门次，涉 12 个学科门类，共有 23 亿人次学生参加在线课程学习。前所未有的全区域、全覆盖、全方位在线教学实践，加速推动我国高校全面进入在线教学时代。[②]

基于此，肩负着人才培养重任的高校，必须重新审视教与学的关系，不断变革高校教学管理模式才能适应时代的发展。换言之，在由科技革命和工业革命加速发展而催生的泛在学习时代，高校教学必须突破时间、空间、内容和师资等限制发生整体性变革，应势寻变，才能满足人民群众对于个性化学习的向往，满足未来社会对劳动力素质结构的需求，从而应对未来更加复杂的社会挑战。

---

① 胡锦涛.在庆祝清华大学建校 100 周年大会上的讲话[J].清华大学教育研究，2011（3）：1-4.
② 中国教育在线.教育部高等教育司：高校在线教育有关情况和下一步工作考虑[EB/OL].（2020-05-14）[2020-06-09].https://www.eol.cn/news/yaowen/202005/t20200514_1727139.shtml.

3. 追问与反思：高校教学管理变革需要重新审视高校教学管理制度

在 2018 年 5 月底举行的"中美在线高等教育论坛"上，时任上海市教育委员会高等教育处处长桑标提到，高教改革改到深处是教学、改到难处是课程、改到痛处是教师。回顾改革开放 40 年来我国的教学改革，其教学方式从强迫灌输到引导探究，学习方式从被动接受到主动学习，教学关系也从以教为中心到以学为中心。[①]但在教学改革实践中也发现诸多现实问题，如：线上线下活动分离、混合模式和实践教学活动不落实；学习内容与工作两张皮，学以致用不落实；信息技术与教学融合不到位，人才培养模式陈旧；教与学信息不对称，教学无效性；等等。这些现实问题的存在限制着高校教学的进一步改革与发展。对此，高校本科教学管理应如何改革？应从哪里突破？如何保障其教育质量？成为当下我们亟须思考的问题。

党的十九大将"推进国家治理体系和治理能力现代化"写入了党章。强调治理的现代化，实际上就是强调治理观念、治理手段的动态发展特征。法治是治理的基础和保障，是治理的一种方式，同时也是一个时期、一个阶段治理观念、治理手段的集中体现。十八届四中全会上，我党历史上第一次以"依法治国"为主题并出台《中共中央关于全面推进依法治国若干重大问题的决定》；党的十九大再次重申全面推进依法治国的总目标。在此背景下，全面推进依法治教，以法治思维和法治方式深化教育领域综合改革，既是全面依法治国的重要内容，也是教育改革的重要引领和保障。教育法治确立了教育基本制度和教育治理的基本模式，也为处理教育改革发展的矛盾与问题提供了基本规则和路径，对教育事业改革发展发挥着重要的引领、规范、支撑和保障作用。[②]可见，构建科学合理的高校教学管理制度，是推进高校教学管理有序变革的基础和保障，对提高教育质量和教学

[①] 杨小微. 从被动接受到主动学习——教学改革发展之路[M]. 上海：华东师范大学出版社，2018：1.

[②] 孙霄兵，翟刚学. 中国教育法治的历史回顾与未来展望[J]. 课程. 教材. 教法，2017（05）：4-14.

管理效率，实现人才培养目标具有重要的影响。

然而，学校具有鲜明的时代性，每个时代的学校都带有那个时代的特征。传统学校教育教学模式是基于工业化时代技术、条件与需求形成的，现行教学管理制度也是依据传统学校的教育教学、管理所制定的。随着泛在学习时代的到来，高校的教学类型、结构、特征必然会发生改变，现有的教学管理制度是否仍能很好地规范高校教学管理，理应成为理论和实践层面关注的重点内容。因此，探讨高校教学管理制度变革是泛在学习时代的必然要求，也是推进教育现代化的关键。近年来，我国政府在系列政策文件中也屡次提及要推动高校教学管理制度更新。如：2017年1月10日发布的《国家教育事业发展"十三五"规划》专门指出，要"着力推进教育教学改革"，"探索建立适应弹性学习、学分制和主辅修制的教学管理制度，逐步扩大学生自主选择专业、课程和教师的权利"。教育部原部长陈宝生于2016年8月31日在第十二届全国人民代表大会常务委员会第二十二次会议上讲到，高校教育改革与发展的重点推进工作之一，是要推进信息技术与教育教学深度融合，要建成将近4000门国家精品开放课程、中国大学公开课，让学习者人数超过9100万；要把自主建设的爱课程网、东西部高校课程共享联盟网等慕课（MOOC）平台，建设成为具有影响力的课程平台；推动一批高校探索在线学习、线上线下混合式教学模式，初步建立学分认定和转换等教学管理制度，以此"深化教育教学改革，提高人才培养质量"。国务院办公厅在2015年颁布的《关于深化高等学校创新创业教育改革的实施意见》中表明，"实施弹性学制，应放宽学生学习年限，容许学生调整学业进度、保留学籍休学双创"。《国家中长期教育改革和发展规划纲要（2010—2020）》在人才培养体制改革部分，专门提出要"推进分层教学、走班制、学分制、导师制等教学管理制度改革"。正如劳凯声先生所言，"现行的法律已经不能再稳坐钓鱼台了，它所面对的问题使它再也不能以不变来应万变了，因此我们又不能不把这一问题纳入我们的学术视野"。[1]

---

[1] 劳凯声. 变革社会中的教育权与受教育权：教育法学基本问题研究[M]. 北京：教育科学出版社，2003：6.

纵观既有的理论研究与实践，人们往往更侧重于教学方法、教学观念、教学资源等微观层面的内容，鲜少关注和重视中观层面的教学管理制度。按照制度教育学的观点，透过传统教育学的研究所阐明的都只是一座冰山露出水面的部分，即逻辑世界和理性世界。必须把教育制度作为优先目标，对制度进行现实的变革，以打破它惯有的复制链条，使之真正成为社会中所公开首肯的价值观念的维护者，才能有力探讨由于没有露出水面因而当时还看不见的那一部分对教育过程的作用。[①] 换句话说，如果对教学变革、教学管理的探讨仅仅停留在技术层面，而没有制度重构的回应，那么在实践中自然无法有效地规范与保障高校教学的进一步发展。因此，本研究将选题聚焦为泛在学习时代的高校教学管理制度重构，具有重要的理论意义和现实价值。

（二）研究问题

当前现代信息技术方兴未艾且无处不在，逐渐成为教育变革的内生变量，正在彻底颠覆传统教育教学，知识传播形式与教育交往方式的改变使能支持每位学习者自主学习的泛在学习生态圈正在形成。然而，如果只注重微观层面信息技术在教育教学中的应用，而不考虑其发展对相关主体权益保障情况的影响，不推动配套教学管理相关制度的变革来加强生产力与生产关系的呼应性、适应性，将导致技术无法真正赋能教育教学，无法真正实现信息技术与教育教学的融合发展。因此，基于研究领域、研究兴趣以及实际问题需要的考量，本研究把泛在学习时代的公立高校本科教学管理制度作为研究对象，旨在解决的核心问题为：现行教学管理制度与泛在学习时代教学管理的冲突及成因是什么？围绕此核心问题，本研究将重点聚焦四个子问题展开探究：

（1）高校教学管理制度是什么？

（2）泛在学习时代的高校教学模式有何新特征？

[①] 康永久. "制度教育学"管窥[J]. 华东师范大学学报（教育科学版），2001（1）：35-43.

（3）现行的高校教学管理制度能否规范与调适泛在学习时代的高校教学活动？其困境及成因是什么？

（4）如何重构泛在学习时代的高校教学管理制度？

二、主要概念

概念是通过反映客观对象的特有属性来支撑对象的思维形式，既有其"所谓"，也有其"所指"，是二者的结合体。概念的"所谓"是指概念的内涵，即被指称的哪类对象具有的特有属性；概念的"所指"是指概念的外延，即客观世界中具有内涵反应的特有属性的每一个对象，也就是概念指称的对象范围。核心概念是一篇学位论文的基础，诚如维特根斯坦（Wittgenstein, L. J.）所言，"概念引导我们进行探索"[①]。根据研究问题，本研究需要厘清的核心概念主要为"泛在学习""高校教学管理""高校教育管理制度"和"制度重构"。

（一）泛在学习

泛在学习（Ubiquitous learning）由泛在计算理念衍生而来的。从广义上讲，学习本身就是泛在的——无处不在的，但这种泛在的学习并不代表着能得到无处不在的学习支持，也并不一定能无处不在地产生相应的学习效果。狭义上，泛在学习是指在信息技术的支持下，任何学习者都可以在无缝衔接的学习空间中随时、随地获取任何自己所需的学习资源，享受无处不在的学习服务。在这种泛在学习环境下，学习的发生、学习的需求以及学习资源无处不在。本研究主要是从狭义上探讨泛在学习。

（二）高校教学管理

教学是一个学校工作的中心和重心，教学管理是学校管理工作的核心和关键。纵观已有研究，虽然关于何谓教学管理尚未形成统一界定，但学

---

① [奥]路德维希·维特根斯坦. 哲学研究[M]. 陈嘉映, 译. 上海：上海人民出版社, 2001：235.

者们普遍认为，教学管理是管理者以教学的全过程为对象，依据国家社会的人才培养需求，遵循教学活动的客观规律，通过对教学活动进行计划、组织、领导、协调、控制等，使其达到人才培养目标的活动。据此，本研究认为高校教学管理是针对高等学校的教学活动所进行的管理，其概念有狭义和广义之分。狭义的高校教学管理即微观层次的教学管理，是高校教学管理者按照高校教学和管理活动的基本规律，依据一定的教学计划和人才培养目标，在教与学双方交往活动中，通过决策与计划、组织与实施、指挥与协调、监督与检查、控制与评价等手段，使教学活动达到既定目标的过程。从广义上说，高校教学管理包括微观和宏观两个层次，宏观上的高校教学管理指教育行政机关对各级各类学校和其他教育机构教学的组织、管理与指导。[①]本研究所指的高校教学管理主要从微观层面展开。

（三）高校教学管理制度

本研究所指的高校教学管理制度以公立高等学校全日制本科高校教学活动为规制对象，是在其教与学的双方交往活动全过程中，依据一定的教学计划和人才培养目标，对教学活动进行决策与计划、组织与实施、指挥与协调、监督与检查、控制与评价的过程中所具有规范、约束、导向、增进秩序功能的规则体系。它"涵盖了高校教学管理中的正式规章制度及其所隐含的价值倾向、非正式规章制度以及在教学管理过程中起作用的规范化的隐性约束机制等，在总体上表现为规范性的约束力量，在形式上表现为教育行政管理部门的领导体制以及制定的规章制度，也表现为大学内部教学管理过程中的规章制度、管理模式、教学组织模式等"[②]。

（四）制度重构

近年来，"重构"一词常出现于社会学、哲学及法学研究中。哈贝马斯

---

① 吴志宏,冯大鸣,周嘉方.新编教育管理学[M].上海：华东师范大学出版社,2000：256.
② 秦小云.大学教学管理制度的人性化问题研究[D].武汉：华中科技大学,2005：15.

（Habermas, J.）认为，所谓"重构"是对作为能力的前理论的知识（Know how），通过回答它是如何可能的问题而将之整合到确定的理论知识（Know that）中的过程。①重构往往具有反思（Converse-think）的作用，同时具有奠基（Found）的意义，是对先在的东西进行事后的构造（Conformation），是事物解体（Disorganization）之后的更新式（Renovate）建设。②较之于建构而言，建构研究主要从建构本体的内涵、原则、特征等入手，而重构研究必须基于问题，从问题出发，找到问题之症结，进而根据存在的问题进行建构。基于此，本研究中所指的高校教学管理制度重构，并非意味着对原教学管理制度的一味批判与解构，而是基于泛在学习时代高等学校变革、教学模式变革中存在的新的、现行教学管理制度较难调适的法律问题所进行的系统性、反思性的建构。

三、研究现状

泛在学习时代是在信息技术与教育教学深度融合发展的宏观背景下催生的，其高校教学管理制度重构的研究，应在充分把握泛在学习的理念内涵、发展脉络、基本特征和相关理论的基础上，基于泛在学习时代的高校教学特征，对教学管理制度进行系统探讨。与此同时，泛在学习时代教学管理制度重构的相关议题与国家教育信息化建设、学校法律制度建设的内容息息相关，关于学校法律制度和教育信息化的理论与实践也有必要做一定的了解和回顾。因此，本研究主要围绕"泛在学习""教学管理制度""学校法律制度""教育信息化"四个方面进行，对已有的研究发展状况、研究成果的文献资料进行系统梳理、归纳、分析，以便了解、掌握与论文主题相关内容的研究情况。

---

① [德]尤尔根·哈贝马斯. 认识与兴趣[M]. 郭官义，李黎，译. 上海：学林出版社，1999：11-14.
② 付光槐. 基于解放旨趣的职前教师教育课程重构研究[D]. 重庆：西南大学，2016：4-5.

(一)国内外相关研究

1. 关于泛在学习的相关研究

泛在学习是国外学者根据"泛在计算"的理念提出来的。国外学者关于泛在学习的研究主要经历了三个阶段[①]:第一阶段(1991—1999年)是泛在学习理论研究的酝酿期。在此阶段,学者们的研究主要是关于泛在学习理论基础的探讨。如 Brown 等学者提出了情境学习的思想,认为知识是情境化的,是实践、情境与所在文化相互作用的产物;学习是一种文化适应的过程,知识只有经过社会化的实践活动才可以得到充分的理解。[②]Mark Weiser 在对新世纪的计算机发展进行展望时提出了泛在计算理论,认为"泛在计算"是未来计算机技术发展的一个方向,并对泛在计算的工作原理和实现条件进行了阐述。[③]情境学习理论与泛在计算理论从学习和技术支持两个层面为泛在学习的发展奠定了理论基础。

第二阶段(2000—2005年)是泛在学习研究的起步期。这一阶段,学者们开始尝试研究普适计算技术支持下学习系统的构建,关注其绩效的评价,并开始提出泛在学习理念,对泛在学习的基本理论和泛在学习环境(系统)的构建进行了探讨。Anind K. Dey 是这一时期研究的代表人物,他界定了情境与情境感知应用程序的含义、种类与特征,为泛在学习环境设计中如何选择情境提供了理论指导,[④]并设计了一个情境感知应用程序概念框架,为泛在学习环境(系统)的创建提供了一种理论模型。[⑤]同时,他还与其他学者一起构建了情境工具包,对该情境工具包在复杂环境中的运用进行了诠释,情境工具包的出现为如何创建泛在学习环境提供了一种可操作

[①] 段春雨,蔡建东. 国际泛在学习领域知识图谱研究[J]. 现代远程教育研究,2016(1): 85-95.

[②] Brown, J.S., Collins, A., & Duguid, P. (1989). Situated Cognition and the Culture of Learning [J]. Educational Research, (18): 32-42.

[③] Weiser, M.(1991). The Computer for the 21st Century [J]. Scientific American, 265(30): 94-104.

[④] Dey, A.K., & Abowd, G.D.(2000).Towards a Better Understanding of Context and Context-Awareness [A].Proceedings of the Workshop on the What, Who, Where, When and How of Context-Awareness, Affiliated with the CHI 2000 Conference on Human Factors in Computer Systems[C].New York, NY: ACM Press.

[⑤] Dey, A. K. (2001). Understanding and Using Context[J]. Personal and Ubiquitous Computing, (5): 4-7.

的方法。①总的来说，Anind K. Dey 等人对情境与情境感知应用程序的研究极大地促进了泛在学习环境（系统）的开发与智能化泛在学习支持服务的设计。除此之外，其他学者也提出了一些比较有代表性的观点。如：Alfred Kobsa 等学者详细阐述了个性化超媒体系统的构建过程与方法，为泛在学习智能化学习支持服务的发展提供了重要借鉴。②Hiroaki Ogata 阐述了计算机支持的泛在学习（USCL）的内涵、特征和学习理论基础，并以 JAPELAS 和 TANGO 两个泛在语言学习系统为例，对泛在学习的运行机制进行了分析。③他对泛在学习内涵、特征、理论基础及其运行机制的解读基本确立了泛在学习的理论框架，成为后续研究中重要的理论依据。

第三阶段（2006 年至今）是泛在学习理论的形成发展期。这个阶段，学者们对泛在学习的理念、泛在学习的基本理论和泛在学习环境（系统）的构建进行了持续、深入的研究，还对教育（学习）资源进行探索，并关注学生在泛在学习环境（系统）中的认知与行为。Stephen J. H. Yang 从客户和服务的视角对泛在学习环境的基本构成进行了分析，认为泛在学习环境应由内容自适应系统、个性化注释管理系统和多媒体实时讨论系统三部分组成，并对各部分的工作机制进行了阐述。④此研究中的"代理服务"思想促进了泛在学习的实时交互，为"泛在学习网络"的出现奠定了基础，在很大程度上促进了泛在智能化学习支持服务的发展。Hwang Gwo-Jen 等学者关注情境感知泛在学习环境标准与策略的研究，提出了构建情境感知泛在学习环境的 5 条标准和设计泛在学习活动的 12 种策略。⑤这些标准与

---

① Dey, A.K., Abowd, G.D., & Salber, D.(2001). A Conceptual Framework and a Toolkit for Supporting the Rapid Pro-totyping of Context-Aware Applications [J]. Human-Computer Interaction, (16): 97-166.
② Kobsa, A., Koenemann, J., & Pohl, W. (2001). Personalised Hypermedia Presentation Techniques for Improving On-line Customer Relationships [J].The Knowledge Engineering Re-view, 16(2): 111-155.
③ Ogata, H.(2004). Context-Aware Support for Computer-Supported Ubiquitous Learning [A]. Proceedings: 2nd IEEE International Workshop on Wireless and Mobile Technologies in Education (WMTE'04) [C]:27-34.
④ Yang, S.J.H.(2006). Context Aware Ubiquitous Learning Environments for Peer-to-Peer Collaborative Learning [J]. Educational Technology & Society, 9(1): 188-201.
⑤ Hwang, G.-J., Tsai, C.-C., & Yang, S.J.H.(2008).Criteria, Strategies and Research Issues of Context-Aware Ubiquitous Learning [J].Educational Researcher, 11(2): 81-91.

策略的提出为泛在学习环境的创建提供了重要的理论依据和策略方法。学者 Chris Evans 则对播客形式泛在学习的有效性进行了检验,发现播客在研究生教育中有很大的发展潜力。①Evans 的研究虽然仅以研究生教育中的泛在学习有效性进行研究,但却积累了重要的实践经验,为其他教育中的泛在学习实践奠定了基础。

与国外研究相比,国内学者对泛在学习的研究始于 2003 年前后,自 2006 年起关于泛在学习的研究才呈现快速上升的趋势(如图 1 所示)。当泛在学习概念被引入国内后,国内学者对泛在学习的研究逐步深入至教育学、计算机科学与技术等学科,目前已出现了 700 余篇学术成果,其内容主要呈现为对泛在学习的内涵、特征、理论基础及环境技术等理论和相关应用等实践问题进行了探讨。

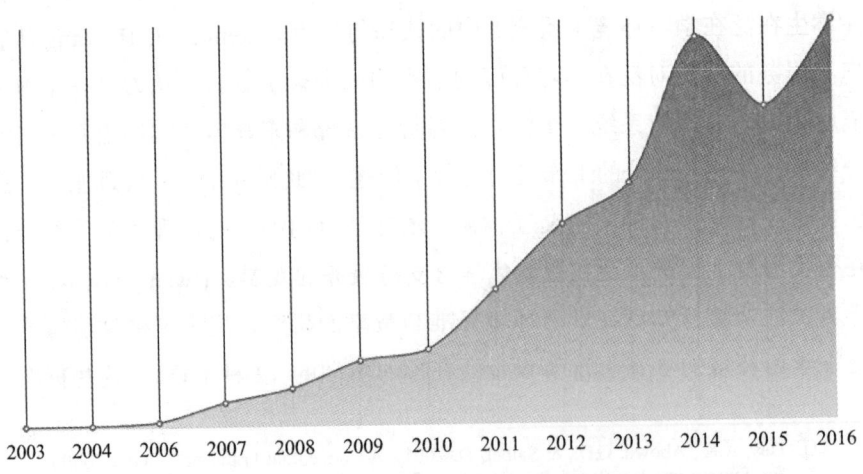

图 1　关于泛在学习的研究走势图

(1)泛在学习的内涵与特征

对于究竟什么是泛在学习,国内学者的观点主要有三种:其一,泛在

---

① Evans, C. (2008). The Effectiveness of M-Learning in the Form of Podcast Revision Lectures in Higher Education [J]. Computers & Education, (50): 491-498.

学习是一种基于泛在技术和普适环境条件下的智能学习环境；其二，泛在学习是在信息技术不断发展进程中，关于现代远程教育、移动学习和终身学习的延伸和拓展；其三，基于社会文化和建构主义视角，认为泛在学习是一种全新的技术与学习方式。如：白娟、鬲淑芳指出，泛在学习是一种学习方式，学习者可以在近乎无限的数据库中摄取知识，也可以与学伴和教师交流。①2007 年《中国电化教育》杂志组织的关于"1：1 数字化学习"专题上，曾两次提到泛在学习是普适计算环境下能够为学生提供一个可以随地、随时使用手边可以取得的科技工具来进行学习活动的 3A（Anywhere、Anytime、Any device）学习。付道明、徐福荫认为普适计算环境的泛在学习是指在信息空间与物理空间相融合的空间里，学习的发生、学习的需求以及学习资源无处不在，学习者可以得到普适计算环境随时、随地的支持。②梁瑞仪、李康把泛在学习看成是让学生在基于无缝连接的信息环境中随时随地自由化学习，强调的是一种社会发展到一定程度的个人学习状态。③在此基础上，潘金鑫等从广义和狭义两个角度分析了泛在学习的含义，指出广义的泛在学习是一种无所不在、无孔不入的学习，只要学习者愿意就可以通过适当的工具和环境适时地获取信息和资源，是终身学习的具体实施；而狭义的泛在学习是在泛在技术和普适计算的情景创设与支持下，学习者根据自己的学习内容和认知目标，积极主动地、随时随地利用易获取的资源来进行的各种学习活动，是数字化学习和移动学习发展到一定阶段后产生的量变到质变的过程。④

有关泛在学习的特点，学者们大致提出了易获取性、即时性、移动性、虚拟现实、交互性、协作与共享、非正式、情境性、社会性、高级分布式

---

① 白娟，鬲淑芳. M-learning：21 世纪教育技术的新发展[J]. 现代远程教育研究，2003（4）：45-48.
② 付道明，徐福荫. 普适计算环境中的泛在学习[J]. 中国电化教育，2007（7）：94-98.
③ 梁瑞仪，李康. 若干学习相关概念的解读与思考[J]. 中国远程教育，2009（1）：31-35.
④ 潘基鑫，雷要曾，程璐璐，石华. 泛在学习理论研究综述[J]. 远程教育杂志，2010（2）：93-98.

认知、按需学习、即时学习、适量学习等不同特征。①②概括来讲，泛在学习具有永久性（Permanency），即学习者的所有的学习过程，都会被不间断地记录下来，他们不会失去学习结果，除非他们故意删除；可获取性（Accessibility），即学习者可以在任何地方、任何时间，基于学习者自身的需求接入所需文档、数据和视频等等各种学习信息，学习是一种自我导向的过程；即时性（Immediacy），即不管学习者在哪里，都可以即时地获取信息，因此学习者可以迅速地解决问题，或者他们可以记录问题，并在事后寻找答案；交互性（Interactivity），即学习者可以同步或异步地与专家、教师或学习伙伴进行交互，专家成为一种更易接近的资源，而知识也可以得到更有效的利用；教学行为的场景性（Situating of instructional activities），即学习可以融入学习者的日常生活中，学习者所遇到的问题或所需的知识可以以自然有效的方式呈现出来。③此外，还有学者认为泛在学习优化了数字化学习与移动学习的优势，具有易获取性、即时性、移动性、虚拟现实、交互性、协作与共享等特点。有学者认为泛在学习主要包括按需学习、即时学习、适量学习等三个特征④，以此而实现学习和生活的"融合"和操作的"透明性"。

（2）泛在学习的理论基础

关于泛在学习的理论基础，学界的主要观点分为三类。一是情境认知理论，如学者余胜泉指出，情境认知是泛在学习的核心理论基础之一，其将个体认知置于更大的物理和社会情境以及文化建构的工具和意义中，而泛在学习也充分体现了分布式情境认知范式的基本特点。⑤换言之，泛在学

---

① 金桃，张东．泛在学习在远程开放教育中的作用研究[J]．吉林广播电视大学学报，2009（5）：5-8．

② 余胜泉，程罡，董京峰．e-Learning 新解：网络教学范式的转换[J]．远程教育杂志，2009（3）：3-15．

③ 李卢一，郑燕林．泛在学习环境的概念模型[J]．中国电化教育，2006（12）：9-12．

④ 金桃，张东．泛在学习在远程开放教育中的作用研究[J]．吉林广播电视大学学报，2009（5）：5-8．

⑤ 余胜泉．从知识传递到认知建构、再到情境认知——三代移动学习的发展与展望[J]．中国电化教育，2007（6）：7-18．

习与情景认知是相辅相成的。一方面，泛在学习为情境认知提供了技术支持，另一方面，情境认知学习理论又为泛在学习提供了理论支持。[①]二是建构主义理论，如学者张洁等根据建构主义重视情境性和个体建构认为，泛在学习环境可以为学生提供融入真实情境的学习机会，学习者沉浸其中，以各种感知方式来构建知识，把建构主义看作泛在学习的理论基础。[②]有学者指出建构主义学习理论与信息技术一直存在一种互动关系：一方面信息技术借助于建构主义学习理论的教学设计思想，开发了人性化的网络化教育；另一方面，建构主义学习理论在信息技术的支持下，将自身的学习、教学理念转化为教学行为、教学产品，从而使建构主义学习理论产生了广泛而深远的影响。[③]三是后现代主义学习理论。有学者认为，后现代主义学习理论的实质为"全民终身""终身教育""主体教育"以及"通识教育"等，其特点是矛盾、不连续、随意、无节制、流程短，而泛在学习正好体现了这五个特点。[④]

此外，也有学者认为泛在学习采用了一种信息从学习辅导设备到学习者的传输模型，它可以利用普适计算设备提出一个问题（刺激），再由学习者提出解决方案（反应），并由系统反馈强化这一过程，[⑤]而泛在设备的计算与信息管理功能，可以作为学习者的建构工具来支持、指引和扩充学习者认知结构或思维模式，促进知识建构与问题解决。因此把行为主义学习理论、认知主义学习理论和后现代主义学习理论归结为泛在学习的理论基础。[⑥]

---

① 潘基鑫，雷要曾，程璐璐，石华. 泛在学习理论研究综述[J]. 远程教育杂志，2010（2）：93-98.
② 张洁，王以宁，张晶. 普适计算支持下的泛在学习环境设计[J]. 现代远距离教育，2009（5）：9-11.
③ 庞春红，郦晓宁. 泛在学习的多维透视[J]. 河北大学学报(哲学社会科学版)，2010（5）：107-111.
④ 韦娟，李新房. 泛在学习研究探微[J]. 中国教育技术装备，2008（16）：15-24.
⑤ 余胜泉. 从知识传递到认知建构，再到情境认知——三代移动学习的发展与展望[J]. 中国电化教育，2007（6）：7-18.
⑥ 韦娟，李新房. 泛在学习研究探微[J]. 中国教育技术装备，2008（16）：15-24.

（3）泛在学习的环境技术

从本质上看，泛在学习技术的应然状态是支持学习者在任何时间、任何地点、利用任何终端对感兴趣的任何内容以自然交互方式进行学习的技术，具有技术性、学习性、泛在性三个基本特征；从方法上看，若将泛在、学习、技术作为三个独立的概念，对泛在学习技术研究有三种路径；从价值来看，泛在学习技术有利于教育信息生态的建立、人和技术异化的克服、学习者中心地位的确立和个性化发展。[①]基于已有研究，学者们都认为网络是实现泛在学习的主要路径[②]，泛在学习环境的技术实现主要依赖于泛在计算的技术实现。然而，值得注意的是，虽然泛在学习环境离不开技术的支持，但泛在学习环境并不是技术集中型环境，而是一种整合了物理的、社会的、信息的和技术的多个层面和维度的学习环境，其将各种教育机构（Educational institutions）、工作（Workspace）、社区（Community）和家庭（Home）有机地整合在一起。[③]泛在计算和泛在学习环境可以依靠可穿戴计算模式、信息设备模式、智能交互空间模式作为技术支撑来实现。具体而言，实现泛在学习环境的技术环境包括教育资源、电脑图像、虚拟现实、移动三维资源、学习终端设备、网络化[④]，以及泛在学习、泛在学习服务等要素[⑤]。也有学者认为支持交互的关键性技术有很多，而且也将会随着技术的进步不断更新，因此泛在学习的关键技术主要是中间件技术、上下文感知技术、识别技术和终端设备技术。[⑥]还有学者基于生态学视角认为，泛在学习环境模型包括泛在学习生态系统、系统发展的环境保障和社会生态系统三方面，而泛在学习生态系统中的用户种群和资源种群是一种共生关系，

---

① 陈维维. 应然的泛在学习技术[J]. 中国电化教育，2010（11）：12-16.
② 杨志坚. 泛在学习：在理想与现实之间[J]. 开放教育研究，2014（4）：19-23.
③ 李卢一，郑燕林. 泛在学习环境的概念模型[J]. 中国电化教育，2006（12）：9-12.
④ 赵海兰. 支持泛在学习（u-Learning）环境的关键技术分析[J]. 中国电化教育，2007（7）：99-103.
⑤ 肖君，朱晓晓，陈村，陈一华. 面向终身教育的U-learning技术环境的构建及应用[J]. 开放教育研究，2009（3）：89-93.
⑥ 杨刚，徐晓东. 学习交互的现状与未来发展——从课堂学习到E-Learning，M-Learning再到U-Learning[J]. 中国电化教育，2010（7）：52-58.

要创造这种和谐的泛在学习环境，则需要解决硬技术、软技术和教学法三大问题。①

此外，学者们也从微观层面对泛在学习资源建设做了部分研究。如胡艺文等人基于后现代主义视域，初步构建了泛在学习中的教学系统设计分支模型；②余胜泉、陈敏认为学习资源是构建泛在学习无缝学习空间的基础性组成部分，未来建设的学习资源平台应从传统的、封闭的，资源库形态向以资源为中心的协同知识建构的知识共同体的形态转变。③杨现民、余胜泉认为泛在学习需要动态生成、持续进化发展、结构开放的学习资源，基于资源进化发展现状提出泛在学习资源的进化模型，并阐释了资源的生命周期、资源进化的动力及养料来源、资源进化过程中的保障机制环境和关键技术等。④有学者对资源尺寸与大小的自适应处理、多元格式的自适应匹配、对完整学习流程的支持等方面进行了针对性的设计，并设计了"学习元"的自适应呈现模型。⑤还有学者以虚拟学习社区为例，基于个性化服务理念与资源管理视角，分别从用户管理、资源管理与服务管理三个方面就泛在学习环境的个性化资源服务框架进行了研究与设计。⑥

（4）泛在学习的应用性研究

在对泛在学习的基本理论问题进行研究的同时，国内外学者对如何应用泛在学习展开了理论探讨，也积极地进行着各种实践尝试。

在理论层面，有学者基于我国的本土现状，从技术设施、学习资源、

---

① 杨现民，余胜泉. 生态学视角下的泛在学习环境设计[J]. 教育研究，2013（3）：98-105.
② 胡艺文，杜超，陈绍东，崔勇. 泛在学习中的教学系统设计：后现代主义视域[J]. 软件导刊（教育技术），2011（6）：11-13.
③ 余胜泉，陈敏. 泛在学习资源建设的特征与趋势——以学习元资源模型为例[J]. 现代远程教育研究，2011（6）：14-22.
④ 杨现民，余胜泉. 泛在学习环境下的学习资源进化模型构建[J]. 中国电化教育，2011（9）：80-86.
⑤ 高辉，程罡，余胜泉，杨现民. 泛在学习资源在移动终端上的自适应呈现模型设计[J]. 中国电化教育，2012（4）：122-128.
⑥ 杨丽娜，肖克曦，刘淑霞. 面向泛在学习环境的个性化资源服务框架[J]. 中国电化教育，2012（7）：84-88.

学习共同体三个方面建构了我国大学生泛在学习环境。①有学者在学习元平台的基础上设计了"学习元"的自适应呈现模型,并基于该模型在安卓(Android)操作系统上初步开发了"学习元"平台移动学习客户端。②还有学者基于"云"资源的"泛在学习"生态特征③和"双向融合"关系④对泛在学习与教师角色定位做了研究,并认为,教师应成为泛在学习的组织引导者、泛在学习资源的研发和建构者、泛在学习的诊断与评价者。此外,还有学者构建了促进高校图书馆由信息中心向学习中心转变的泛在学习共享空间创新服务模式,⑤对泛在学习环境下的大学英语口语课程设计、多媒体网络英语教学体系、C语言教学、继续教育教学课件等方面的改革进行了探讨,并构建了泛在学习环境下教师培训机制,设计了"学习共同体设计—学习活动设计—学习资源与工具设计—学习过程设计—个性化学习设计"的泛在学习环境下的微课学习模式等内容。⑥

在实践层面,一方面,各国开始积极尝试制定促进泛在学习社会建设的国家战略。如:日本政府制定了 U-Japan 计划,其旨意在于"利用 ICT 建设随时随地、任何物体、任何人均可连接的泛在网络社会"。韩国政府制定了 U-Korea 总体政策规划,从 2004 年开始建立和服务一个以基础建设的

---

① 陈凯泉,张凯.融合学习科学与普适计算:构建大学生泛在学习环境的路径选择[J].远程教育杂志,2011(5):50-57.
② 高辉,程罡,余胜泉,杨现民.泛在学习资源在移动终端上的自适应呈现模型设计[J].中国电化教育,2012(4):122-128.
③ 周文娟.基于"云"资源的"泛在学习"生态语境特征与教师角色定位研究[J].中国电化教育,2012(12):53-58.
④ 周文娟.基于"双向融合"的"泛在学习"与教师角色研究[J].现代教育技术,2012(11):86-90.
⑤ 许春漫.当代学习理论视阈下泛在学习共享空间的构建[J].情报资料工作,2013(1):27-32.
⑥ 杨港,赵蓉.泛在学习环境下信息化大学英语口语课程建设[J].现代教育技术,2013(6):67-70;孟凡茂.基于泛在学习理论的多媒体网络英语教学体系构建[J].现代教育技术,2010(7):78-81;梁旭玲."泛在学习"在 C 语言教学改革实践中的探索[J].福建电脑,2011(5):166-167;居民."泛在学习"背景下继续教育教学课件改革趋势[J].中国成人教育,2013(21):131-132;林秀瑜.泛在学习环境下微课的学习模式与效果研究[J].中国电化教育,2014(6):18-22.

建置、技术的应用的 U 化社会。另外诸如新加坡政府制定的 I-Hub 计划、美国政府提出的信息高速公路和智慧地球计划等，都是各国对于建设泛在学习社会的有益尝试。另一方面，各国高校也开展了多项旨在构建泛在学习环境的研究项目。如：英国的环境森林项目（Ambient Wood Project）主要把移动终端设备放置于森林中，提出利用 AR 技术，为学习者创造一种可以将数字信息与真实环境相融合的学习环境。南非 Virginia Tech 的觉醒型泛在学习校园项目，以所有学生为对象，旨在建设一种以"校园空间的 24 小时学习博物馆化"的未来型校园。美国的哈佛大学通过"促进泛在学习的无线手持设备"项目和 MIT 手持式增强现实模拟项目，旨在建构一种学习者就像玩游戏一样学习的未来学习环境；麻省理工学院则将研究点放在创设泛在学习环境和资源上，以此实施了"重温革命"项目和 MIT 的"没有围墙的图书馆"项目。[①]日本的德岛大学开发了 JAMIOLAS 语言学习支持系统，该系统可以在个人计算机运行，支持使用情境感知。[②]在国内，清华大学的智慧教室、上海开放大学服务学习型城市建设项目，都旨在让学生的学习环境不受限制，促进泛在学习的实现。

2. 关于教学管理制度的相关研究

本研究以"教学管理制度"为标题，在"百度学术"检索与"教学管理制度"相关的著作、期刊论文和学位论文情况时发现，国内关于教学管理制度的研究始于 1984 年前后，于 2008 年达到研究峰值（如图 2 所示）。"教学管理制度"相关的研究点包括学分制、学年制、学年学分制、教学管理、教学改革等，已渗透至教育学、经济学、法学等学科领域，形成了庞大的研究网络。比较具有代表性的博士学位论文包括华中科技大学秦小云博士的《大学教学管理制度的人性化问题研究》、华中科技大学郭冬生博士的《论大学本科教学管理制度及其改革》、华中科技大学张冬博士的《我国

---

① 潘基鑫，雷要曾，程璐璐，石华. 泛在学习理论研究综述[J]. 远程教育杂志，2010（2）：93-98.
② 李舒愫，顾凤佳，顾小清. U-learning 国际现状调查与分析[J]. 开放教育研究，2009（1）：98-104.

大学本科教学管理制度问题研究》。具体而言,学者们关于教学管理制度的研究主要从教学管理制度的价值取向、存在的不足及成因、创新路径和微观层面的具体教学管理制度模式,学生、教师、学校的相关权益等方面展开探讨。

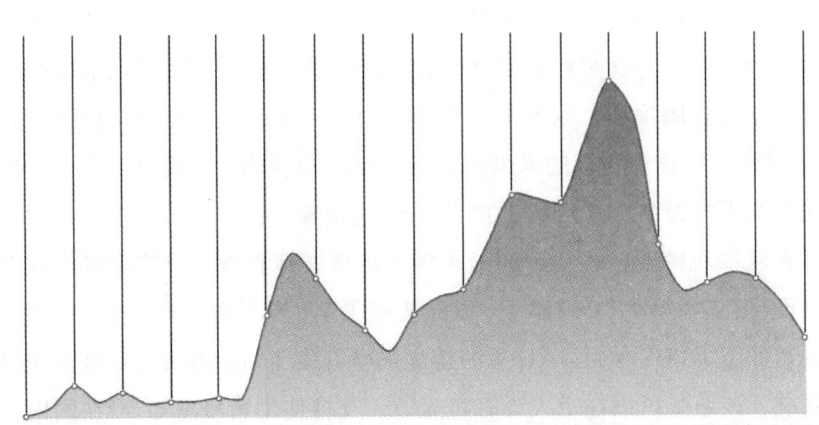

图 2　关于教学管理制度的研究走势图

（1）教学管理制度的价值取向

胡建华在其论文《论高校教学管理制度改革的价值取向》中,将教学管理制度的价值取向分为个人本位、知识本位、社会本位三种类型,并指出其价值取向应由完全的社会本位为主转向兼顾社会发展与学生个人发展。[①]唐世纲在研究我国大学管理制度的价值矛盾时,也持有相似意见。唐世纲认为我国大学教学管理制度的规制取向与自由追求之矛盾关系日趋紧张,集中表现为宏观层面的社会价值与个体价值的对立和微观层面的行政价值与教育价值的争锋。[②]有研究者认为"大学本科教学管理制度的基本价值取向是惩罚性规定,表现为制度缺乏代表性和民主性,过分强调制度化管理,把制度视为目的,制度实施过程中由于领导不以身作则以及制度制

---

① 胡建华.论高校教学管理制度改革的价值取向[J].中国高等教育,2007(20):47-49.
② 唐世纲.我国大学教学管理制度的价值矛盾及其消解[J].高等理科教育,2015(1):29-36.

定中存在的问题"。从制度的制定和执行情况看,"以教师为主体的大学组织成员看重制度的遵守,但是更看重掌管学校教学管理大权的人或部门发出的是怎样的指令。在制度与权力之间潜藏着的矛盾和冲突中,时常是制度价值让位于行政权力"。①纵观已有研究发现,我国的大学教学管理过于重视制度化管理,缺乏对人的观照,其制度设计"普遍缺乏人本关怀的理念,以行政代学术,对教学过程管得过多,师生应有的参与权、表决权、知情权被忽视"。然而,教学管理制度的旨意在于实现培养身心和谐发展的人的教育目标,将其"注入以人为本的理念,是其实现对人的正当权益的维护保障的重要指标之一"②。因此,教学管理及其制度的核心应该是人,应该要坚持"以人为本",其规范必须高度重视人性化要求,教学管理制度的理论基础应该是确立人性化的制度体系。③

（2）教学管理制度存在的不足及成因

华中科技大学的郭冬生博士从教学管理制度是协调与规范大学教学管理中校部与院系、管理者与教师、管理者与学生之间关系的基本准则这个逻辑出发,梳理了我国大学本科教学管理制度的历史沿革,剖析了制度发展的现状和成因、制度包含的主要矛盾,并在此基础上提出了大学本科教学管理制度的改革建议。他认为我国的大学教学管理制度经历了从封闭到开放、从开放到封闭的交错发展过程,我国的大学本科教学管理制度存在着三个"中心"和三个"不足"的局限,即："以校部为中心,院系教学管理活力不足;以控制为中心,教学选择性和自主性不足;以管理者为中心,制度的平等性和服务性不足。"④究其原因,从大学外部因素来看,主要因为宏观管理体制、文化传统的影响;从内部因素来看,则受到教育思想观

---

① 张波.重构与再建:大学本科教学管理制度论略[J].国家教育行政学院学报,2009（9）:61-64.
② 王云兰.高等学校教学管理法制化问题研究[J].江西行政学院学报,2006（1）:74-76.
③ 秦小云.大学教学管理制度的人性化问题研究[D].武汉:华中科技大学,2005:108.
④ 郭冬生.论大学本科教学管理制度及其改革[D].武汉:华中科技大学,2003:74-96.

念、教学资源、苏联模式、学生学习能力的制约。张秉福认为我国大学教学管理制度的主要问题是其某些条款同国家法律法规相抵触；其制定和出台没有充分考虑现实可行性，也缺少应有的人文关怀精神；片面强调学校的权力，对学生的权益重视不够。[①]秦小云认为我国的大学教学管理制度最突出的问题就是缺少人性关怀。造成这一现象的原因，可以分为外部因素和内部因素：就外部因素而言，它主要受社会政治经济制度、科技发展、传统封建统治和文化的影响以及传统管理观念等的影响；就内部而言，它主要受传统教育思想、大学的"官本位"意识、教育者的强权意志、大学教育资源和学习者自身状况等因素的制约。[②]河海大学的刘根厚博士从学术自由、个性化教育和人性化教育的角度列举了高校教学管理制度刚性过强柔性不足的表现，包括在教学管理中规范很多但牵涉实质性内容太少、过于重视控制和监督，却忽略质量提高这一根本目标。[③]时伟、吴立保指出，中国大学教学管理制度存在的问题是忽略了学生自主权，管理理念出现偏差；管理中缺乏服务意识，服务与管理出现了错位；教学过程中的控制与自由处理不当。别敦荣认为，在旧观念和体制的捆绑下，我国的教学管理制度对学生权益重视不够，比如学生劝退警告、退学处理制度的法律依据不够充足，对学生在学习、生活中的失败、错误的包容不够。在学术方面，存在管理过于集权、教师评价求量不重质的弊病；在教学资源方面，显示出过于专业化、难以共享院校资源、使用过程中的审批程序复杂等问题。[④]此外，还有学者认为，高校教学管理制度存在问题的原因在于高校超越国家法律规定的限制制定制度；高校管理中"人治"传统的惯性作用导致人们习惯于把高校的前途与命运寄托于管理者（尤其是校长）的智慧与名望，高校个性化的竞争客观上为高校规范化、制度化和以约束为主要内容的管

---

① 张秉福. 大学校规与依法治校[J]. 西北第二民族学院学报, 2005（2）: 93-97.
② 秦小云. 大学教学管理制度的人性化问题研究[D]. 武汉: 华中科技大学, 2005: 86.
③ 刘根厚. 刚柔相济之高校教学管理制度的创新建构[J]. 科技管理研究, 2009（7）: 257-259.
④ 别敦荣. 以现代理念改革高校教学管理制度[J]. 中国高等教育, 2007（20）: 44-46.

理设了障碍；高校难以形成一套规范化的制度建设理念与措施，缺乏制度建设的规划，难以形成制度配套建设的有效机制，普遍存在"轻视制度执行"的现象。

（3）教学管理制度的创新

郭冬生认为，我国大学本科教学管理制度中存在着管理者与被管理者、集权与分权、控制与自由、管理与服务的矛盾。"新一轮大学本科教学管理制度改革，要着力体现以学生为本、以教师为本、以院系为本的理念，着重解决增强院系教学管理的活力、增强管理制度的弹性、强化管理制度的服务内涵等核心问题。抓好制度变革的生态链和生态圈建设，逐步形成学校统筹协调、院系管理为主、师生自主发展、服务体系健全的教学管理新机制。"①与此同时，郭冬生博士发表了系列论文，围绕其博士论文选题对我国大学本科教学管理制度存在的问题与改革思路做了研究，如《我国大学本科教学管理制度的三个缺陷及其改革》《平等与维权：大学教学管理制度改革的两个新视角》《论大学教学管理制度蕴含的基本矛盾及其协调》《我国大学本科教学管理制度的反思与重构》《新中国的大学本科教学管理制度及其改革》等。秦小云、别敦荣认为，大学的使命在育人，而非制器。大学教学管理制度必须反映大学生的合理需要、尊重大学生的多样性和差异性、正确对待大学生的错误行为，以全面实现大学教育的目标。②重构大学教学管理制度应从以人为中心的价值理念出发，坚持弹性原则、开放原则和重点原则，树立"以人为本"、柔性管理、民主管理的理念，在学分制和弹性学制、弹性教学管理制度以及体现多元化的教学评价制度等方面融入人文的理念内容。③刘根厚从制度改革的目标、前提、基础、关键、保障等方面论述了高校教学管理制度改革的方向，并指出我国的教学管理制度也需由刚性向柔性转变，需要从集权到分权的过渡，需要从指令和目标管理

---

① 郭冬生.论大学本科教学管理制度及其改革[D].武汉：华中科技大学，2003：132.
② 秦小云，别敦荣.论我国大学教学管理制度的人文关怀诉求[J].高等教育研究，2005（9）：84-87.
③ 秦小云.大学教学管理制度的人性化问题研究[D].武汉：华中科技大学，2005：159.

向价值观管理方式的转变，遵照权变理论实施分类管理等。[①]还有学者从公正性的角度出发认为，我国大学教学管理制度缺乏公正的外部环境和内部环境，使其在分配各直接利益主体的权利、权力、义务和责任等方面存在不公正现象。[②]构建公正的大学教学管理制度，应该坚持合法性、机会公平和差别原则，恪守公正理念、重视各利益主体的参与的公正、注重公正效度的评价与反馈。也有学者基于具体案例，探讨了高校教学管理制度改革的路径。如罗儒国、王姗姗以武汉大学为研究对象，从制度建设导向、制度体系设计、制度内容确立、制度执行和制度评估五个方面提出了本科教学管理制度建设的方向。陈世艳以四所研究型大学为例，指出我国研究型大学本科教学管理制度改革应坚持以学生为本、以教师为本和民主的教学管理思想，从教学管理体制、选课制度、学生自主学习制度和教学质量检查评估机制四个方面进行完善。不同于上述学者们的研究视角，华中科技大学的张波认为，"大学教学管理制度的本质是教学组织系统中人的相互关系的存在方式，这种存在方式蕴含在由制度的制定、实施、监控和反馈组成的有机统一的制度结构中"[③]。因此，改进大学管理制度最重要的是要建立以制度内部作用力的形成和运行为标志的大学教学管理制度的发展机制。总的来讲，从高校教学管理制度所涉及的主体包括政府、学校和社会个体（主要包括教师、学生、家长和社会公众），而高校教学管理制度创新的过程，也就是这些主体进行利益诉求和利益博弈以达到各自利益最大化的过程，其制度变迁的方向，往往与一个国家的经济、社会变迁的方向具有一致性。面对着不断变化的环境，我国的高校教学管理制度"在制度变迁的初期以强制性变迁为主，即中央与国家行政及立法机关通过下达行政命令或者借助法律手段，有目的、有步骤地实施教育制度变迁。随着高等教育制度改革的深入，在宏观上形成了规范的教育管理体系和法律体系，

---

① 刘根厚. 刚柔相济之高校教学管理制度的创新建构[J]. 科技管理研究，2009（7）：257-259.
② 梅小姗. 大学教学管理制度公正性研究[D]. 济南：山东师范大学，2012：20-27.
③ 张波. 大学教学管理制度结构性失衡的社会学分析[J]. 高等教育研究，2008（12）：78-83.

高等教育制度变迁要适时转入诱致性变迁为主的阶段，此后制度变迁的重点是规范微观教育主体的行为方式问题"①。

（4）微观层面的教学管理制度

纵观已有文献发现，我国学者们对教学管理制度微观层面的研究，集中于学分制、学年制、学年学分制等具体实行的制度模式的探讨。如李巧林的《我国高校几种教学管理制度的演变与比较》、胡求光的《我国高校教学管理制度的变迁》等论文，介绍了我国实行过的教学管理制度，即学年制、学分制及学年学分制的兴起及社会实践发展基础。也有学者专门从具体的某教学管理制度出发，系统论述该制度的发展情况、特点及国外经验，或分析这些制度与现行教学管理模式的矛盾，进而提出制度改革的相关建议。如：徐佩琴、赵亚妹等的《学分制由来及实践》、蔡先金、宋尚桂等的《大学学分制理论与实践》、周清明的《我国大学学分制研究之弹性学制的理论及实践》等著作、编作，尹天光的《高校学分制改革的必要性及动力因素分析》、丛晓萍的《我国高校学分制改革研究》、李春洪的《地方高校的学分制管理创新研究》、朱嫣嫣的《新建本科院校学分制教学管理的发展研究》、胡伟莉的《研究我国高校学分制教学管理改革》、张庆亮、王建刚的《高校实施学分制制约因素与对策》、鲍传友的《我国高校学分制实施中的问题与对策之来自四所高校的调查研究》等论文。学者们认为学年制和学分制是当今世界教学管理制度的两种基本模式，学年学分制是学年制向学分制变迁的过渡性教学管理制度，是学年制向学分制变迁的必然产物。总体而言，学者们对学分制、学年制等教学管理制度的理论研究较多，主要围绕其教学管理、课程体系等内容展开，但对其政策环境、制度建设等方面的研究尚不够深入、系统、全面。

也有少数学者从教学管理制度中所涉及的某一利益主体的视角，对其展开研究，如从学生学习自由权的角度，指出，高校学生的学习自由权主要包括选择学校、选择专业、选择课程、选择教师等几个方面的自由权利，

---

① 石利萍. 高等学校教学管理制度创新的特殊性、主体和路径[J]. 现代教育管理，2010（4）：71-73.

要实现高校学生的学习权，需要从法律、制度和观念三个方面进行保障：一是规范高校与学生的法律关系；二是改革大学的课程与教学管理制度；三是推动大学和师生的观念转变。①就是要"在充分行使办学自主权的基础上科学设计教学管理制度，并构建系统的学习咨询和指导制度，奠定学习权实现的制度基础"②。高校在教学管理中，扮演的是进行学生管理、开展教育教学工作的主体的角色。它与学生基于双方意愿产生了民事法律关系，同时又在管理和处罚中与学生形成了行政法律关系。除了关于学生的研究外，也有学者从教师教学行为的视角，探讨了教学管理制度的问题，认为"大学教师的教学行为选择与大学教学管理制度密切相关"③，然而当前的"大学教学管理制度对大学教师的教学情感、课堂教学精力投入、教师教学能力提升、教学自由保障存在着不良影响"，因此要通过完善教学管理制度来保障教师在教学活动中的权益。而高校自身享有教学管理自主权，"教学管理权是高等学校法定的自主权之一，在法治原则下，高等学校行使教学管理权的重要方式就是通过规则治理，通过制定教学管理规则将学校的要求和标准予以明确"，④但其教学管理制度既应该具有合法性也需要合理性。

相较于国内研究而言，国外学者以"教学管理制度"为研究对象的整体性研究并不算多，国外学者们的研究更多集中于微观层面，诸如学分制、学分互认等。

学分制源于德国的选修制，在19世纪末的美国开始广泛推广并完善，是伴随着选课制的出现和美国高等教育的大发展而逐步确立的。简单来讲，学分制是一种以选课制为基础，以学分计算学生的学习量，以取得学校规定的最低学分作为毕业标准的教学管理制度。⑤美国大学的学分制具有鲜明

---

① 余芳.我国高校学生学习自由权的保障策略[J].现代教育管理，2014(12): 36-40.
② 侯志军，徐绍红.大学生学习权的内涵、价值与实现[J].现代大学教育，2012(6): 98-103, 113.
③ 王向东.大学教师教学管理制度的反思与完善——基于教学行为与制度关系的视角[J].现代大学教育，2011(3): 97-102.
④ 申素平.高等学校教学管理中的法律问题[J].中国大学教学，2003(3): 30-32.
⑤ 刘斌，高迎爽.美国大学学分制推行与发展的背景分析[J].黑龙江高教研究，2006(11): 60-62.

的个性化、弹性化特征，实行的是学生自由选课制和完全学分制，学生可以跨学科主修课程，也可以随时申请改变专业，教学计划也是富有弹性的，这为高校的教学组织活动和学生学习提供了极大的灵活性。相较于美国高校，欧洲的高等教育机构采用的是欧洲学分转换体系（the European Credit Transfer System，简称 ECTS），ECTS 的关注点是学分转换及学生的国际流动，即让学生在选择课程时有更多的选择机会，增加课程的灵活性，让学生选择修读的时间及完成课程的时间，学生不但可由全日制转为兼读制，更可根据需要决定选择白天或晚上课程，实行学分的转移。学生如已完成本校或其他认可大学的课程并获取学分，也可向学校申请豁免或转移学分。洪堡倡导的"教学自由"和"学习自由"目前仍是德国大学组织教学的一条重要原则，因而在教学管理上有一定的灵活性。在明确的教学计划的基础上给学生更多的自主性。与美国不同，德国的大学对学生应学什么是有精心设计和明确规定的，给予学生很大的主动权。学生可根据个人条件加快或放慢学习进度，自己决定多听或少听或只听某一章节的课；什么时候做实验，什么时候去考试，教师不加干涉，都由学生自行决定。另外，德国还有学生可以在高等院校间自由转学的制度，这些制度为人才的自由健康成长提供了良好的环境。虽然牛津大学至今仍坚持学年制，但它主要采用导师制为学生学习提供了全程性的个别辅导。牛津大学的导师制极其强调学生在导师指导下的自学，而不注重听课；教师除科研外，主要的任务是担任学生导师，授课乃其次要；导师经常指导学生读书，使学生不限于教材或讲义，而是博览群书，培养学生的自学能力；导师经常与学生见面，启迪学生的思维；导师与学生常处一堂，对学生因材施教。导师视学生为子弟，学生视导师为良师益友，[①]充分体现了浓厚的人文关怀。与欧美国家相比，日本的学分制克服了美国学分制的某些弊端，对学生上课时间、听课时数等都做了详细规定。如：规定在校学习年限，无提前毕业的可能；在注重基础教育的同时，较美国更强调专业教育，专业课比重略大；学生

---

① 刘凡丰. 独具特色的牛津大学本科教学管理制度[J]. 宁波大学学报（教育科学版）. 2002（6）: 60-63.

选课自由度比美国小；实行学分互换制等。而且，无论什么课都必须考试合格才能得到学分。可见，日本的学分制较系统和细致，管理上也比较严格，但是缺乏灵活性。

3. 关于学校法律制度的相关研究

本研究关于学校法律制度的探讨，主要围绕学校的法律地位、学校的权利与义务、学校与政府、教师、学生的法律关系、学校教育制度等内容展开。因此，关于学校法律制度相关研究内容的梳理，也主要从上述几个方面进行。

关于学校机构的社会定位理论主要有社会分层理论、计划经济理论、公共选择理论和市场经济理论，它们探讨的焦点主要为学校究竟是国家机构还是法人机构、公益性机构还是产业机构。事实上，学校机构的社会定位是随着社会的变化、社会对教育的要求及学校的功能的不同而有所变化的。总体而言，当前我国的学校及其他教育机构是一种具有独立法人资格的社会机构，根据其举办者的不同，既可以是公益性机构也可以是非公益性机构。[1]教育学界和法学界乃至法学界内部的不同法律部门对学校的法律地位都有着各自的解读，学校的法律地位总是不能明确，尤其是相对于高等学校作为"法律法规授权组织"以及"公务法人"的相对一致，中小学法律地位的争议更大。[2]对此，有学者指出学校法律地位是多样化的，至少要从举办者（公办民办）和教育阶段两个层面加以区分，但无论公办学校还是民办学校都从事教育公益事业，都不以营利为目的，也因此都享有教育法规定的学校权利，都属于公法主体。而相对于公办学校，民办学校往往享有更大的自主权，宜定位为具有完全能力的公法法人。从事高等教育的高等学校宜定位为具有完全能力的公法法人，在与政府的外部关系和与教师和学生的内部关系上，高校都享有较大的自主权，因此高校应为社团法人而非一般所谓的公营造物或公法设施；对于公办义务教育学校，《德国

---

[1] 劳凯声. 我国教育法制建设的宏观改革背景[J]. 中国教育法制评论, 2002: 13-42.
[2] 姚金菊. 宜确立学校的"公法法人"法律地位[J]. 首都师范大学学报（社会科学版）, 2010（6）: 43-46.

北威州学校管理法》认为，公立学校是法定主体的一个不具有法律上权利能力的公法设施性质。法国也一般认为小学不具有独立、完整的法人地位。目前，我国公办义务教育学校作为公法主体，宜定位为具有部分权利能力的公法法人。

与学校相关的教育主体主要有政府、教师、受教育者等。学校与他们之间的法律关系主要表现为两种情况。其一是行政性质的法律关系，表现为两种情况：一是政府机关在实施教育行政过程中与学校发生的以权力服从为基本原则教育行政关系。二是当学校通过政府授权、委托等形式获得特定的公权力后，在行使这些公权力的过程中，其与学生、教职员工及其他相对方之间也构成了一类具有行政性质的法律关系。其二是民事法律关系，表现为学校与不具有隶属关系的行政机关、企事业组织、集体经济组织、社会团体及个人之间，以及作为法人的高校与其学生、教师员工，在教育活动过程中发生的以平等有偿为基本原则的教育民事关系。因而，学校的法律地位有其特殊性，既可以享有一般民事主体的法律地位，又可以是近似于行政主体的法律地位。

此外，由于高校的教育关系最为复杂，尤其是公立高校身份的特殊性及其法律关系和行为的多样性，所以学者们对此主题的研究多围绕公立高校进行。例如：高校与学生之间的法律关系主要有特别权力关系说、特殊法律关系说、契约关系说、信托关系说等。其中，学界普遍认同的观点是特殊法律关系说或混合关系说，即学生在接受学校提供的教育服务及以此为目的利用学校设施时，与学校之间是一种行政法律关系；反之，则为民事法律关系。《教师法》将教师定位为"专业人员"。它作为教育教学活动的重要主体，与高校的法律关系主要是通过教师资格制度、教师聘任制度、教师职务制度和教师薪酬制度表现出来。其中，教师聘任制度是当前我国教师任用的主要管理制度，规定了教师的任用和解除。随着教师聘任制度的实施和改革，我国高校与教师之间不再是以往单一的内部行政关系，而成为一种复合型的法律关系。它既包含国家行政机关以及高校对教师的管理过程中与教师发生的行政法律关系，也包括高校与教师在财产所有和流转过程中发生的教育民事法律关系。[①]此外,高校与政府的关系也较为复杂,具体问题表现在高校行政化、高校自治与学术自由等方面。

4. 关于教育信息化的相关研究

由于泛在学习时代教学管理制度重构的相关议题与国家教育信息化建设的内容息息相关,因此关于教育信息化的理论与实践也有必要做一定的了解和回顾。关于什么是教育信息化,学者们从不同视角进行了界定。有学者从技术应用与开发资源的行动、目的和过程着眼予以界定。如:南国农先生认为教育信息化是指在教育中普遍运用现代 IT,开发教育资源,优化教育过程,以培养和提高学生的信息素养,促进教育现代化的过程[②]。李克东认为在教育与教学领域的各个方面,积极开发并充分应用 IT 与信息资源,培养适应信息社会需求的人才,以推动教育现代化进程。[③]黄怀荣认为教育信息化是指在教育领域中全面深入地运用现代信息技术来促进教育改革和教育发展的过程。[④]有学者从过程与结果形态对教育信息化做了界定。如:祝智庭教授则指出在教育领域全面深入地运用现代 IT 来促进教育改革和教育发展的过程,其结果必然形成一种全新的教育形态——信息化教育。以现代 IT 为基础的新的教育体系,包括教育观念、教育组织、教育内容、教育模式、教育技术、教育评价、教育环境等一系列的改革与变化。还有学者从信息的视角说明了它的活动特征,把教育信息化定义为教育领域中广泛应用现代 IT,深入开发与利用信息资源,促使 IT 与教育互动整合的活动及其过程,以促进教育的改革、发展与创新,加快教育现代化进程,使教育符合信息化社会的要求,最终形成一个基于现代 IT,并且信息成为教

---

① 韦保宁. 公立高等学校和教师法律关系的重构[J]. 中国教育法制评论, 2009: 189-200.
② 南国农. 教育信息化建设的几个理论和实际问题(上)[J]. 电化教育研究, 2002(11): 3-6.
③ 李克东, 赵建华. 混合学习的原理与应用模式[J]. 电化教育研究, 2004(7): 1-6.
④ 黄荣怀, 刘德建, 刘晓琳, 等. 互联网促进教育变革的基本格局[J]. 中国电化教育, 2017(1): 7-16.

育活动基本要素的全新的教育形态。①按照社会技术形态的理论分析，这些界定的本质区别在于概念描述的是两种不同的教育形态：一种是信息化社会中的教育形态，即过程形态；另一种是信息社会中的教育形态，即相对静止的形态。

对于教育信息化促进教育变革的影响因素方面，王珠珠等认为社会需求是影响教育变革的逻辑起点和落脚点，离开这种需求，任何技术都不会发挥作用。②祝智庭教授在分析国内外教育变革现状和发展趋势后认为信息技术从学习方式、教育资源、教育公共服务平台、学习环境、课堂教学、教育技术研究新范式等六大方面影响教育变革。③王亦标认为，信息技术在创设真实情境、构建学习环境、激发学习兴趣、促进师生关系发展、改变教学模式与教学方法等方面对教育改革有促进作用，并提出了信息技术何以变革教育的解释框架。④杨宗凯等认为，教育信息化与教育教学相融合的过程即是其推动教育变革的过程，因此，信息技术与学校的信息化基础设施、教学管理、教育教学等的融合程度将直接影响教育变革。⑤而黄怀荣等从国内外教育信息化促进教育变革较为典型的学校案例出发，借鉴国际教育信息化学校发展水平评测框架，提出了教育信息化促进基础教育变革的影响因素框架，包括信息化领导力、学生能力、教师专业发展、教学方式、学习空间、数字资源、学业评价七个要素。⑥从哲学视角来看，信息技术与学校教育的整合实际上包含了两个相互作用的过程：一是客体（技术）主体（教育）化的过程，也即技术教育化的过程，或称之为技术的变化过程；二是主体（教育）客体（技术）化的过程，也即教育技术化的过程，或称

---

① 乐军. 对教育信息化本质的分析[J]. 电化教育研究，2006（9）：16-19.
② 王珠珠，费龙. 信息技术促进教育变革的内涵及其难点探析[J]. 中国电化教育，2015（7）：1-5.
③ 祝智庭，管珏琪. 教育变革中的技术力量[J]. 中国电化教育，2014（1）：1-9.
④ 王奕标. 信息技术何以未能有效变革教育的框架分析——兼论技术变革教育的"社会变革中介论"[J]. 电化教育研究，2012（2）：12-15.
⑤ 杨宗凯. 信息技术促进教育变革——现状、趋势与实践[J]. 中国教育信息化，2014（23）：4-8.
⑥ 黄荣怀，刘晓琳，杜静. 教育信息化促进基础教育变革的影响因素研究[J]. 中国电化教育，2016（4）：1-6.

之为教育的变化过程。①因此,我们要理解信息技术如何改变学校教育不能只关注教育技术化(即教育的变化)过程,而应分别从技术教育化与教育技术化两方面进行探讨。

近年来,国家出台了多项政策和法规对信息化建设做出了重要指导。《国家中长期教育改革和发展规划纲要》(2010—2020年)指出,到2020年,基本实现教育现代化,基本形成学习型社会,进入人力资源强国行列。强调要加快教育信息化进程,把教育信息化纳入国家信息化发展整体战略。《教育信息化十年发展规划(2011—2020年)》对规划纲要进行阐释和详细说明,对教育信息化建设提出了具体的原则、要求、实现步骤、重点工作等,并明确以教育信息化带动教育现代化,是我国教育事业发展的战略选择。《教育信息化"十三五"规划》(2016)的指导思想和发展目标也明确指出,充分发挥信息技术对教育的革命性影响作用,基本建成与国家教育现代化发展目标相适应的教育信息化体系。2017年1月,《国家教育事业发展"十三五"规划纲要》进一步提出积极发展"互联网+教育",全力推动信息技术与教育教学深度融合。此外,各省市也相应出台了其他的教育信息化相关政策,有效地指导我国教育信息化建设。

(二)已有研究评价与启示

通过对"泛在学习""教学管理制度""学校法律制度""教育信息化"相关研究的梳理、分析,本研究基本掌握了目前国内外学界对该领域研究现状和研究动向。本研究主要围绕泛在学习和教学管理制度的研究展开述评。在此基础上,将学校法律制度与教育信息化的研究述评穿插其中。

根据国内外已有研究,关于泛在学习的理论研究最早开始于1991年,目前正处于稳步发展、趋向深入的阶段。泛在学习是继数字化学习、移动学习以后,人类学习方式的又一次变革与创新,具有广阔前景。具体而言,21世纪以前的泛在学习处于理论酝酿期,寻求理论支持是其研究的重点。

---

① 庞红卫. 从利用到整合:对信息技术变革学校教育的几点思考[J]. 教育发展研究, 2015(12): 23-28.

从上位概念学习理论中寻求支撑，并探讨其长期发展的可能性或潜能是那个时期主要研究的问题。同时还通过制定相关的政策和规划来积极推进泛在学习的理论发展。21世纪初期技术得到了快速发展，特别是普适计算技术和代理技术的出现，为泛在学习环境的构建提供了必要的技术支持，相应出现了许多基于普适计算技术和代理技术构建泛在学习环境（系统）的研究。目前，关于泛在学习的研究主要集中在网络学习、移动学习方面，其重点是如何通过现有的智能设备更好地呈现学习材料以实现人与自然环境的交互。在实践方面，主要通过宽带设施和技术环境的创建来提高泛在学习在实际生活中的应用。随着研究的深入，泛在学习不仅可以在虚拟与自然世界之间进行无缝连接，而且开始将目光转向个性化适应与情境感知上，并开始借鉴神经科学的研究成果，关注学生的记忆和认知行为方面的内容。近年来，随着技术逐渐成为可能，泛在学习已经逐渐成为可能。随着新一轮科技革命和工业革命的不断加速，信息技术与教育教学的深度融合发展已深入学校层面，将引起新一轮的学校变革，迎接泛在学习时代的到来。但是通过分析已有的文献我们会发现，关于信息技术融入教育领域的研究成果依然局限于技术探讨层面，在实践上也更多是基于微观层面的课堂变革等领域展开，对变革中隐性的甚至是带有核心性的一些问题，比如变革中涉及的教育法律制度、政策、价值观等方面的研究体现得还不够。

与此同时，在综览卷帙浩繁的学校研究、教育法学研究的文章后，本研究发现，从法学视角以"教学管理制度"作为主体的系统的、全面的研究不够深入。学者们更多是从微观的层面，对教学管理制度中的某一问题进行探讨，如学分制、学年制、弹性学制、教学管理制度的规范化、教学管理制度的价值取向、教学质量评价制度等。目前为止，这些研究尚未能聚点成面，以一个较综合的、较系统的面目呈现给其他学习者。对于现行教学管理制度存在的问题及其成因，研究者更多的关注到了诸如管理文化、社会本位价值观等外部原因，如管理文化、社会本位的价值观等，对内部原因的探讨分析不够全面和深入。对这些问题的研究也更多的是从教育学、管理学、社会学的视角分析。虽然，有少数学者也试图从学生、教师权利的角度去探讨教学管理制度建设，但也只是泛泛而谈，未能触及问题之根本。并且，对此类主题的研究，学者们也主要是基于传统的学校形态、教学形态展开论述，缺乏将付于现在时态和将来时态而进行系统性的前瞻思考。虽然有学者已经意识到由于相关配套政策的空白，导致网络教育、在线教育已经在实践层面出现了重重问题，但其研究问题也主要集中于知识版权、教师有偿参与在线教学、在线教育质量监管等方面，其研究内容也只是从表面对于存在的问题给予宏观建议，并未展开深入的论述。另外，现有研究对制度设计的分析仍然局限于制度设计的实体阶段，对制度执行程序、制度公正执行的受控机制监督机制和自控机制等方面的研究较少，尤其对教学管理制度的正式规则究竟应该涵盖哪些内容、应架构怎样的体系框架，并未做出完整、系统的阐述。

四、研究思路与本书架构

（一）研究旨意

1. 研究目的

开展泛在学习时代高校教学管理制度的研究，是深入贯彻教育法治理念，以法治思维和法治方式保障新时代多元化高校教学形态健康有序发展的应然选择。本书基于泛在学习时代的学习特征，试图探讨新时代高校教学模式将会发生哪些改变，并通过搭建高校教学管理制度的权利分析框架，从学校管理者、教师、学生的权利保障视角进行实证考察，透视在泛在学习时代教育教学变革与发展的背景下，现行高校教学管理制度存在着哪些具体问题。进而，通过探寻成因，提出泛在学习时代重构我国高校教学管理制度的建议。概而言之，本书的研究目的有三点（如图3所示）：一是构建泛在学习时代高校教学管理制度的分析框架；二是探讨泛在学习时代高校教学管理制度重构的可能性与必要性；三是提出重构高校教学管理制度的建议。

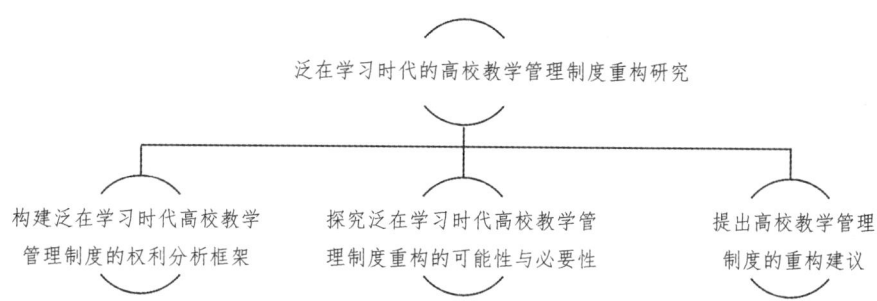

图 3　泛在学习时代的高校教学管理制度重构研究目的图

2. 研究意义

根据上述研究目的，基于学理和法理的思考，将研究背景置于泛在学习时代，开展高校教学模式变革及其教学管理制度重构的研究，对于增进教学管理秩序，提升人才培养质量有重要意义。从本质上讲，此研究是一个理论和实践相互动的研究。一方面，理论研究有了成果，实践中可以应用；另一方面，研究本身要考虑实践的需要，为实践提供解决方案、工具和技术手段等。因此本研究具有一定的理论和实践意义。

（1）理论意义

其一，本研究有助于深入认识教学管理制度，丰富发展高校教学管理制度理论体系。高校是高等教育法律关系中的重要主体，高校教学管理制度是教育法学关于高校教学管理活动的核心理论问题。目前，学界关于教学管理制度的研究往往与教育制度、教育管理制度的研究混同，在具体探讨时，学者们也更多从教育学、管理学的视角，从高校教学管理制度的价值取向、制度更新或微观层面的学分制等问题展开，且内容主要针对传统实体学校的教学形态。本书在已有研究的基础上，以权利义务关系为分析视角，构建高校教学管理制度研究的分析框架。基于分析框架和"权利本位"理念，从宏观、整体、系统的角度，探讨泛在学习时代高校教学模式的新特征，并对其与现行教学管理制度存在的冲突进行实证考察，探寻成因，合理、科学地对当前及未来阶段的高校教学管理制度应该如何重构提供建议，以便设计出更加合理、更有针对性的法律规范，更好地保证高校教学治理的科学性和严谨性，从而架起理论阐释与实践描述之间的桥梁。这也是推动我国教育法学的发展，从已有研究中寻求突破的有效方式。

其二，本研究有利于拓展信息技术与教育教学深入融合发展。从已有的学术研究成果来看，我国学者关于信息技术与教育教学深度融合的相关研究深度不够、广度不足，研究内容依然局限于技术层面。主要表现为两个方面：一是基于技术本身，从理论层面探讨技术支持的改进与革新。二是在技术的运用方面，学者们通过对慕课（MOOC）、翻转课堂、混合式教学等方面的研究来探讨技术如何融入教学，以及通过线上线下融合、真实空间和虚拟空间交互的混合式学习空间等探讨学习空间建设等问题，把对技术理论的研究拓展到技术运用的研究上。仅仅停留在技术层面的研究，尽管可以绘制技术变革带来的光明前景，但如果没有制度变革的回应，在实践中会面临重重阻力。学分银行、MOOC等在实践中步履维艰就是明证。鉴于此，本书立足时代发展特点，系统、全面地探讨信息技术与教育教学深入融合发展后的教学模式变革、教学管理的问题，试图对现行高校教学管理制度在实际运行中所存在的不足进行深度剖析，并做出制度层面的回应。

（2）实践意义

开展本研究的实践意义主要在于加强高校法治建设，为新时代高校转型、变革后的教学管理规范发展营造有利的政策环境贡献有益思考。无论是基于学校的健康有序发展，抑或完善我国教育法律体系的考量，这些年来舆论对于出台《学校法》的呼吁一直不绝于耳。早在2005年教育部就已经提出制定《学校法》的立法计划，然而，由于多种因素的制约，至今《学校法》也并未登上我国法律的舞台。《学校法》是专门针对各级各类学校规制的基本教育法律，本研究通过对泛在学习时代高校教学法律制度究竟应该如何重构进行研究，对于明确和落实《学校法》中关于高等学校教学管理活动中应该做什么、不应该做什么、应该怎么做等内容具有重要价值。此外，虽然有关高校教学管理制度的法律条文在我国的《高等教育法》《民办教育促进法》等法律中有所体现，但其内容主要立足宏观层面，涉及高校教学管理活动中具体管理的行政法规与教育规章的内容尚不全面，其法律层次和效力也较低。并且，这些法律政策都是基于传统的学校形态而制定。随着信息技术不断发展，不管是教与学的方式，还是本科教育的整体生态都在发生巨大的变革，这就为实践层面的高校治理带来诸多困扰。本书在分析高校教学管理制度的过程中，对我国现行高校教学管理制度涵盖了哪些内容、有哪些不足进行了描述分析，在此基础上，立足泛在学习时代，从现行教学管理制度与新型教学模式的具体实际，深入分析其具体问题表征及影响因素，并提出相关优化建议，希冀可以对相关教学管理制度的修订与完善提供一定的参考借鉴。

（二）本书架构

根据研究问题、研究目的与研究意义，本书的框架与内容主要包括三个部分。

第一部分是关于高校教学管理制度的理论研究。通过系统阐释高校教学管理制度的本质特征，着重回答高校教学管理制度是什么，以及如何分析高校教学管理制度这两个问题，以此形成对高校教学管理制度的本体论认识。

第二部分通过阐释泛在学习的内在意蕴，揭示泛在学习时代高校教学模式的基本特征，借以探讨泛在学习与高校教学管理制度变迁的逻辑，以此说明泛在学习时代重构高校教学管理制度的可能性。同时，基于国家层面高校教学管理制度及10所样本高校内部教学管理制度的深度剖析，形成对现行高校教学管理制度的基本认识。在此基础上，探寻现行高校教学管理制度与泛在学习时代高校教学模式之间存在的冲突，剖析在实践层面上现行教学管理制度所无法调适的教学管理变革问题，以此回答泛在学习时代高校教学管理制度重构的必要性。

第三部分立足实证调查结果，结合已有研究，从制度法学和实践理性的视角反思现行高校教学管理制度调适乏力的具体成因，进而试图提出泛在学习时代高校教学管理制度的重构策略。

（三）研究方法

研究方法是一门研究的具体研究工具和操作手段，是针对研究目的而为研究服务的，它决定了所探究问题的着眼点和切入点，也是研究问题能从起点到达终点、从此岸走向彼岸的桥梁。

1. 文献法

文献法是社会科学研究最基础，也是最常用的研究方法。本研究通过"泛在学习""教育信息化""学分制""学分银行""教学管理制度"等关键词检索相关文献与政策，总结和归纳国内外相关研究情况，明晰学界的研究进展及我国的政策制定情况，提炼出有关的研究结论，将文献法贯穿研究始终，为本研究分析框架的建构、理论阐释等提供帮助。

2. 调查研究法

调查研究法是一种兼具量化与质化的研究方法。本研究涉及的调查研究法主要包括访谈调查法、问卷调查法。采用此方法的目的是"点面结合"，深入调查现行高校教学管理制度在规范和调适泛在学习时代高校教学管理行为时所面临的困境以及成因，旨在为重构高校教学管理制度提供坚实的实证支撑与现实依据。

3. 案例分析法

案例分析法是教育法学研究中常用的方法。通过对一些典型案例的研究，有助于我们了解教育法律、法规制定及实施中的不足。本研究通过搜集泛在学习理念下高校教学管理存在问题的真实案例，鲜活的呈现现行高校教学管理制度与泛在学习理念存在的冲突，从而更有力地揭示现行教学管理制度存在的不足，为进一步探讨其成因提供实证依据。

4. 比较研究法

比较研究法是通过一定的标准对教育领域中的某个微观问题在不同地域中呈现出的不同表现进行比较分析，探寻事物间的普遍联系、特殊规律及其特殊本质，力求得出符合客观实际结论的方法，它能够克服教育研究过程中的狭隘性。本研究通过对美国、欧盟、韩国等发达国家学分银行制度以及相关的法律与政策等内容进行分析与总结，以期为泛在学习时代我国高等教学管理制度更新提供认识与经验借鉴。

5. 制度分析法

制度分析法是政策学研究常用的研究方法。该方法主要从制度学、政策学角度，分析社会特定的政治价值特征，进而以制度哲学为观照设计合理的政策制度体系。本研究中，主要运用历史制度主义理论来系统梳理中华人民共和国成立至今我国高校教学管理制度建设历程，运用文本分析法剖析样本高校内部教学管理规章的文本内容，揭示其内蕴的发展事实与意义价值，探讨其在规范与调整泛在学习时代教学管理变革与发展中存在的不足。

（四）研究思路

本研究主要按照"发现问题—分析问题—探析原因—解决问题"的思路，以"是什么—为什么—怎么办"为研究逻辑，将理论与实践相结合，开展泛在学习时代高校教学管理制度重构的相关问题研究。具体研究思路如图4所示：

首先，"缘何"主要指向高校教学管理制度重构的"问题缘起"，也就是本研究绪论部分所需要解决的问题。此部分主要运用文献法，在全面梳理、归纳、分析国内外相关研究的基础上了解学界的研究进展，获取该领域相关研究对本研究的启示。并通过对本研究进行"自上而下"的顶层设计，阐释本研究的研究目的、要解决的问题，以及解决问题的方法、思路等。

其次，"是何"主要从高校教学管理制度的本质体现与基本构成两方面的内容，回答究竟什么是高校教学管理制度，应如何搭建高校教学管理制度的权利分析框架。进而通过利益相关者理论甄别高校教学管理活动中的直接利益相关者，并以"权利本位"理念为基础，搭建高校教学管理制度的分析框架。体现为本研究的第一章。

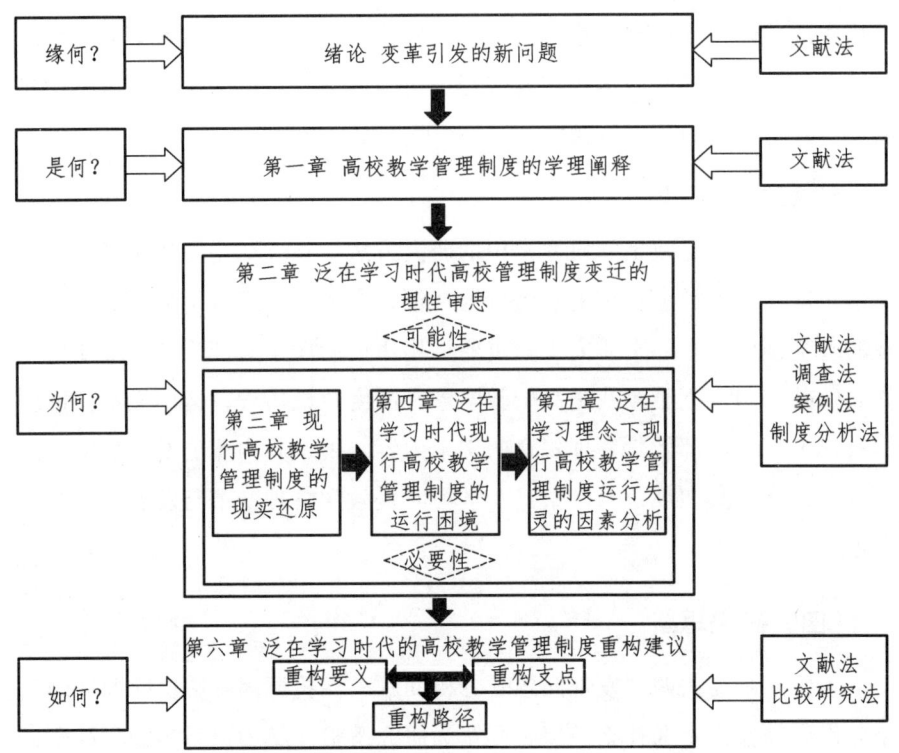

图 4 泛在学习时代高校教学管理制度重构研究思路图

再次,"为何"分别从理论和实践层面,分析泛在学习时代高校教学管理制度变迁的可能性与必要性,着重回答泛在学习时代的教学管理制度为什么需要重构,包括本研究的第二章至第四章。在第二章,通过阐释泛在学习的内在意蕴,提出泛在学习时代的高校教学模式变革是一个亟待重视的议题,并分析泛在学习时代的高校教学模式特征。基于此,分别从教学模式变革前后学校管理权、教师教学权和学生学习权的视角探讨泛在学习与高校教学管理制度变迁的互动关系。第三章则主要运用文本分析、案例分析等方法,剖析现行高校教学管理制度的规范文本和高校内部的教学管理组织体系及基本职能,以此形成对现行高校教学管理制度的基本认识。第四章则基于上述研究,通过问卷与访谈调查法、案例分析法等,探寻现行高校教学管理制度与泛在学习时代高校教学模式之间存在的冲突,剖析新时代现行教学管理制度无法调适的教学管理变革问题。

最后,"如何"主要指向于探讨如何重构泛在学习时代的高校教学管理制度,体现为本研究的第六章。根据学理和法理,从法律与政策的角度,结合国内外相关教育法律与政策和学术研究成果的经验,分别从重构要义、重构支点和重构路径三方面,为重构泛在学习时代我国高校的教学管理制度提出相关建议。

第一章
高校教学管理制度的意蕴诠释

> "高校教学管理制度"是本研究最核心、最基本的研究对象。深度认识"何为高校教学管理制度""如何分析高校教育管理制度"这两个关键问题，是研究泛在学习时代高校教学管理制度的基本前提。

一、高校教学管理制度的本质内涵

"高校教学管理制度"是内涵极其丰富的概念，从不同视角可以做出不同的解释与定义。在此，我们有必要在众说纷纭的界定中，挖掘高校教学管理制度的本质体现。

（一）何谓制度？

制度的重要性早在战国时期的《商君书·壹言》中就已提及，"凡将立国，制度不可不察也，治法不可不慎也，国务不可不谨也，事本不可不抟也。制度时，则国俗可化，而民从制；治法明，则官无邪；国务壹，则民应用；事本抟，则民喜农而乐战"。《礼记·礼运》也有记载，认为"天子有田以处其子孙，诸侯有国以处其子孙，大夫有采以处其子孙，是谓制度"。事实上，制度是一个含义非常复杂、涉及多学科的研究对象。纵观国内外关于制度的诸多经典解说，择其要者，大致可分为五种不同的观点，即：制度是交往的产物；制度是一种"规则"；制度是一种"习惯"；制度是一种"模式";制度是一个"系统"。

1. "交往说"下的制度观

持"交往说"观点的主要有马克思主义的经典作家马克思（Marx）、恩格斯（Engels）和法兰克福学派的代表人物哈贝马斯（Habermas, J.）。马克思在《德意志意识形态》中指出，"现存的制度只不过是个人之间迄今所存在的交往的产物"。① 交往是一种社会性活动，任何人之间的个体活动可以通过交往转变为各种社会活动，形成各种社会关系。在对这些关系进行规范的过程中，就形成了制度。哈贝马斯的交往行为理论认为，实现交往行为合理化的基本前提和条件在于承认、尊重并遵守共同的社会规范，从而为交往行为赋予了制度性色彩。②

2. "规则说"下的制度观

持"规则说"观点的学者较多，诸如康芒斯（Commons, J. R.）、道格拉斯·C. 诺斯（North, D. C.）、约翰·罗尔斯（Rawls, J. B.）、马克斯·韦伯（Weber, M.）等。康芒斯提出，如果想找到一种普遍的规律，让它适用于所有已知的制度性行为，那么就可以把制度定义为集体行动对个人行动的控制。③ 换而言之，康芒斯所认为的制度是一种行为准则或规范。诺斯认为制度是一个社会的博弈规则，或是一些人为涉及的、人们互动关系的约束。这种制度约束体现在两个方面——它禁止人们从事某种活动，抑或在什么样的条件下人们可以被允许从事某种活动。④ 因此，制度是人类在其发生相互交往的框架，既包括正式的成文规则，也包括典型的非成文行为准则，即正式制度和非正式制度。柯武钢、史曼飞认为，制度是人类相互交往的规则，它抑制着可能出现的、机会主义的和乖僻的个人行为，使人们

---

① 中央编译局. 马克思恩格斯全集（第三卷）[M]. 北京：人民出版社，1960：79.
② [美]托斯丹·邦德·凡勃伦. 有闲阶级论[M]. 蔡受百，译. 北京：商务印书馆，1964：139.
③ [美]康芒斯. 制度经济学（上）[M]. 赵睿，译. 北京：华夏出版社，2013：80.
④ [美]道格拉斯·C. 诺斯. 制度、制度变迁与经济绩效[M]. 杭行，译. 上海：格致出版社，上海三联书店，上海人民出版社，2014：3-4.

的行为更可预见并由此促进着劳动分工和财富创造。①美国著名学者罗尔斯从政治学的角度认为,制度是一种公开的规范体系,这一体系确定了职务和地位及它们的权利、义务、权力、豁免等。②马克斯·韦伯则从法学角度,将其与社会学意义上的制度概念进行了区别,认为制度应是任何一定圈子里的行为准则。③我国著名的经济学者林毅夫也赞成这一观点,认为"制度可以被理解为社会中个人遵循的一套行为规则"。④概而言之,该说认为制度是一种被制定出来的一系列规则,制度存在的意义在于约束主体的行为。

3."习惯说"下的制度观

持"习惯说"观点的主要是旧制度经济学代表人凡勃仑(Beblen, T.)。凡勃仑从制度起源认识的角度认为,制度实质上就是个人或社会对有关的某些关系或某些作用的一般思想习惯,而生活方式所构成的是在某一时期或社会发展的某一阶段通行的制度的综合。因此,从心理学方面来说,可以把制度概括为一种流行的精神态度或一种流行的生活理论。换言之,"制度习惯说"突出了制度的非正式性特征。

4."模式说"下的制度观

持"模式说"观点的主要代表人物是美国学者塞缪尔·P.亨廷顿(Huntington, S. P.)。他把制度放置于社会发展的背景下,认为"制度是稳定的、受尊重的和周期性发生的行为模式"⑤,一个社会要实现社会的现代化,只有将现代制度内化为人们的自觉的行为模式,由此强调了制度的非实体性。

---

① [德]柯武钢,史曼飞.制定经济学[M].韩朝华,译.北京:商务印书馆,2000:35.
② [美]约翰·罗尔斯.正义论[M].何怀宏,等,译.北京:中国社会科学出版社,2013:54.
③ [德]马克思·韦伯.经济与社会(上)[M].北京:商务印书馆,1997:345.
④ [美]R·科斯.财产权利与制度变迁:产权学派与新制度学派译文集[M].上海:上海三联书店,1994:375.
⑤ [美]塞缪尔·P.亨廷顿,亨廷顿.变化社会中的政治秩序[M].王冠华,译.上海:上海人民出版社,2015:10.

5. "系统说"下的制度观

持"系统说"观点的日本学者青木昌彦（Masahiko，A.）认为，"制度是关于博弈任何进行的共有信念的一个自我维持系统"，它"以一种自我实施的方式制约着参与人的策略互动，并反过来又被他们在连续变化的环境下的实际决策不断再生产出来"。①这种观点突出强调了制度存在于动态过程的博弈中，体现为有行为主体和对象的系统。

6. 制度的本质体现

不同学派和时代的研究者们赋予了制度如此多可供选择的含义，以至于除了将它笼统地与行为规则性联系在一起之外，我们很难或不可能给出一个普适的定义。②虽然学者们对制度的定义各异，但亦有共通之处，即其普遍倾向于制度具有规范性功能。然而，这种共通理解本身也面临着一些基本性问题。比如，制度规范性功能的实体是什么，其本体论依据是什么？对此，学者高兆明认为，"规范性维度对制度的规定并不是基础性的规定，制度还应有更为基础性的规定"③。那么，制度的基础性规定到底是什么呢？如上文所言，马克思认为制度是交往的产物，而任何人之间的个体活动可以通过交往转变为各种社会活动，形成各种社会关系。但这些社会关系并不能完全等价于不同个体间的关系，而是隐藏在个体间关系背后、并支配着个体间交往关系的，不以当事者个体自身意志为转移的一种社会关系结构。"就人的存在本体论维度而言，制度是使人作为现实存在者的社会关系结构，也正是在这个意义上，制度又是人的现实存在方式。"④因此，社会交往关系结构是制度的根本，它标识的是特定社会交往关系的框架结构，

---

① [日]青木昌彦. 比较制度分析[M]. 周黎安，译. 上海：上海远东出版社，2001：28.
② [德]柯武钢，史曼飞. 制定经济学[M]. 韩朝华，译. 北京：商务印书馆，2000：32-33.
③ 高兆明. "制度"概念的存在论辨析[J]. 南京师大学报（社会科学版），2007（4）：5-12.
④ [德]柯武钢，史曼飞. 制定经济学[M]. 韩朝华，译. 北京：商务印书馆，2000：32-33.

以及这种框架结构自身内在所固有的运行机制及其程序。而这些都体现为对社会成员基本权利及其义务关系的安排。正是通过确立权利与义务关系，才使社会交往关系结构具有了规范性功能，也就是制度具有了规范性功能。换言之，制度之所以具有规范性功能，是因为制度本身就是社会成员权利—义务关系的实体性存在，制度首先体现的就是这样一种权利—义务关系。[①]事实上，约翰·罗尔斯在谈到制度是一种规范体系时，也讲到这个体系确定了他们的权利、义务、权力，同样也指出了制度所体现的权利—义务关系。因此，本研究在中外学者对制度所做出的阐释的基础上认为，制度是在一定的社会范围内，具有规范、约束、导向、增进秩序的功能的规则体系，体现的是一种权利—义务关系。

（二）何谓高校教学管理制度？

教学是教育目的规范下的、教师的教与学生的学共同组成的教育活动，是实现教育目的的基本途径。[②]纵观已有研究，学界虽然没有对何为教学管理形成统一认识，但多数学者认为，教学管理就是学校管理者以教学全过程为对象，遵循教学活动的客观规律，运用现代科学管理的理论、原则和方法，对教学活动进行计划、组织、领导和控制，使教学活动达到人才培养目标的活动，属于学校内部管理层面的内容。但应该注意的是，以上界定所涵盖的内容，仅仅只是微观层面的教学管理。宏观层面的教学管理还应包括学校外部的教育行政机关对学校教学的组织、管理与领导。

高校教学是教学的下位概念。与普通中小学相比，高校作为兼有培养高级专门人才、科学研究、社会服务、文化传承创新四大基本职能的重要场地，其教学过程具有鲜明的专业方向性和专业实践性，并在传授知识外具有培养学生探索新知的任务。[③]高校的教学运作配套管理包括教学管理、

---

① 高兆明. 制度公正论[M]. 上海：上海文艺出版社，2001. 28.
② 王道俊，王汉澜. 教育学[M]. 北京：人民教育出版社，1989：178.
③ 郭冬生. 大学教学管理制度论[M]. 北京：高等教育出版社，2005：21.

学生管理、人事管理、科研管理、行政管理和后勤管理等方面，它们共同构成了高校教学运作配套管理系统。从人才培养过程的视角来看，高校教学管理是与教学流转环节相一致的，是一条囊括招生、制定人才培养方案、构建教学计划、组织与实施课程、开展理论教学与实践教学活动、评估教学质量的活动链条。在此链条上，教学管理包括学校管理者对高校教与学的交往关系中教师、学生、教辅人员、教学活动、教学资源等的配置和管理。进一步地说，高校教学管理的定义有狭义与广义之分。狭义的高校教学管理即微观层次的教学管理，是高校教学管理者按照大学教学和管理活动的基本规律，对教与学双方交往活动进行决策与计划、组织与实施、指挥与协调、监督与检查以及控制与评价，使其达到既定目标的活动或过程。[①]从广义上说，高校教学管理除了微观层次的教学管理外，还包括主要由政府教育行政管理部门对高校教学所实施的组织、管理与领导。本书主要从狭义视角探讨高校教学管理，认为高校教学管理的基本任务是维护教学秩序，调动学生自主学习的积极性，维护好教学管理人员、教师、学生之间的互动关系，推进教学管理工作，保证日常教学工作平稳运行并提高高等教育教学质量。但需要注意的是，由于政府与高校的关系是影响微观层面高校教学管理的重要外部影响因素，所以本书也会对其进行一定的探讨。

　　教学是高校工作的中心和重心，教学管理是高校管理的核心和关键，而教学管理制度是一种教与学的交往关系结构，是由此结构所规定的规范秩序体系。结合上文对制度的理解，本研究认为高校教学管理制度指在教与学双方交往活动的全过程中，对教学活动的决策与计划、组织与实施、指挥与协调、监督与检查、控制与评价等方面具有规范、约束、导向、增进秩序的功能的规则体系。就其本质而言，高校教学管理制度体现为大学教学交往活动中各成员的权利—义务关系，其最重要的意义在于保障各主体的相关权利，以培养国家和社会所需的人才。就其外延而言，究竟哪些

---

① 郭冬生．大学教学管理制度论[M]．北京：高等教育出版社，2005：23-24．

内容属于高校教学管理制度，需要将高校教学管理制度与国家人才培养蓝图的内在统一性结合起来予以讨论。①具体来看，高校教学管理制度主要包括三个方面的内容，一是人才培养模式制度及其配套制度，如学分制、学年制、学年学分制、学籍管理制度等；二是人才培养过程中的具体实施与管理制度，如人才培养方案，教学计划，排课、选课、考试管理办法等具体的教学组织制度与教学工作制度；三是人才培养的质量监管与评价制度，如教学评价、信息反馈制度等。

二、高校教学管理制度的基本构成

根据制度是社会关系及其结构的客观存在的观点，当它被人们自觉意识与把握的时候，就形成了关于制度的意识。然而，制度的意识与制度的存在并不一样，二者是属于两种范畴的不同概念。制度的意识是对制度存在的自觉意识与把握，而制度的存在是制度的意识在观念中的存在。当制度的意识被人们进一步自觉表达出来时，制度意识就成了人们的制度性要求，也就成了整合与规范社会生活的工具。这种制度性要求有两种基本样态：一是以伦理道德等为表达样式的非正式制度，二是以法律、规章、章程等为表达样式的正式制度。②相对于伦理道德、风俗习惯等非正式制度，正式制度对人们的社会生活具有更加基础性的意义，"它们在组织和社会活动中具有明确的合法性，并靠组织的正式结构来实施"③。由此，高校教学管理制度是以高校教学管理活动为调整对象的一系列规范体系，它既有表现为正式的、显性的高校教学管理正式制度，也有表现为非正式的、潜在的高校教学管理非正式制度。简单地说，正式规则是高校教学管理制度的核心

---

① 王景群. 论大学教学管理制度的双重本质属性[J]. 中国法学教育研究，2010（4）：148-162.
② 高兆明. "制度"概念的存在论辨析[J]. 南京师大学报（社会科学版），2007（4）：5-12.
③ 王思斌. 社会学教程[M]. 北京：北京大学出版社，2008：190.

构成,但是,它仅仅只是高校教学管理制度的组成部分之一。高校教学管理制度的功能与作用是作为正式规则的法律、法规、政策无法全部替代的。

(一)正式的高校教学管理制度

高校教学管理制度是以高校教学管理活动为调整对象的制度,它并不等于高等教学管理规则。在《制度法论》一书中,英国法学家麦考密克(MacCormick,N.)和奥地利学者魏因·贝格尔(Weinberger,O.)曾详细区分过"制度"和"规则"这两个概念。他们指出,"制度显然与规则有某些关系,但并不与规则等同"[①]。就我们生活的现实世界而言,固然存在着相互联系着的各种关系,但其互动需要建立在某种共同理解的基础上才能发生,若不能遵守这些共同理解,则会导致互动的低效。基于这种认识,就形成了制度是一种规则的观点。但是,规范只是制度的基本特征,规则仅是制度的构成之一。虽然,在通常的理解中,我们常常习惯把教学管理制度理解为一些用规范文本列举出来的教学管理规则,如有学者将其定义为强化教学管理,稳定教学秩序,加强教学质量控制而制定的教学规章、制度、条例、规则、细则、守则等。它具有一定的法治效应和约束力,是全体师生和教学管理人员必须共同遵守的教学行为准则。然而,倘若只把制度定义为正式规则,就抹杀了制度与规则之间的区别。广义上讲,教学管理制度是在一定教育发展条件下形成的教学管理体系,关涉教学思想管理、课程计划管理、教学过程管理、评价与考试管理、教研科研管理和教学行政管理等内容;从狭义上讲,教学管理制度就是在教学过程中,为了规范教学活动和实现学校的教学目标,而制定的系统的教学管理方法。它涵盖了大学教学管理中的正式规章制度及其所隐含的价值倾向、非正式规章制度以及在教学管理过程中起作用的规范化的隐性约束机制等。它们总体上表现为规范性的约束力量,在形式上表现为教育行政管理部门的领导

---

① [英]麦考密克,[奥]魏因·贝格尔.制度法论[M].周叶谦,译.北京:中国政法大学出版社,1994:63.

体制以及制定的规章制度,也表现为大学内部教学管理过程中的规章制度、管理模式、教学组织模式等。①

正式的高校教学管理制度生成的逻辑起点是高校教学管理的合法性保障,包括形式的合法性和实质合法性。形式合法性意指高校教学管理制度生成的科学化和技术化手段,是一种事实判断;实质合法性意味着高校教学管理秩序被认可的价值,是一种价值判断。具体而言,正式的高校教学管理制度主要表现为如下两种形式。

1. 高校教学管理制度中的正式规则

高校教学管理制度中的正式规则最纯粹地表现着高校教学管理制度作为规则或规范的存在,是教学管理制度发展的最高形式,是一种明示的规则,或曰显规则,是以明确的、公开的形式表现出来的并加以规则化的教学管理制度。在高校的教学管理制度体系中,最容易看到的就是显性的、正式的规则。它涵盖着两个方面的内容:一是国家层面的法律法规、政策文件等。从我国的法律体系来看,《中华人民共和国宪法》(以下简称《宪法》)位于我国法律位阶的最高层,拥有最高的法律地位,"是国家的根本法,具有最高的法律效力。全国各族人民、一切国家机关和武装力量、各政党和各社会团体、各企事业组织,都必须以宪法为根本的活动准则","一切法律、行政法规和地方性法规都不得同宪法相抵触"。在宪法之下,法律次之。根据《中华人民共和国立法法》(以下简称《立法法》),在我国,全国人民代表大会和全国人民代表大会常务委员具有国家立法权。全国人大具有制定和修改刑事、民事、国家机构的和其他的基本法律的权力,而全国人大常委会则可以制定上述法律以外的其他法律的权力,并在全国人大闭会期间,可以对人大制定的法律进行部分补充和修改。但由于《宪法》第57条指出,全国人大常委会是全国人大的常设机关,其法律地位低于全国人大。故此,我们可以将"基本法律"的位阶和法律效力理解为略高于

---

① 秦小云. 大学教学管理制度的人性化问题研究[M]. 青岛:中国海洋大学出版社,2005:15.

"非基本法律"的位阶和法律效力。在法律之下，位于我国法律位阶第三层的是行政法规，即由国务院根据宪法和法律所制定和颁布的规范性文件。位于我国法律位阶第四层的是地方性法规、自治条例单行条例和规章。根据《立法法》第 80 条和第 82 条，规章既可以是由国务院各部、委员会、中国人民银行、审计署和具有行政管理职能的直属机构，依据法律和国务院的行政法规、决定、命令而制定；也可以由省、自治区、直辖市和设区的市、自治州的人民政府，根据法律、行政法规和本省、自治区、直辖市的地方性法规制定。换而言之，规章既包括中央政府的部门规章，也包括地方政府的地方规章。地方规章由于涉及面较广，又可以分为省级规章与省以下的规章，省以下规章分为设区的市的规章、经济特区市的规章、自治州的规章，而这些规章与地方性法规之间的关系又较难理清。①所以，本研究关于高校教学管理制度的相关条文、条款的梳理主要从宪法、法律、教育行政法规和国家教育规章这四类法律规范予以分析。二是高校内部与高校教学管理相关的规章制度，主要有各高校大学章程中的相关内容以及高校内部的一些具体教学管理规章。

2. 高校内部的教学管理组织体系

高校内部的教学管理组织体系包括高校内部的教学管理组织机构设置及其职能。高校内部的教学管理组织体系之所以进入正式的高校教学管理制度之维，原因在于高校教学管理组织机构既是国家层面高校教学管理法律制度和高校内部教学管理规章执行的平台。同时，其本身也是高校教学管理制度化的产物和外在表现形式，是上述高校教学管理制度中的正式规则对相关主体权利和责任分配的结果。

（二）非正式的高校教学管理制度

所谓的非正式制度是指并非基于人为设计或外在权威的形式存在的制度。非正式制度并不具有强制性和权威性，而是类似于哈耶克所说的一种

---

① 周永坤. 法理学——全球视野[M]. 北京：法律出版社，2016：97.

"自生自发"的社会秩序。它可能是从人类经验中演化出来的，体现着过去曾最有益于人类的各种解决办法，诸如习惯、伦理规范等，[①]或是人们在长期交往中无意识形成的，具有持久的生命力，并构成代代相传的文化的一部分，如道德、习俗、意识形态等。[②]非正式制度虽然是一种潜在的或默示的规则，但同样具有规范性和约束性。具体到高校教学活动中，一些教学思维方式、教学管理的价值理念、课堂仪式等教学管理习惯，虽然不是正式制定的，不以成文规则的形式存在，但它们是在较长时间的实践中，伴随着教学管理活动的需要而自然产生、逐步发展所形成的。因此，在实际中往往也能发挥着规则的作用和规范的价值，而且在长期的实践中逐渐渗透于高校教学管理活动，真实地影响、制约、塑造教学管理活动中的行为和交往关系。

教学管理习惯是学校管理者和教师在长期教学管理实践中所形成的一套稳定的关于教学科研与管理行为的模式。人类的集体生活得以有序进行，需要各种社会规范来维系，而这些社会规范除了法律，主要还有习惯。"习惯是一种不仅最古老而且最普遍的法律渊源……规定了因为经常的遵守而成为'习惯性的'行为。"[③]习惯以一种习以为常的方式，长期、隐形地渗透在人们的日常生活中，成为调整人类生产和生活利益关系的一种规则系统。习惯与习俗、惯习有着不同的内涵。习惯是个体性概念，是"个人在自己的活动与社会交往中的重复性活动……即在个人行动中所呈现出来的诸多'单元事态'中重复的、稳定的和驻存的一种行为事态的轨迹"[④]。习俗是社会性概念，是许多个人习惯的共性点、相似点。"习俗作为一种自发社会秩序……能作为人们社会活动与事务中的一种常规性固化习俗本身所

---

① [德]柯武刚，史漫飞. 制度经济学：社会秩序与公共政策[M]. 韩朝华，译. 北京：商务印书馆，2000：36.
② [美]道格拉斯·C. 诺斯. 制度、制度变迁与经济绩效[M]. 刘守英，译. 上海：上海三联书店，1994：3.
③ [美]埃尔曼. 比较法律文化[M]. 贺卫方，高鸿钧，译. 北京：生活·读书·新知三联书店，1990：43.
④ 韦森. 社会制序的经济分析导论[M]. 上海：上海三联书店，2001：158，181.

覆盖的团体、社群或社会中成员的现象型行为,从而它本身也就作为一种事态、一种情形,像一种社会规则那样对成员的各自行为有种自我强制性的规约"。①概而言之,习俗是群体和社会中的个人共同遵循的价值观念或者是其共同认可的文化传统,习惯只是群体和社会中的个体自己单独的行为或思维模式。而惯习是法国著名的社会学家皮埃尔·布迪厄(Bourdieu,P.)在其社会学理论中提出的最重要的概念之一。既不同于习惯,也不同于习俗,惯习是来自社会中的个人和群体的一种长期的实践活动。在这种实践中,经过一定时期的积累,经验就会内化为人们的意识来指挥和调动个人和群体的行为,从而成为人的社会行为、生存方式、生活模式、行为策略等行动和精神的强有力的生成机制。②质而言之,惯习是行动者社会化的主观行为,其由积淀于个人身体内的一系列历史关系所构成,在形式上,惯习表现为诸如知觉、评判和行动等各种身心图式,是一种通过个人的社会化过程而实现的社会结构的内化。③据此可见,习惯一般具有自发性、重复性、机械性,而惯习具有创造性、再生性和建构性。教学管理习惯所强调的就是学校管理者和教师在长期的教学管理实践中,在各自的管理活动或教学活动中所产生的一些无意识的、自生自发的习以为常的思维定式或行为习惯,譬如教师在教学过程中的授课习惯等。这些习惯背后往往反映着学校管理者和教师根深蒂固的思想与理念,或其价值观、教育观、管理观,它以一种隐蔽的方式,像一只无形的手渗透在长期的教学管理实践中,以其隐蔽性和根深蒂固性,成为阻碍泛在学习时代高校教学管理制度创新的桎梏与障碍。

在此,需要指出的是,由于非正式制度具有隐蔽性和潜在性,难以直接控制并加以分析,因此本研究主要探讨的是正式层面的高校教学管理制度。并且,高校教学管理制度建设在很大程度上是通过正式规则和教学管

---

① [美]埃尔曼. 比较法律文化[M]. 贺卫方,高鸿钧,译. 北京:生活·读书·新知三联书店,1990:43.
② 王彦明. 论教学习惯[D]. 南京:南京师范大学,2012:33.
③ 曾明星,李桂平,周清平,颜一鸣."翻转课堂"教育场域:主体异质性、惯习冲击与价值建构[J]. 高等工程教育研究,2015(5):186-192.

理组织体系的更新来规范和塑造新的教学管理行为，它可以影响、抑制甚至消除某些消极的教学管理习惯。这一过程，本身也是高校教学管理制度重构的过程。

三、高校教学管理制度的分析框架

卡尔·波普尔（Popper，K.）曾说过，只有借助新观念，问题才能得到解决。关于高校教学管理制度，虽然学界已有部分研究，但高校教学管理制度是关于高校教学管理与运行的规则体系，其外延丰富、涵盖对象多元。若就制度谈制度，自然难以从已有研究中跳脱出来。因此，本研究从"权利本位"理念出发，以利益相关者理论为基础，廓清高校本科教学管理制度中相关利益主体权利关系的全貌，试图从高校教学管理的直接利益相关者所享有的权利视角，搭建高校教学管理制度的分析框架。

（一）高校教学管理中的利益相关者

1. 利益相关者理论

20世纪60年代左右，利益相关者理论（Stakeholder theory）在英、美等长期奉行外部控制型公司治理模式使经理人员长期处于严重的短期目标压力的国家中逐步发展起来。较之于传统的股东至上理论，利益相关者理论认为，企业是由利益相关者组成的系统，企业与给企业活动所提供法律和市场基础的社会大系统一起运作，[①]企业的发展需要综合平衡考虑其利益相关者的投入或参与，企业的目标是为所有利益相关者创造财富和价值。[②]利益相关者参与公司治理，可以使企业在进行某一决策时，充分考虑不同利益相关者的多元利益诉求。而这又能反过来激发利益相关者关注、重视

[①] Clarkson, M. A stakeholder framework for analyzing and evaluating corporate social performance[J]. Academy of Management Review, 1995, 20(1): 92-117.
[②] Campbell D. Ownership and Control: Rethinking Corporate Governance for the Twenty-First Century[J]. Challenge, 1996, 39(1): 62-64.; Blair M M .For Whom Should Corporations Be Run? An Economic Rationale for Stakeholder Management[J]. Long Range Planning, 1998, 31(2):195-200.

企业自身利益，从而减少企业决策中的机会主义行为，以及在企业活动时企业激励监督的成本。①

那么，究竟什么是利益相关者呢？对此，美国经济学家弗里曼（Freeman, R. E.）指出，所谓利益相关者就是"能够影响企业目标实现，或者能够被企业实现目标的过程影响的任何个人和群体"②，并从所有权、经济依赖性和社会利益三个维度对利益相关者进行基本分类，将其对企业的影响力分为经济的、技术的、社会的、政治的和管理的影响。然而，这种以"是否影响企业或受企业影响"的界定方式过于宽泛，使其在实际运用时产生了一些问题。对于是否一棵树、一些恶化的或改善的自然环境（包括地球的大气层、海洋和土地）、人类的后代、非人物种等非社会性的个体与群体也是企业的利益相关者的追问，使学者们在实证研究和应用推广时几乎寸步难行。③为了走出这种宽泛界定的藩篱，西方学者关于利益相关者界定与分类的研究相继经历了"窄定义""宽认识""多维细分""属性评分"等过程。④其中，由美国学者米尔切（Mitchell）和伍德（Wood.D，J）所提出的利益相关者分类中最常用的分析工具——"评分法"（Score-based approach）登上学术界和企业界的核心舞台。米切尔明确指出，利益相关者理论最核心的两个问题分别是利益相关者的确认（Stakeholder identification）和利益相关者的特征（Stakeholder salience）问题，即谁是企业的利益相关者和应依据什么来给予特定群体以关注。进而，根据合法性（Legitimacy）、权力性（Power）、紧急性（Urgency）三重属性，对可能的个人或群体进行评分后，可以将企业的利益相关者细分为确定型利益相关者（Definitive stakeholders）、预期型利益相关者（Expectant stakeholders）和潜在型利益相关者（Latent stakeholders）三种类型。

---

① 杨瑞龙，刘江. 企业治理结构模式的国际比较[J]. 江苏行政学院学报，2001（1）：60-68.
② Freeman, R. Edward. Strategic Management: A Stakeholder Approach[M]. Pitman Publishing Inc, 1984.
③ Starik M. Should trees have managerial standing? Toward stakeholder status for non-human nature[J]. Journal of Business Ethics, 1995, 14 (3): 207-217.
④ 陈宏辉. 企业的利益相关者理论与实证研究[D]. 杭州：浙江大学，2003：80.

如图 1-1 和表 1-1 所示，所谓合法性是指相关利益主体被赋有法律上的、道义上的或特定的对于企业的索取权；权力性是相关利益主体拥有影响企业决策的地位、能力和相应的手段；紧急性是指相关利益主体的要求能立即引起企业管理层的关注。米切尔认为，至少拥有其中一种属性的个人或群体才能成为利益相关者。其中，对于同时拥有三重属性的确定型利益相关者 A 与企业目标的达成有着密切的联系，是一个企业不可或缺的个人或群体。企业管理者必须十分关注与满足这类利益相关者的需求，其典型代表往往包括股东、雇员和顾客。预期型利益相关者中的 B 同时具有合法性和权力性，是支配型利益相关者；C 同时具备合法性和紧急性，属于依赖型利益相关者；D 同时具有权力性和紧急性，属于危险型利益相关者。潜在型利益相关者则分为具备合法性的静态型利益相关者 E、具备权力性的蛰伏型利益相关者 F 和具备紧急性的苛求型利益相关者 G。

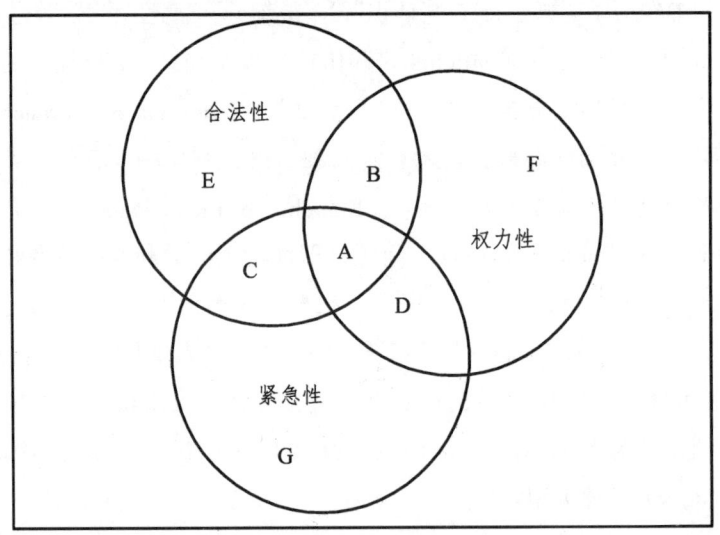

图 1-1　基于"评分法"的利益相关者类型图

资料来源：改编自 Wood D J. Toward a Theory of Stakeholder Identification and Salience: Defining the Principle of Who and What Really Counts. Academy of Management Review[J]. Academy of Management Review, 1997, 22 (4): 872.

表1-1 基于评分法的利益相关者类型界定

类型	属性	图示位置
确定型利益相关者	合法性、权力性、紧急性	A
预期型利益相关者	合法性、权力性	B
	合法性、紧急性	C
	权力性、紧急性	D
潜在型利益相关者	合法性	E
	权力性	F
	紧急性	G

2. 高校教学管理活动中利益相关者的甄别

近年来，利益相关者理论被广泛应用于教育研究中。根据现代管理学和教育学的观点，"大学不是一个整齐划一的机构，而是一个拥有一定自治权的各种团体组成的社会"[①]，"人们'拥有'大学就像人民'拥有'国家一样"[②]。而这些大学的"拥有者"实质上就是与大学有着密切关联的利益相关者。因此，高校也被认为是类似于企业的利益相关者共治的组织。尽管高校与企业存在差异，但在市场竞争以及对社区高度责任的时代，高校面临着许多新的复杂需求。这些复杂需求也使得高校及其利益相关者期望高校能够变得更加开放，并与政府以外的其他参与者互动。[③]因此，考量与分析高校各利益相关者的影响成为高等教育研究的重要内容之一。

对高等教学管理活动中的利益相关者进行甄别，是将利益相关者理论应用于高校教学管理制度研究的逻辑起点。在借鉴Freeman关于利益相关者的经典界定的基础上，本研究认为，高校的利益相关者是向高校投入了

---

① [美]菲利普·G.阿特巴赫.比较高等教育：知识、大学与发展[M].北京：人民教育出版社，2001.5.
② Ariel J. The University: An Owner'sManual; How Harvard Rules (Book Review)[J]. Association of College & Research Libraries American Library Association, 1990, 6(3):171-8.
③ Savanovic J. Stakeholder involvement in Quality Assurance of Internationalization in Higher Education Institutions in Austria[M]// Measurement error studies at the National Center for Education Statistics / Sameena Salvucci. [et al.]; Steven Kaufman, project officer. U. S. Dept. of Education, Office of Educational Research and Improvement, National Center for Education Statistics, 2014.; Catharina Biorkquist. Stakeholder influence in higher education[D]. Karlstad University, 2009.

一定的专用性资本（包括物质资本和人力资本），其活动能影响高校教学目标的实现，或受到高校教学目标实现过程影响的个人或群体。[①]诸如政府、行政人员、教师、学生、校友、捐赠人、银行、社区等都属于高校的利益相关者。

根据不同的分类标准，这些利益相关者又可以被划分为不同类别。基于米切尔的利益相关者评分法，如果把高校多元主体根据合法性、权力性、紧急三重属性将之分类（如表1-2所示），事实上，这三个维度都建立在一定的个体或群体投入到大学教学管理中的专有性资本之上，而资本的稀缺性程度又导致了大学对该资本的依赖性。然而，合法性维度与选取的利益相关者种类的前提相互矛盾，且不具备可操作性。

表1-2 基于评分法的高校利益相关者判断标准的依据

维度	定义	依据
权力性	行为者A影响行为B的能力，若A能影响B，则A拥有对B的权力（Dahl, 1957; Preffer, 1981; Weber, 1947）	强制型权力：力量/威胁 功利型权力：材料/影响 规范型权力：象征性影响 （Etzioni, 1964）
合法性	社会建构的规范、价值、信念和意义系统中，某个实体所进行的活动被认为是合意的、恰当的、合适的普遍性感知或假定（Suchman, 1995; Weber, 1947）	个体的 组织的 社会的 （Wood, 1991）
紧急性	应利益相关者要求所立即采取行动的程度（Merriam-Webster Dictionary）	时间的敏感性 （Eyestone, 1978; Wartick&Mahon, 1994） 关键程度 （HHill&Jones, 1992; Williamson, 1985）

资料来源：改编自陈晓光.利益相关者视角下研究型大学治理机制研究[D].大连：大连理工大学，2016：38-39.

[①] 陈晓光.利益相关者视角下研究型大学治理机制研究[D].大连：大连理工大学，2016：35.

针对此，我国学者陈晓光博士对合法性维度进行了修正，提出用重要性维度——利益相关者对资本的依赖程度进行分析。本书在此分类方式的基础上，按照高校教学管理中多元利益主体的重要程度、权力大小及利益诉求的紧急程度，结合既有研究结论①及当前我国高校教学管理的实际情况，对各利益主体进行分类。整体来说，政府、教师、学生、学校管理者因同时具有三重属性，属于确定型利益相关者；校外的教学质量评审组织等与高校教学管理活动保持密切联系，拥有两项属性，属于预期型利益相关者；而家庭、社区、社会、媒体等只拥有其中的某项属性，只有当他们拥有一定的合法性或获得某种权力，能够对高校教学管理行为拥有合法的控制，或能对高校教学管理决策行为施加压力时，高校管理层才会关注其需求。具体而言，政府是负责执行和贯彻法律以及组织国家事务的行政机关，事实上扮演国家代理人的角色，代表着公共利益。在高校的教学管理制度中，政府主要指制定国家层面高校教学管理制度的教育部门，它承担着明确人才培养目标，维护高等教育公平，监督高等教育质量、统筹教学管理的责任。学校管理者是学校和各利益相关者的代表，是高校教学科研和管理活动运行的组织者、协调者和服务者，维护的是高校教学管理活动中高校的利益。教师是高校开展教学科研活动的重要实现者，掌握着高校教学和研究的重要使命。学生既是教学活动的对象，也是参与者之一，是高校教育服务的根本所在。由此可见，除政府外，高校教学管理制度主要关涉高等教学管理活动中的三大直接核心利益相关者——学校管理者、教师和学生。

---

① 李福华. 利益相关者理论与大学管理体制创新[J]. 教育研究, 2007（7）: 36-39; 胡子祥. 高校利益相关者治理模式初探[J]. 西南交通大学学报（社会科学版）, 2007, 8（1）.; 胡赤弟. 高等教育中的利益相关者分析[J]. 教育研究, 2005,（3）: 38-46; 李超玲, 钟洪. 基于问卷调查的大学利益相关者分类实证研究[J]. 高教探索, 2008（3）: 31-34; 陈晓光. 利益相关者视角下研究型大学治理机制研究[D]. 大连: 大连理工大学, 2016: 35.

（二）高校教学管理制度中的权利剖析

虽然教学管理制度作为一个专有名词已屡次出现于我国的教育法律、规章与政策中，成为我国的法律与政策术语。尤其是《国民经济和社会发展"九五"计划和 2010 年远景目标纲要》在"优先发展教育"部分的第 5 条明确提出，要"改革考试评估和教学管理制度"，积极推进教学改革。由此，"教学管理制度"首次以政策的形式在我国得以确认。但是，现行法律、政策并未对什么是教学管理制度做出清晰界定，对其规制、保障的权利亦未给予明确指示。因此，从某种意义而言，高校教学管理制度并未真正纳入高校教育法治的规范框架中。仅有法律条文的规定，并不真正意味着教学管理制度的法治化。究其原因，主要在于我们对教学管理制度的探讨主要停留在对教育学、管理学视角的抽象认识，研究的侧重点主要在教学管理制度的价值分析、理念内涵等内容，缺乏专门的、系统的法学视角的分析。伴随着学生和教师权利意识的觉醒，师生们对于个性化、自主性教学权利、学习权利的需求提升，教育法学界开始对学生学习权、教师教学管理权问题予以研究，但仍缺乏对教学管理制度的全面的、系统的、深入的分析。因此，架构高校教学管理制度的法学分析框架，才能基于分析框架，从法学视角，更具体、更系统、更清楚地知道高校教学管理在哪些方面存在问题，影响或损害了相关主体的哪些权益，哪些方面需要不断地改进，以此推动教学管理质量和教学管理效率的提升，进而深化高等教育领域的教学改革，提升人才培养质量，提供新时代国家、社会所需要的高等教育人才。

具体到高校教学管理活动，高校教学管理制度最深层的是高校教学管理交往关系的基本结构。这个结构规定了高校教学管理交往活动中各利益主体的基本关系及各要素间的相互关系，以及其他具体层面的各种具体规则、规范。这些关系及规则的关键功能旨在增进高校教学管理活动的秩序。它规定了围绕这个活动的主体能做什么、不能做什么、应该怎么做等内容，对各主体的行为进行协调与引导。因此，高校教学管理制度的公正性应该成为高校教学管理制度的首要价值、根本价值所在。诚如约翰·罗尔斯

(Rawls, J. B.)所言,不管制度如何有效率和有条理,只要不正义,就必须加以修改或废除。①换言之,首先,高校教学管理制度本身应当公正;其次,公正理念应内化于高校教学管理制度之中。

在最抽象的意义上,公正可以规定为以权利与义务关系为核心的人们相互关系的合理状态。②故而,制度作为一种客观的交往关系体制,以总体化的方式公正地分配、安排高校教学管理活动中每个利益主体的权利与义务,以此让各利益主体明确自己可以做什么、不可以做什么。如果把高等教育资源视为逻辑起点,高校就是高等教育资源的联合体,因此大学制度就是高等教育利益相关者之间的"契约集"。高校教学管理制度是大学制度的重要组成部分,作为调适、整合高校教学科研与管理中的学校与政府、学生、教师之间的存在中介,使得各个主体相互间发生作用,并以相互联系代替完全异己式的对立和隔离。它本身就体现在多元主体之间的教学活动和互动中,本质上是一个关系范畴。它作为整合、凝聚多元主体的纽带,使彼此间的相互交往有章可循,并使其关系具有一定的稳定性和可预期性。在高校推进民主管理、人本管理、学术管理等思潮下,学校管理者、教师、学生都成为高校教学管理活动的主体。高校教学管理制度首先体现的就是这三大直接利益相关者的权利—义务关系。那什么是权利呢?自罗马人在"私法"中明确使用"权利"以来,权利概念就存在着许多不同的解释。"问一位法学家'什么是权利?'就像问一个逻辑学家一个众所周知的问题'什么是真理?'同样使他感到为难。他的回答很可能是这样,且在回答中极力避免同义语的反复,而仅仅承认这样的事实,即指出某个国家在某个时期的法律认为唯一正确的东西是什么,而不正面解答问者提出来的那个普遍性的问题"。③张文显教授概括了八种不同的权利本质学说——资格说、主张说、自由说、利益说、可能说、规范说、选择说,并把权利界定为"规

---

① [美]约翰·罗尔斯. 正义论[M]. 何怀宏,等,译. 北京:中国社会科学出版社,2013:3.
② 高兆明. 制度公正论[M]. 上海:上海文艺出版社,2001:31.
③ [德]康德. 法的形而上学原理——权利的科学[M]. 沈叔平,译. 北京:商务印书馆,1991:39.

定或隐含在法律规律中、实现于法律关系中的，主体以相对自由的作为或不作为的方式获得利益的一种手段"[1]。美国著名法学家韦斯利·霍菲尔德（Hohfeld, W. N.）对"权利—义务"概念进行较系统的逻辑分析时认为，实质上，所有的法律关系都可以归结为权利和义务，基于权利与义务的关系范畴，足以用来分析即使是最复杂的法律利益问题。研究基本法律概念的方法最好是对相互"关联"（Correlative）和相互"对立"（Opposite）的概念进行逻辑分析，也就是分析权利相关的要素来阐释权利的内涵，以此而获得对权利问题的明确理解、透彻陈述和真正解决。进而，他提出了用权利（Right 狭义）、无权利（No-right）、特权（Privilege）、义务（Duty 狭义）、权力（Power）、无能力（Disability）、豁免（Immunity）和责任（应当）（Liability）这八个基本概念作为"法律的最小公分母"。我国学者夏勇教授赞同用要素来解释权利的内涵，他认为要正确、全面的理解权利的概念，不是了解权利的定义，而是把握权利的要素。因此，在霍菲尔德权利要素分析的基础上，他进一步将权利要素归纳与总结为利益、主张、资格、力量和自由五要素，并认为其中的任何一个要素都可以单独用来表示权利的某种本质。由此，权利就是"为道德、法律或习俗所认定为正当的利益、主张、资格、力量或自由"[2]。人们若想要充分的享有某种权利，就必须首先享有特定的利益，其次能够通过某种现实途径表达自己的要求，具有提出该要求的法律资格，且特定的利益和要求能获得来自现实权威的支持，最后，人自身还要具备最基本的人身自由及选择自由。就微观层面而言，某种具体权利从孕育到产生再到确立，就是以上五个要素的形成；就宏观层面而言，权利概念的产生，无非是这五个要素生成的历史过程，"对于一项权利的成立来讲，这五个要素缺一不可。以其中任何一个要素为原点，以其他要素为内容，给权利下一个定义，都不为错，关键是看强调权利属性的哪个方面"[3]。

---

[1] 张文显. 法理学[M]. 北京：高等教育出版社. 2011：94.
[2] 夏勇. 权利哲学的基本问题[J]. 法学研究，2004：3-26.
[3] 夏勇. 人权概念起源——权利的历史哲学[M]. 北京：中国社会科学出版社，2007：40，46-48.

本研究倾向于此观点，认为高校教学管理制度所体现的权利由学校管理者、教师和学生三大直接利益相关主体的利益、主张、资格、权能和自由五个要素构成。

同时，作为法学的基本概念，法律关系也是进行法律思考和分析的重要关系。广义上的法律关系是一切法律上攸关，也就是受法规管的现实生活状况或关系；狭义上的法律关系仅指法透过赋予一个人（特指一种法律意义上的人）一项权利，以及相应地向另一个人施加一项义务或屈从，从而进行规管的社会生活关系。[①]换言之，法律关系是法律主体之间以法律规范为基础形成的社会关系，其内容是以权利和义务形式表现出来的。法律主体亦即法律关系主体，是在法律关系中享有一定权利和履行一定义务的人。没有法律主体，法律关系就不成立，更无从谈起。一般而言，法律关系主体既包括自然人，即具有生命的、个体意义上的人，也可以是组织或国家。本书中，作为正式制度层面的高校教学管理制度，本身就是以法律、法规、政策等形式所表达的。也就是说，从法律关系视角思考和分析高校教学管理制度，同样也体现为对高校教学管理制度中各主体权利—义务关系的考察。

基于契约论视角，利益在本质上是权利的体现，权力来源于权利。因此，权利和权力是制度中最重要的现象，权利和权力之间的矛盾是制度中最基本的矛盾。权利范畴总是以民主、民权、平等、自由等社会伦理来丰富其内涵，如果一个社会结构中的角色出现了权利与义务的分裂、不对称，这也就意味着这个社会结构的不公正。虽然社会角色规范依然存在，但它已分裂为实存的规范和应然的规范。[②]前者存在的是一种扭曲的社会秩序、不公正的社会关系，其必然受到后者的批判。高校教学管理制度能否适应高校在一定时代和社会背景下的发展，就是考察高校教学管理制度是自由的还是不自由的，考察在高校教与学的交往关系中的权利—义务关系是否

---

① [葡] 曼努埃尔·安德拉德. 法律关系总论[M]. 吴奇琦, 译. 北京：法律出版社，2015：3.
② 高兆明. 制度公正论[M]. 上海：上海文艺出版社，2001：142-143.

分裂、扭曲。

进一步讲，在权利——义务关系中，究竟应以主体的权利为本，还是以义务为基础呢？或者说，在这对相互关联的矛盾共同体中，究竟何者为矛盾的主导方呢？权利本位论者研讨这对关系范畴中的本位问题时所持的基本立场，就是无论在逻辑，还是价值上，权利都先于义务。就逻辑层面而言，权利是目的，义务是手段，法律设定义务的目的在于保障权利的实现；权利是第一性的因素，义务是第二性的因素，权利是义务存在的依据和意义。而义务是权利的对象化，义务通过权利表现自己的价值，并处于受动的、待价的或待命的状态。①从价值论看，义务的合理性来源于权利，即义务来源于权利；义务的必要性取决于权利，即义务服务于权利；义务从属于权利。②当立法者要求人们承担某种义务时，唯有当其从权利中合理地被引申出来时，这些义务才具备合理性存在的依据。设定义务，仅仅只是为了实现、保障人们的普遍权利。当个人拥有权利时，无论基于何种理由，任何集体的目标都不足以构成否定个人所希望拥有的东西或要做的事情的理据，都不足以构成强加给个人任何损失或伤害的理据。③权利虽然可以通过立法的形式得以确证，并借助法律手段获得相应的保障，但权利并不依附于或受制于立法，并不依赖于政府或法律而存在。借助自然法学者的观点，权利是与生俱来的，财产、生命、自由的权利造就了法律，而不是法律造就这些权利。④权利不只是有目的的立法或明确的社会习俗的产物，更是对立法和习俗做出判断的独立依据。⑤正是权利使法律成为法律，使法律本身更为道德，亦是权利给予我们法律"正当"的信心和对法律的特别尊

---

① 张文显."权利本位"之语义和意义分析：兼论社会主义法是新型的权利本位法[J].中国法学，1990（4）：24-33．
② 郑成良．权利本位论[J]．中国法学，1991（1）：30-37．
③ 黄文艺．权利本位论新解——以中西比较为视角[J]．法律科学（西北政法大学学报），2014（5）：14-24．
④ [德]海因里希·罗门．自然法的观念史和哲学[M]．姚中秋，译．上海：上海三联书店，2007：81-82．
⑤ [美]罗纳德·德沃金．认真对待权利[M]．信春鹰，吴玉章，译．上海：上海三联书店，2008：238．

敬，让我们更相信法律的正当性，更愿意忠诚于法律。①这种权利本位观在哲学、经济学、伦理学上都已得到论证。②

综而述之，在这个应该认真对待权利的时代，探讨制度安排是什么样、应当怎样、不应当怎样，立足高校教学过程中相关主体的实然权利，探讨其应然权利及其相互关系的安排，才是制度重构研究的逻辑起点。基于此，本研究以高校教学管理活动中最直接利益主体——学校管理者（代表学校）、教师和学生的权利作为高校教学管理制度的分析视角，从高校教学活动中学校的管理权、教师的教学权和学生的学习权三个方面来架构教学管理制度的操作性分析框架。

1. 学校的管理权

《中华人民共和国民法总则》第57条规定，"法人是具有民事权利能力和民事行为能力，依法独立享有民事权利和承担民事义务的组织"。《中华人民共和国高等教育法》（以下简称《高等教育法》）第30条指出，自批准设立之日起，高校就取得了法人资格，在从事民事活动中，高校依法享有民事权利，且承担相应的民事责任。由此可见，高等学校是具有法人资格的独立实体。再进一步看，《中华人民共和国教育法》（以下简称《教育法》）第29条指出，学校具有按照章程自主管理，组织实施教育教学活动，招收和管理学生，聘任教师，管理经费等权利。《高等教育法》在第32条至第38条规定，高校在招生、设置和调整学科与专业、制定教学计划、选编教材、组织和实施教学活动方面享有自主权，并且能自主开展科研和社会服务，有自主进行国际交流的权利或权力，享有人事权、财产权等。虽然法律条文并未明确区分权力与权利，但高校在招生、学生学籍管理、实施奖惩、颁发学业证书，聘任教职工及其奖励与处分等招生权、人事权方面具有双重性质：就教育行政部门来说，以上活动属于高校自主行使的权利，

---

① [美]罗纳德·德沃金. 认真对待权利[M]. 信春鹰, 吴玉章, 译. 上海：上海三联书店, 2008：3-4, 21-22.
② 黄文艺. 权利本位论新解——以中西比较为视角[J]. 法律科学（西北政法大学学报）, 2014, 32（5）：14-24.

教育行政部门不得加以任意干预和侵犯；就受教育者和教职工来说，以上职权的单方意志性和强制性较为明显，具备行政权力的主要特征，属于行政权力或公共管理权力。①由此观之，高校作为具备法人资格，并且能够独立承担法律责任的独立实体，其享有一定程度的办学自主权。这是由我国法律授权并确认的高校的法定权利，是政府权力下放的产物，它行使的是国家行政权力或公共管理权力。

依据《教育法》和《高等教育法》，高校的办学自主权涉及师生、人事、财政、教学管理等活动，主要包括对学校具体教育教学的组织权、对所属人员及各项活动的日常管理权。故而，高校的教学管理权是高校为了实现教学目的，在教学活动中行使的具体权利（权力），是高校办学自主权的下位概念，在本质上属于高校的内部管理权。作为管理权的核心内容，就是决策权、执行权和监督权。②质而言之，高校的教学管理权的权能就是高校作为独立行为主体所具有的、依据法律规定和政策许可，遵循办学目标和人才培养计划，在管理教学活动时所享有的自主决策权、自主执行权和自主监督权，高校教学管理活动中的人、财、物、事的管理是其具体作用对象。

其一，自主决策权。决策权在高校教学管理活动中至关重要，是高校在教学管理时应具有的自主决定其管理的具体事务的权力（权利）。在高校的教学管理系统中，管理者的自主决策权需要明确的内容有两点：一是由谁决策的问题，即高校管理者的自主决策权的主体是谁；二是决策什么，即自主决策权所包含的具体决策内容有哪些，如专业设置与调整、培养方案和各种教学管理规章制度的制订、各种教学评估指标体系的设计等。因此，从一般意义上来说，高校的教学管理自主决策权包括教学业务决策权和教学行政决策权两个方面的内容。

其二，自主执行权。执行高校教学管理活动是以决策为前提，并将执行决议付诸实施的重要步骤。任何决策，必须借助一定的体制机制，通过对资源的调度和配合、工作与成员的合理安排和组织，有计划、有步骤地

---

① 湛中乐. 公立高等学校法律问题研究[M]. 北京：法律出版社，2009：3.
② 陈兵. 论高校办学自主权的权能[J]. 高教探索，2017（8）：30-35.

将之付诸实践，才会完成决策目标，决策权的实际作用才能得以发挥。因此，高校管理者的自主执行权是学校管理权的重要组成部分，也是高校办学自主权得以落实的关键权能。

其三，自主监督权。高校在教学管理活动中的自主监督权是指高校作为法人主体，除了政府或第三部门的外部监督外，对自己在教学活动中的各项行为和管理活动进行内部控制和监督的权利，包括民主监督权、纪律监督权、制度监督权。①高校教学管理活动的监督环节是针对决策与执行环节而言的。尤其是教学管理活动的执行环节，这是保证教学管理工作有序开展、高效运行的条件与保障。因此，学校管理者的监督权与自主决策权和自主执行权一样，是学校管理权的组成部分之一。

2. 教师的教学权

善之本在教，教之本在师。教师是学校教育中负责具体履行教育教学职责的专业人员，"是人类灵魂的工程师，是人类文明的传承者，承载着传播知识、传播思想、传播真理，塑造灵魂、塑造生命、塑造新人的时代重任"②。专业作为社会结构中相对高级的职业形式，担负着独特而又重要的社会功能，通常凭借这些社会功能的发挥来促成社会生活的安定与和谐。与行业、职业不同，专业之所以成为专业，原因在于它需要满足三方面的要求：具备特定的、无法取代的社会功能，有成体系且完善的专业理论和娴熟的专业技能作为支撑，同时具备能确保专业活动顺利开展所必不可少的专业组织和专业自主权。③教师并非一开始就是专门的职业，而是在现代学校系统产生以后才逐渐走向专业化的。伴随现代学校系统的出现，学校运作日趋复杂，教育活动日益规范化和专业化，教学内容不断丰富和精深，教师意欲更好地、更专业地传授知识，就必须具备教育教学的专门知识和学科专业知识。正是因为对教师素质专业化要求的提升，才促使教师职业

---

① 陈兵. 论高校办学自主权的权能[J]. 高教探索, 2017（8）: 30-35.
② 习近平. 坚持中国特色社会主义教育发展道路 培养德智体美劳全面发展的社会主义建设者和接班人[N]. 人民日报, 2018-9-11（1）.
③ 劳凯声. 教师职业的专业性和教师的专业权力[J]. 教育研究, 2008（2）: 7-14.

由兼职走向专职,再上升到专业化的发展过程。可以说,教师作为专业人员既是现代教育发展的必然要求,亦是现代学校教育的重要标志。联合国教科文组织(United nations educational, scientific and cultural organization,简称 UNESCO)于 1966 年出台的《关于教师地位的建议》指出,教学工作应该被视为一种职业,同时也是一种公共服务形式,其完成要求教师通过接受严格、持续性的学习获取并保持专业的知识和专门的技能。[①]这是国际组织第一次以官方文件的形式明确教师职业的专业化性质。此外,国际劳动组织(International labour organization)颁发的《国际标准职业分类》,也明确将教师归为"专家、技术人员和有关工作者"的类别。

在高校教与学的交往过程中,教师既要把知识传授给学生,也要在传授知识的过程中管理与评价学生。一方面,在纯粹传授知识时,教师需要自由地使用学校的各种教学设施,选择合适的教科书和教学方法。同时,为了提高教学质量和效率,教师也会因地制宜、因势寻变的改革、发展教学,包括参与教学决策以及要求学校改进其教学环境。因此,在传授知识的活动进程中,高校教师应该享有自主教学权、教育改革和实验权、教学环境创设权。其中,教学改革和实验权是教师享有对所教课程的教育教学活动进行改革和实验的权利。教师按照课程标准或教学大纲的要求,有权对教学内容、教学方法、教学过程和教学组织形式等教学环节进行改革,有权改进和使用教学设备,有权结合不同学生的特点进行因材施教,有权针对学生品行变革教育教学方式,有权抵制他人或组织对自身教育教学改革的非法干涉,有权开展与教育教学活动相关的教学实验。[②]另一方面,教学管理活动不仅仅是单方面的传递知识的活动,同时也需要管理与评价学生,通过合法、合理的管理与公正评价学生在教学活动中的行为,培养符合国家需求的人才。针对此,大多数学者认为,教师在教学活动中享有教学自主权、学生管教权和教学改革权,其中教学自主权和教学改革权又归

---

① 万勇. 关于教师地位的建议[J]. 全球教育展望,1984(4):1-5.
② 劳凯声. 教师职业的专业性和教师的专业权力[J]. 教育研究,2008(2):7-14.

纳为教师的专业自主权。①这和《中华人民共和国教师法》(以下简称《教师法》)第七条第一款和第三款所规定的教师享有"进行教育教学活动,开展教育教学改革和实验""指导学生的学习和发展,评定学生的品行和学业成绩"的权利一致。质而言之,教师基于其特定的职业身份,在教学活动中所享有的专业自主权和学生管理权是我国法律赋予教师的权利,是一种法定权利。然而,也有学者指出,在法律尚未明确赋予教师教学活动权时,教师已经事实上在行使着这样一种权利,这种权利是基于教师职业所内在生成的教师的专业性权利。本研究认为,此观点与教师教学活动权是一种法定权利的观点并不冲突。前者更强调教师教学活动权的职业性、专业性特征,因此教师教学活动权是一种应然权利;后者凸显的是教师教学活动权源于国家的法律授权,它事实上是教师教学活动权由应然权利得到法律的规定和确认后,进而转化成的一种法定权利,二者理应是相通的。概而言之,高校教师的教学活动权是包括教师的专业自主权和学生管教权的权利束,具有专业性、公共性和自主性等特征,是高校教师获得教学自由、实现内生专业成长的基本条件。其中的学生管教权主要包括教师管理学生与指导和评价学生的权利。

(1) 专业自主权

自主是人作为主体对客体和主体自身的支配。②专业自主是专业人员或者专业团队,凭借自身所具备的专业知识和职业技能,在其专业范围内享有对专业业务进行判断和执行的自由,而不受非专业成员的无理干涉。自主权是个人在遵守法律和社会规范的前提下,自觉地做出决定的权利。教师在教学活动中所享有的专业自主权是教师基于其特定的职业身份,依据其专业知识能力,在具体教学活动的决策与任务中所享有的专业判断及自由支配、不受他人干预的基本权利。其实质为教师在教育过程中的自由裁量权,即教师在法律无详细规定的条件下,在法律、法规规定的范围和幅

---

① 宋熙炯. 论教师教育权[J]. 江西教育科研,2007(1):7-9.
② 罗苹. 呼唤与契机:个体自主性的形成和发展[J]. 现代哲学,1998(2):62-65.

度内，可以根据具体情况在职权范围做出适当行为的权利。①这种权利是既存在于教师个人，也存在于教师集体中的具有义务性和公益性的权利。对于教师在教学管理中所享有的专业自主权的具体内容，学界并无统一界定。如：学者鲁洁、吴康宁认为，在教学管理中，教师的权利包括教科书选用权、课程实施计划制定权、教学形式与教学方法运用权，以及评价权；学者石中英认为，教学活动中的专业自主包括教学目标的理解自由、教材选择与使用的自由、教学辅导材料选择和编辑的自由、课堂教学组织和管理的自由、教学方式、教学方法和教学手段选择的自由、在教学过程中开展教学评价的自由、教学科研的参与自由、教学制度制定的参与自由、教学秩序的维护自由、教学内容讲授的自由。②台湾学者范乃中认为，教师教学自由在其专业领域的体现涵盖课程编辑权、教材选择与使用自由权、教学方式自由权、教育评量权、校务参与权，等等。联合国教科文组织（UNESCO）《关于教师地位的建议》（1966年）指出，在选择适合自己学生的教学设备和教学方法方面，教师最具有判断资格，因此，在相关部门的核准和支持下，教师理应在教科书的选择和改编，以及教学方法的使用中发挥重要作用，并参与新的课程、课本和教学设备的开发。③综而观之，一般意义上，存续于教学管理活动中的教师专业自主权主要表现为，在教学活动中教师自主选择教学内容和教学方法的权利、自主选择和使用教材的权利和教学过程的调控权。

其一，教学内容选择权。教学内容是在教学过程中，与教师和学生产生交互作用，并有助于达成教学目的的动态生成的信息和资源。④高校教师的教学内容选择权是高校教师在本科教学活动中，组织教材和资料以明确应讲什么、重点讲什么的权利。它既要充分考虑学生个体学习能力的差异

---

① 蔡春. 在权利与权利之间——秩序自由主义教育研究[D]. 广州：华南师范大学教育学系，2004：87.
② 石中英. 教育哲学导论[M]. 北京：北京师范大学出版社，2002：279.
③ 万勇. 关于教师地位的建议[J]. 外国教育资料，1984（4）：1-5.
④ 李臣之. 论教学内容创生：规定性要素及基本路径[J]. 课程.教材.教法，2007（2）：3-9.

性,也要考虑高校教师对于教学内容的创新性。

其二,教学方法选用权。2017年发布的《关于深化教育体制机制改革的意见》(以下简称《2017深化教改意见》)指出:"健全促进高等教育内涵发展的体制机制",需要"鼓励教师创新教学方法"。[①] 对于什么是教学方法,王策三先生认为,是"为达到教学目的、实现教学内容,运用教学手段而进行的,由教学原则指导的一整套方式组成的,师生相互作用的活动"[②]。有学者在此界定的基础上做了"减法",认为教学方法就是教师和学生在教学过程中,为了完成教学任务、达成教学目的而采用的师生相互作用的活动方式的总称。[③] 教学方法的选择与教学内容、教学目的是分不开的。在某种意义上,教师在教学过程中对教学方法的选择取决于教学目的和教学内容,同时教学方法的选择和使用又制约着教学内容和教学目的的达成。那么,高校教师在教学过程中是否享有教学方法的选择权呢?有无使用边界呢?不久前,××高校数学学院教授将"甄嬛体"应用到教学课堂上,登上了多个热搜榜,受到了高校师生们的广泛关注。

> "积分路径为一姣好半圆,人见人爱;被积函数,憨厚朴实,给人以喜感,但二者同台,不搭调却也是真真的。细细品之,如直接计算,劳心伤神事小,辜负格林美意事大;若让他人看了去好生尴尬!若是补一直线围圆造域,再借 green 巧力,拆补安抚,化繁为简,想必是极好的!如此行事,上慰师心,下顺生意,也不负格林恩泽。"

上述"甄嬛体"是该教授在力学与工程学院的高等数学公共课上,对着150名学生讲授格林公式时的一次"即兴发挥"。[④]

---

① 中共中央办公厅国务院办公厅印发《关于深化教育体制机制改革的意见》[EB/OL].[2018-10-31]. http://www.gov.cn/xinwen/2017-09/24/content_5227267.htm.
② 王策三. 教学论稿[M]. 北京:人民教育出版社,1985:244-245.
③ 李秉德. 教学论[M]. 北京:人民教育出版社,1991:197.
④ 大学教授用"甄嬛体"教高数,还用"八卦限"作总结[EB/OL]. [2018-10-31]. http://edu.youth.cn/jyzx/jyxw/201805/t20180530_11631967.htm?mobile=0.

"以学定教，以教定法"，教学方法的选择受到课程性质、教学内容、教学条件、教师教学偏好等多重因素的共同影响和制约，课程性质、教学内容不同，具体教学方法的选择也会存在差异。在教学管理活动中，教师为完成教学目标，结合教学管理实际时自主选择适宜的教学方法，是高校教师基本的专业自主权利之一。

其三，教材选编与使用权。教材是教师依据一定学科的教学任务，按照教学理论要求编写的，是具有一定深度和范围的知识和技能体系的指导学生学习的一切教学材料，是体现教学内容和教学方法的知识载体，是课程的物化构成部分。教材主要包括教科书、讲义、讲授提纲、教学辅助材料，如图表、教学影片等。我国《高等教育法》第三十四条指出，高等学校结合教学需求，可以自主制定教学计划、自主选编教材以及自主组织和实施教学活动。据此可见，在教学管理活动中，根据一定的教学需要，自主选编和使用教材是高校教师依法享有的权利。

其四，课堂教学调控权。课堂教学调控权是高校教师在教学活动中对教学空间、学生参与度的安排和调控，反映着高校教师教学自主权的实现程度。

（2）学生管教权

学生管教权是高校教师基于教师与学生的平等民事法律关系，在教学活动中依据一定的规范对学生开展管理与实施教育的权利，是与教学过程中教师所占据的主导地位相适应的一项复合权利。一般而言，教师在高校教学管理活动中所享有的学生管教权由学校授权给教师得以实现。管教与惩戒不同，惩戒通常采取强制性手段、强调否定性制裁，进而对学生的身心付诸某种行为，让其感到羞耻和痛苦，并催生悔改意识，进而达到矫正的效果。[①]而管教还着眼于管理与规范，是对学生不规范行为的事前预防，它既包括对学生的正面积极的教育，也包括对学生的负面消极的约束。其基本内容主要包括三点：一是教师有权基于学生实际情况对学生的学习和

[①] 劳凯声，郑新蓉.规矩与方圆：教育管理与法律[M].北京：中国铁道出版社，1997：268.

发展进行指导；二是教师有权对学生的品行做出客观公正的评价，并恰如其分的表扬或批评、奖励或惩罚学生；三是教师有权基于正确的指导思想，并采用科学的教育方法和手段促进学生实现个性和能力的充分发展。①概而言之，高校教师在教学管理活动中的学生管教权由评价学生权和指导学生权构成。

其一，评价学生权。我国《教师法》第七条第三款指出，教师享有"评定学生的品行和学业成绩"的权利。具体到高校教学管理活动，高校教师所享有的学生评价权建立在教师对学生、对教学内容与方法的科学认识的基础上，体现为对学生品行和学业成绩两方面所进行的客观公正评价，是一项不受任何人或组织非法干预的权利。教师通过对学生阶段性学习结果——学业成绩，和学生在教学管理中所展现的思想道德品行进行科学评价，不仅能客观评价学生的学习情况和自身的教学质量，还能帮助学生准确认识学习成效。

其二，指导学生权。教育是教育者对受教育者所施加的一种影响，除了传授专业知识、专业技能之外，还要注重对学生情感、态度、价值观的培养。教师在教学管理活动中的学生指导权，是高校教师根据教育教学规律和学生身心发展的特点，选择并使用正确的教育指导思想，以及科学的教育方法实施因材施教，并在学生学习、升学、就业等方面给予针对性指导的权利。我国《教师法》第 7 条第 3 款指出，教师具有"指导学生的学习和发展"之权利，主要包括指导学术活动，比如对学生的专业课程学习、毕业论文设计、科学研究、学习方法选择等方面进行指导；引导和培养学生的学习兴趣与爱好；指导学生开展学业和就业规划；帮助学生正确择业；对学生思想政治进行引导，帮助学生树立正确的人生观、价值观；对学生社会实践的指导，如实习、实验；等等。

3. 学生的学习权

《礼记·学记》有曰："善学者，师逸而功倍，又从而庸之。不善学者，

---

① 劳凯声. 教师职业的专业性和教师的专业权力[J]. 教育研究，2008（2）：7-14.

师勤而功半，又从而怨之。"在教学活动中，教师的"教"与学生的"学"是相互贯通的，研究教学，不仅要研究教，同样也要关注学生的学。2017年9月，世界银行发布了题为《学习以实现对教育的承诺》（Learning to Realize education's promise）的2018年"世界发展报告"（World development report），首次将其年度报告主题聚焦于教育领域，并直指全球教育面临着"学习危机"。"上学却没学到知识，这不仅是浪费发展机遇，也是对全世界儿童和青少年的巨大不公。"是什么导致了学习危机的出现呢？其中一个重要的原因在于教育系统的运行与学习目标的设定的不一致性。一般而言，教育系统往往设有多个目标，学习目标并不是首要目标之一，因此，在利益争夺战中，官员、教师、学者、私营教育服务提供商、学校管理者等利益群体相互争夺利益，进而忽视了学生最根本的学习利益。①

在学术界，教与学的关系曾出现过"先教后学"还是"先学后教"抑或"以教定学""以学定教"等论争。事实上，这些关系的不同并不只是代表着对教学前后顺序的简单调整，其实质在于是否应该重视学生的学习过程，是否需要把学习权利还给学生的问题。

《国家中长期教育改革与规划纲要（2010—2020年）》（以下简称《规划纲要2010—2020》）倡导帮助学生学会学习，推进"分层教学、走班制、学分制、导师制等教学管理制度改革"。《2017深化教改意见》指出高校教学管理方面，要"强调要创新人才培养机制"，"完善课程体系，加强教材建设和实训基地建设，完善学分制，实施灵活的学习制度"。从这些相关国家政策文件可知，伴随着学习型社会的到来，学习者的主体地位在制度层面逐渐得到确立和强化，教学过程中学生的"学"逐步受到重视。就本书所涉及的内容而言，我们通常在高校教学过程中突出教师的"教"，教学设计的实施与评价是基于"如何教"而制定的，忽视了学生的主体性地位，忽略了学生学习权利的实现对于提高人才培养质量的重要性。

"二战"后，伴随着民主和权利意识的发展，受教育权作为一种宪法权

---

① World Bank Group. World Development Report 2018: Learning to Realize Educations Promise[M]. Washington, D. C.: World Bank Group, 2017: 3.

利已广泛存在于世界众多国家中，我国也不例外。值得注意的是，学习者不能自主选择受教育权，这是一项由国家权力单向控制的权利，更多地表现为强迫教育。受教育权利通过法律移植进入我国的法治语境时，在当时的社会背景下，法制建设目标更多体现为追求国家强盛。①受教育与其说是权利倒不如说是义务。相较而言，学习权是个人具有的一种与生俱来的主动选择的权利，更强调学习者主体的能动性与选择性。

在我国，学习权并不是法定权利。法定权利只是权利在社会关系中的一种存在形式。除法定权利之外，在权利的运行过程中还存在应然权利和实然权利。应然权利是人们对于利益和需要的自发反映，是一种"自在"的权利，是权利的最初形态。当应然权利得到法律法规的规范和确认后就转化为法定权利，但应然权利并不必然会转化为法定权利，而是在立法过程中通过对选择和整理的应然权利来进行认定和分配，是集中化和系统化了的应然权利，故而是一种"自为"的权利。只有当法律法规得到贯彻落实，人们真正享有法定权利并能承担相应的义务时，人们的权利和利益得到实现和保障，其所享有的权利才是实然权利。如上所述，学生的"学"与教师的"教"同时贯穿于整个高校教学管理活动，"学习将每个人从有外在力量制约其发展的个体，转变成自己创造自己历史的主体，因此，学习权不是一项少数人才能行使的权利，不是一个须等基本需要满足之后才会来到的阶段，不是为未来而保留的一种文化奢侈品，而是每个人生存和发展不可缺少的条件"②。从受教育权向学习权的回归，把学习权利视为受教育权利内涵拓展的新方向，已逐渐被人们所意识，并成为一种确定的法理形式。③在高校的教学过程中，学生自主选择适合自己的科目、教师，选择自己所需的学习形式，才能真正进行有效的学习并获得自己所需要的知识。

1985年，法国巴黎召开了第四次国际成人教育会议。会上，联合国教

---

① 陈恩伦. 论学习权[D]. 重庆：西南大学，2003：24.
② 洪流. 联合国教科文组织第四次国际成人教育会议宣言[J]. 成人教育，1986（2）：47-48.
③ 劳凯声. 把学习的权利还给学生——受教育权利的历史演进及当前发展的若干新动向[J]. 北京师范大学学报（社会科学版），2015（3）：11-14.

科文组织（UNESCO）以列举的形式具体呈现了学习权的内涵，明确提出，学习权是指学习者进行阅读和写字的权利；提出并思考问题的权利；想象和创造的权利；对人类环境的认识和编撰历史的权利；对教育资源进行接受的权利；发展个体技能和集体技能的权利。由此观之，学习权内涵相当丰富，它涵盖了个人主动学习的部分，即不受妨碍地读、写、质疑、想象、创造与研究的学习自由的权利，也包括个人在他人协助下学习（接受教育）而利用教育资源以获得的受教育的权利。①在此基础上，我国学者陈恩伦教授系统论述了学习权的内涵与外延，认为学习权是由学习自由权、学习条件保障权和个体发展权构成的权利束。②综合上述分析，本研究认为，高校教学过程中学生的学习权主要体现为以学生个体学习自由为核心的学习自由权和以受教育为核心的学习条件保障权两部分构成。下文将从这两个维度予以探讨。

（1）学习自由权

高校是时代发展的产物，不同时代高校有不同的特征，但学术自由一直都是高校最根本的精神理念和制度。一般而言，我们通常认为学术自由的对象是高校教师。但基于完整意义来说，按照不同主体，学术自由分为教师的学术自由和学生的学习自由。③著名教育家雅思贝尔斯（Jaspers, K.）认为，学生在学习过程中需要具备自我负责的意识和批判的精神，它意味着学生必须享有学习的自由。④学习自由是学生作为学习者的基本规定性，是学生作为学习者的基本权利。对于什么是学习自由，柏林大学校长费希特（Fichte, J. G.）指出，学生基于正确方法的指导，在专业学习过程中持有探讨、质疑、否定或批判权威的自由，享有选择教师的权利，选择学习内容的权利，以及参与教育评议的权利。⑤布鲁贝克（Brubacher, J. S.）则

---

① 周志宏. 教育法与教育改革[M]. 台北：高等教育出版社，2003：511.
② 陈恩伦. 论学习权[D]. 重庆：西南大学，2003：7.
③ 程勉中. 学习自由：大学精神的理性回归[J]. 辽宁教育研究，2006（2）：27-30.
④ 童世骏. 大学的理念[A]/杨东平主. 大学之道[C]. 上海：文汇出版社，2003：67.
⑤ 张宝昆. 人的因素对大学发展的影响——德、美、日三国大学发展与高等教育思想家[J]. 比较教育研究，1988（1）：37-40.

认为，学生学习自由包括选择学什么、什么时候学和如何学的自由，以及形成自己思想的自由。①罗素（Russell，W.）认为，学习自由应该包括学与不学的自由、学什么的自由以及观点的自由。②简单地说，学习自由就是学习者在学习过程中的自主、自为、自觉状态。学习自由理念旨在培养学生的思辨、批判、怀疑、创新、民主和合作等精神。③从某种意义而言，学习自由带有消极自由的色彩，学习者在高校教学过程中所享有的学习自由，虽然不能准确确定其范围，但应给予其最低限度。也就是说，法律法规应体现学生在高校教学活动中不应限制的哪些学习自由权利。具体到高校的教学活动中，学生学习的过程是一个涉及运用感官认知世界、获取信息进而形成自己思想的过程。在这个过程中，学生有权利自主选择自己所需的学习，具有一个不受教育者、管理者或其他任何人干涉、侵犯的私人领域。它不仅包括学生对学习内容、学习时间、学习地点、学习方式和学习条件等的选择自由，还包括学生凭借感官对外界事物进行感知并形成自己的认知，进而通过语言表达自身见解等的思想自由。综上，高校学生在教学活动中应享有的不受他人干涉的学习自由权或私人学习领域主要体现为如下几个方面。

其一，选择学习的自由权。选择学习的自由权包含选择学习形式的自由和选择学习内容的自由，其内蕴着学生在高校教学过程中对"怎么学""学什么"具有选择权和支配权，是学习自由的外在表现形式，也是学习自由权的基础性权利。分而论之，选择学习形式的自由关注的是学生个体主观意愿上希望通过什么渠道进行学习，是学习者在高校教学活动中能自我选择和支配自己在何时何地采用何种方式进行学习，而不受异己因素的阻碍与限制的体现。在国家和学校规定的学习年限、学习目标与培养目的的基础上，学生可以结合自身情况，自主的选择和决定自己的学习方式，而不

---

① [美]约翰·S·布鲁贝克. 高等教育哲学[M]. 王承绪，等，译. 浙江教育出版社，1987：53.
② 石中英. 论学生的学习自由[J]. 教育研究与实验，2002（4）：6-9.
③ 丁三青. 激情·理智·大学精神[J]. 江苏高教，2005（4）：13-16..

用受到教师与学校的约束。如学习场所、学习时间的选择权。在传统实体高校的教学活动中，学生的学习时间、地点和学习形式都是统一安排的，学生只能被动接受。随着信息技术的不断发展，现有的教学早已突破时间和空间的桎梏，为学生选择多样化的学习形式提供了现实操作的可能。并且在建设"人人皆学、处处可学、时时能学"的学习型社会的要旨下，"为学生提供更多的自主学习的时间和空间"，为高校学生提供多样化、灵活化的学习方式也是其应有之义。因此，本研究认为，在探讨高校教学管理制度的问题时把学生选择学习形式的自由纳入分析框架，不仅重要，而且必要。

选择学习内容的自由则关注的是学生个体主观意愿上希望获取哪些学习内容来实现自己的学习需求。在高校的教学活动中，学生选择学习内容的自由主要体现为选择专业、选择课程、选择教师三方面。第一，专业选择权是指学生结合自己的兴趣、专长与就业志向，在一定条件下，可以进行专业与专业方向的自主选择，包括转专业的权利。对于学有余力的学生，学校应允许并鼓励跨专业修读课程、辅修第二专业或修读第二学位。学生可以在允许的规定年限内，根据个人情况和需求适当延长或缩短学习期限。第二，课程选择权是指学生可以根据自身具体情况，自由选择学校所开设的任一课程进行研修，以及自我决定学习重点及进度的权利。课程选择权是实施弹性学制的基本前提和保障。在教育教学活动中，学生有权利根据国家、社会、市场的人才需求，以及自身的知识、能力，自主、灵活的选择自己所需的课程学习内容。第三，教师选择权是指学生有权选择自己的授课教师并对其授课情况做出评价的权利。这种自由选择既体现在开课前，也体现在上课进程中以及上课结束后。所谓的上课进程中的教师选择权是指，学生在教师上课的过程中，如果觉得教师的授课水平不能令其满意，学生可以选择不上课；上课结束后的教师选择权是指学校应允许学生有试听课的权利，通过试听对教师具有直接、客观、真实的了解后，再进行第二次选择。①

---

① 樊华强．论大学生的学习自由权及其限制[J]．黑龙江高教研究，2012（6）：16-19．

其二，学习思想自由权。一般而言，人们在理解"学习自由"时往往把自由的范畴局限于学习活动层面，忽视了学习过程中学生的学习思想。法国著名启蒙思想家孟德斯鸠（Montesquieu，B.）在其著作《论法的精神》中指出，"要享受自由的话，就应该使每个人能够想什么就说什么；要保全自由的话，也应该使每个人能够想说什么就说什么"①。思想自由是对个体内心活动自主性的强调，是个体按照自己的思维能力和世界观对事物做出独立思考和判断，以及实施自主性行为的前提和基础。在高校教学过程中，如果只关注到学习活动中外显出来的诸如学习方式、学习时间、学习地点、学习内容等，而没有意识到学生学习活动中属于其思想层面的自由，那学生的学习仍未处于一种自主、自觉的状态，这种教学活动仍然是不自由的。在高校的教学过程中，学生的思想自由包括内心自由和表达自由。②

一方面，内心自由权是指学生有权按照自己的意愿和方法，不受他人非法干涉进行独立思考的权利。《国家中长期改革和发展规划纲要（2010—2020）》提出，"要创新人才培养模式。注重学思结合。营造独立思考、自由探索、勇于创新的良好环境。"温家宝于 2012 年在中国地质大学的演讲中指出，"大学最重要的是倡导独立精神、自由思想，独立思考是青年学生最宝贵的财富"。2017 年，《国家教育事业发展"十三五"规划》同样指出，要"加大高校考试招生制度改革"，"着重考查学生独立思考和运用所学知识分析问题、解决问题的能力"。可见，独立思考是高校学生的关键能力。

"独立"强调学生看待事物有个人的判断，而不仅仅是依靠他人的观点，关键体现为精神的独立和意识的独立。"思考"是指个体对已有材料进行分析、综合、判断和推理，从而形成独立见解的过程，它是面对外界信息刺激人脑所做出的内在意识活动。在高校教学过程中，学生的独立思考就是学生能自主运用自己的头脑，充分发挥其个体的自主意识和自主能力，对问题展开深刻缜密且不受外界干扰和左右的思维活动。高校教育教学活动

---

① [法]孟德斯鸠. 论法的精神（下册）[M]. 张雁深，译. 北京：商务印书馆. 1963：587.
② 高艳，吉标. 学习自由：内涵、意义及限度[J]. 教育科学，2013（3）：32-36.

中,学生是否享有独立思考的自由对于新时代高校人才培养至关重要。事实上,关于独立思考在学习中的重要性,古今中外都有论断。如孔子所言,"学而不思则罔,思而不学则殆"。《中庸》有云,"博学之,审问之,慎思之,明辨之,笃行之"。列夫·托尔斯泰认为,"知识,只有当它靠积极的思维得来的时候,而不是靠记忆得来的时候,才是真正的知识"。如果只学而没有独立思考的能力,那学习所得始终跳不出他人思想的禁锢,"与自身生发的思想相比,就像史前时代的植物化石与在春天怒放的真实植物相比较一样"①。长期以来,我国教育在某种程度上存在所培养的学生人云亦云、毫无主见、墨守成规等问题,部分学生缺乏自主学习和创造新知的能力,难以独立、深入地进行学术分析、推理、辨别、判断和探究活动。这些都是学生缺乏独立思考能力、缺乏批判性思维的集中体现。高校学生作为社会主义现代化建设培养的生力军,作为实现中华民族伟大复兴的中国梦的主力军,享有独立思考的自由是学生学会质疑、学会批判、学会创新、学会突破的前提。在高校教与学的交往活动中,学生有权利就某一问题、某一观点进行自己的独立思考,可以持有质疑、反驳等不认同的权利。因此,在管理教学行为时,教育者应承认并尊重该权利。如果学习者独立思考的自由被限制,其思维就会变得僵化和固化,无法激发出思维活性,导致学生丧失创新能力,进而使国家和民族缺失创新性人才。

另一方面,人与动物的区别之一在于,人能通过媒介或其他方式交流思想、表达情感、传播信息、共享知识。表达自由是个体进步和发展的前提条件,是民主社会的重要基石。从西方的法学理论和宪法学来看,表达自由是公民的"第一权力",同时也是"最根本的权利",表达自由权既是其他自由权产生的"源泉",也是其他自由权实现的"条件"。②我国《宪法》也赋予了公民表达自由权,在第35条规定,"中华人民共和国公民有言论、出版、集会、结社、游行、示威的自由"。高校教学过程中学生的表达自由

---

① [德]叔本华. 叔本华美学随笔[M]. 韦启昌,译. 上海:上海人民出版社,2009:3.
② 张文显. 二十世纪西方法哲学思潮研究[M]. 北京:法律出版社,1996:555.

权是宪法所赋予公民表达自由这种基础性宪法权利在高校教学活动中的具体体现。表达自由以思想自由为前提和基础，是思想自由的外在表现形式；思想自由要以表达自由来体现和保障，其实现程度通过表达自由呈现。如果学生的学习自由仅仅局限于思想层面的自由，而不能真正落实到具体的教育教学活动中，那么这种自由只能沦为萎缩的自由。具体到本研究中，表达自由权是指学生在高校教学过程这一特定情境中可以自由的选择用语言、行为来表达自己的情感、态度、意见、主张等而不受非法干涉、限制或侵犯的权利。学生可以基于独立思考的结果，公开阐明自己的见解，可以凭自己的判断对某一观点或内容进行质疑、反驳，学校和教师应允许学生在教学过程中持有和表达不同的观点，更不得随意干涉和剥夺学生的表达自由。

（2）学习保障权

学习自由权是学习者自主选择自己所需学习形式、内容，并能对之进行独立思考和自由表达的权利。然而，由于个人心智呈现阶段性发育和逐步成熟的发展规律与特征，社会分工日益细密化在极大地优化人类整体知识结构、增加人类社会知识总量的同时，却使这种"知识增量"的占有和分布呈现哈耶克（Hayek. F, A）所谓的现代社会"知识上的构成性局限"（Constitutional limitations）的"分立性"格局，因此，学习者在获取知识与塑造人格时也需要依靠外力的帮助、支持甚或强制。[①]当学习权具体表征为对学校和他人学习活动、学习行为方面的支配力和影响力时，学生有权获得国家法律法规所规定的最基本的学习条件和生活条件，相应地，学习权就转化为学生对学习活动的权利要求，以及学生在学习活动中的权利行为，并为学习自由权的实现提供可能，此时学习权的本质即体现为学习保障权。[②]我们探讨学生的学习自由权，意在强调，倘若没有相应的保障权予

---

① 倪洪涛. 大学生学习权及其救济研究——以公立大学和学生的关系为中心[D]. 湘潭：湘潭大学. 2008：39.
② 侯志军，徐绍红. 大学生学习权的内涵、价值与实现[J]. 现代大学教育，2012（6）：98-103.

以支持，学生的学习自由就有可能变成没有任何实际意义的存在，而失去其应有的价值。因此，强调自由的同时，还应该关注学习自由的保障。从高校教学活动中学生学习过程的角度来看，学习保障权应包括学习内容、学习方法以及学习机会的保障权。①具体而言，在高校教学过程中，学生的学习保障权至少应该包括如下六个方面的内容。

其一，学习知情权。学习知情权是指在参加具体的教育教学活动前，学生享有的相关知情权，主要包括教学目标、教学计划、培养方案、课程设置、教学内容、教学方式、评价方式等方面。伴随信息技术的迅猛发展，尽管学生能够借助多种信息化手段了解、获取学校的各类信息，但是作为教育服务提供方的学校也理应采取相应措施，积极主动向学生提供相关信息。因此，保障学生学习知情权是学校应该承担的义务，有助于增强学生对学校的认识和理解，也有助于校园良好秩序的维护。

其二，参加教育教学活动的权利。我国《教育法》第43条第1款规定，受教育者享有"参加教育教学计划安排的各种活动，使用教育教学设施、设备、图书资料"的权利。《普通高等学校学生管理规定》第6条第1款指出，学生在校期间依法享有"参加学校教育教学计划安排的各项活动，使用学校提供的教育教学资源"的权利。由此可见，在高校的教学活动中，学生参加教育教学活动的权利是高校学生依法享有的法定权利，是保障学生学习权的前提和基础。高校学生参加教育教学活动的权利体现在两个方面：一是参加教学活动权，即每个学生有权平等地参加教学计划安排的授课、讲座、观摩、实验、实习、考试等具体活动，任何组织和个人都不得非法剥夺、干涉学生参加这些活动的权利；二是学习资源享用权，即每个学生都公平的享有使用学校所提供的各种教育教学设施、设备，以及图书、数据等相关配套资源的权利。

其三，要求完善学习条件的权利。这是指高校学生有权按照国家规定，要求配备相应的教育基础资源的权利，如教学设施、图书资料、学习环境、

---

① 陈恩伦. 论学习权[D]. 重庆：西南大学，2003：58.

实验场地和仪器、实训基地、生活设施等。当这些学生学习的"外部事项"无法达到相关标准时，学生有权要求学校依照国家规定，不断完善学校基础设施和教育资源等办学条件。换而言之，这意味着在社会经济发展中，国家应将教育事业发展放在首位，加大教育投入，改善学校的办学条件。

其四，获得公正评价权。获得公正评价权是指高校学生在教学活动中有权获得学校或教师对其学业成绩、道德品行修养、日常表现等方面的客观、公正评价的权利，以及获得奖励的权利。主要包括公正获得考试成绩、获得学习证书和获得奖助学金的权利。

其五，监督评价权。学生的监督评价权指学生在教学管理活动中有权对学校各项教学工作展开监督、评价的权利，具体包括如下方面：对教师教学态度、教学水平、教学质量的监督评价；对学校教学资源使用情况以及教学经费投入的监督评价；对学校有关学习运作机制的监督评价等。可以说，监督评价权是学生发挥其民主权力，参与大学治理的重要途径。

其六，诉权。相较于上述 5 种学生的实体性权利，诉权属于学习保障权中的程序性权利，包括申诉权、复议权、诉讼权等救济权利。当学生无法享有某种正当权利，或者某种正当权利被侵犯时，有权向相关部门提出申诉。如果申诉渠道不畅，学校不能用非正当手段阻止学生寻求司法保护。

第二章
泛在学习时代高校教学管理制度变迁的理性审思

> 探讨泛在学习时代高校教学管理制度重构，首先需要阐释泛在学习时代高校教学管理制度变迁的合理性、可能性。泛在学习时代高校教学管理制度的变迁逻辑，是从泛在学习时代的"教学模式变革——教学管理制度变迁"的递进推演过程。在泛在学习时代的高校教学模式下，高校教学管理活动中学校的管理权、教师的教学权及学生的学习权是否发生了相应变化，是阐释泛在学习时代高校教学管理制度能否变迁的前提。

一、泛在学习时代高校的教与学

（一）泛在计算与泛在学习

1. 泛在计算

从历史发展的脉络来看，自 1946 年 2 月 14 日世界上第一台计算机 ENIAC 诞生以来，随着晶体管、模拟电路、芯片制造业、网络的发展，迄今为止主流的计算模式相继经历了主机计算（Mainframe computing）、桌面计算（Desktop computing）和泛在计算（Ubiquitous computing）三个阶段的变迁。[1]主机计算时代以计算机为中心，受条件所限，当时的计算机是稀

---

[1] 杨孝堂，陈守刚. 泛在学习的理论与模式[M]. 北京：中央广播电视大学出版社，2012：4-9.

有资源，使用计算机时必须使用机器语言与计算机打交道，并主要应用于科学计算领域。20世纪80年代后，随着个人计算机的流行，计算模式进入了桌面计算时代。桌面计算支撑了现有的分布式互联网模式，实现了计算机之间的相互联系，扩大了人们获取信息服务的范围。然而，桌面计算时代的人机交互仍然有其局限性，人机关系只是一对一的关系，计算机尚未实现与人类生活的环境相融合。伴随信息技术的迅猛发展，计算技术的成熟和嵌入式设备的普及推动着计算模式的发展，人类开始跨入建立在分布式计算、通信网络、移动计算、嵌入式系统、传感器等技术基础上的泛在计算时代。

泛在计算实现了物理空间与虚拟空间的融合，在融合后的空间中，人们能够随时、随地、透明地获得数字化服务与支持。[1]泛在计算的目的在于创建一个充满计算和通信能力的环境，且该环境与人类生活的环境相互融合。[2]其中，信息空间是计算机和网络中的各种数字化信息、计算和通信构成的一个总体；物理空间是我们周围能看得见、可感知到的空间。泛在计算最深刻的技术成就是把技术隐藏，使其与日常生活用品巧妙地融合在一起，强调让计算机本身消失在人类视野中，镶嵌入人类日常生活环境和相关工具中，使注意的中心回归到任务本身。[3]以此形成一个"无时不在、无处不在而又不可见"的计算环境。

2. 泛在学习

泛在计算技术的出现为学习的泛化提供了坚实的技术支持，推动了泛在学习的发展。[4]泛在学习的含义非常广泛，但若仅从技术手段去理解泛在学习，显然窄化了泛在学习的内涵。因为如果这样的话，泛在学习与诸如在线学习、网络学习、数字学习、移动学习等概念类似，无法体现它应有的特征。具体而言，泛在学习是在信息技术的支持下，任何学习者可以在

---

[1] 徐光祐，史元春，谢伟凯. 普适计算[J]. 计算机学报，2003（9）：1042-1050.
[2] Mark Weiser. The computer for the 21 st century[J]. ACM SIGMOBILE Mobile Computing and Communications Review, 1999, 3(3): 3-11.
[3] Mark Weiser. The Computer for the 21st Century[J]. ACM SIGMOBILE Mobile Computing and Communications Review, 1999, 3(3): 3-11.
[4] 余胜泉. 泛在学习的资源组织模型及其关键技术研究[M]. 北京：北京师范大学出版社，2020：2.

无缝衔接的学习空间中随时、随地获取任何自己所需学习资源,享受无处不在的学习服务。泛在学习包含两大要点:其一,从技术与教育相结合的视角而言,泛在学习是基于泛在计算技术支持下的一种学习方式;其二,从致力于终身学习和构建学习型社会的角度来说,泛在学习的内在意蕴是强调以学习者为中心的,"人人、时时、事事"的泛在性。

  泛在学习与数字学习(E-Learning)、移动学习(M-Learning)之间存在一定的交叉和渗透关系。数字学习主要是在传统学习情境下利用计算机、互联网进行学习,是对数字化学习资源的利用,数字化学习环境的创设和学生进行的数字化学习过程。它主要强调学习资料、学习环境和学习方式的数字化,其交互方式较为固定和单一,学习情境多以虚拟为主,学习者并不能及时获取所需资源。移动学习是指基于无线通信技术支持的、通过利用具有便携性的移动通信设备(如平板、手机、便携式电脑)进行的学习。它侧重学习地点和方式的可移动性,强调破除学习地点的限制,其交互性较为灵活多样,在装有特定移动设备的环境中学习者可以及时获取所需学习资源,学习情境也以虚拟为主。与数字学习、移动学习相比,泛在学习使用了无线通信技术和移动通信设备,因而在学习的时空、交互性、即时性、嵌入性方面有着较大提高。

  泛在学习区别于数字化学习、移动学习的质的规定性在于融入泛在计算的要素,将数字化学习和移动学习的优势进行融合吸收,旨在构建一个无处不在的,以学习者为中心的、智慧的学习环境。泛在学习强调的是任何学习者都能随时、随地、随意地进行各项学习活动,并能基于任何计算设备,获取任何所需的学习资源,享受无处不在的学习支持和服务。实质上,泛在学习是充分利用学习者所处的现实情境,以及学习者附近一切可以支持学习的设备,进而提供最优质的学习的一种形式,其符合终身学习的理念。[①]从学习环境来看,泛在学习环境整合了物理的、社会的、信息的和技术的多个层面和维度,各种教育机构、学习中心、社区、家庭等都将

[①] 魏雪峰,张永和,魏志慧. 从数字化学习到泛在学习的转变——访国际知名教育技术专家金书轲教授[J]. 开放教育研究,2012(2):4-8.

被有机整合在一起。在泛在计算技术的支撑下,学习者能随时了解与其相关的个人信息、环境信息、知识信息等,并将信息空间中与当前情境最匹配的信息反馈给学习者,使学习者处于较为主动的学习状态。它除了实现通过移动设备与学习内容交互、与其他人的社会性交互,还支持学习者与现实世界的交互,是一种嵌入性和移动性都较高的学习环境。[1]与在线教育、移动化学习相比,泛在学习更加强调学习的广泛存在性和嵌入程度、情境感知,关注学习者的需求与学习特点,尊重学习者的主体地位,以学习任务本身为焦点,能够从学习者的周围环境搜集信息和工具设备信息,并结合相关情境为学习者提供相关的个性化学习活动和学习内容,以满足学习者的需求。技术隐身于学习中,学习以自主自发的形式展开,学习者更多关注学习过程本身,而不是外界的学习工具。据此,从广义上看,泛在学习的内涵大于数字学习和移动学习;从狭义上理解,泛在学习是数字学习和移动学习的高级阶段。

(二)泛在学习的必要性与可能性

1. 技术驱动:技术发展推动泛在学习走向现实

从人类文明发展史来看,农业社会过渡到工业社会,再到信息社会,技术始终通过推动生产力和生产方式的改变帮助人类社会实现产业结构和社会形态的演变。过去,困囿于技术、资源、经济等多重因素,社会往往设立各种经济的、知识的或能力的门槛,作为开始学习或进一步学习的前提,学习供给与学习需求之间存在较大差距。在目前以大数据、人工智能、VR/AR 为代表的颠覆性技术所打造的智能物联网环境下,教育系统正面临一场深刻的历史性解构、重构与创新,新技术生态圈改变着知识的传播形式与教育的交往方式,推动学校从封闭走向开放,[2]学习的各种门槛开始"坍塌",教育正从以家庭、团体和部落为组织单位的必要教育,以学校和大学

---

[1] 祝智庭,管珏琪. 教育变革中的技术力量[J]. 中国电化教育,2014(1):1-9.
[2] 庞红卫. 信息技术如何变革学校教育——基于生态学视角的分析[J]. 中国教育学刊,2016(5):42-46.

的到来为标志的制度化教育,以印刷与世俗化为重点的大众化教育,向学习的便捷性和灵活性显著增强的个性化教育变革。①尤其是 5G 时代微基站与宏基站相辅相成所形成的广泛、纵深覆盖的泛在网,将推动所有智能终端在任何角落连接网络信号,高校教学时空桎梏的整体性突破推动着随时、随地的泛在学习逐渐走向现实。与此同时,5G 技术高速度、低延时特征既有利于提升高校虚拟教学中虚拟现实、增强现实体验的高清传输与精准操控,增加高校远程教学中教师与学习者、学习者与学习者之间互动交流的流畅性与即时性,优化学习者的自身认知学习体验,又有助于更好地保证传感器、学习终端等长期、稳定地获取数据信息,进而大规模地获取高校管理者、教师、学生在线上线下各种教学活动中的行为数据,形成完整数据链,为高校教学评价提供全时空、全场域、全模态的大数据。为此,我国的《中国教育现代化 2035》和《加快推进教育现代化实施方案(2018—2020 年)》明确指出,要大力推进教育信息化,加快信息化时代的教育变革,统筹建设智能化校园,着力构建基于信息技术的新型教育教学模式和教育服务供给方式,把推进教育信息化作为抢占教育发展制高点的重要举措。

2. 理论牵引:知识生产与学习科学研究的深入为泛在学习提供支撑

首先,知识生产模式的转型触发了创新高校教学模式的思考。高校知识生产一般具有分类和管理知识的储存功能,交流和继承知识成果的传承功能,以及发现、开发和应用新知识的创新功能。在高等教育精英化阶段,高校知识生产主体以"大师"为主,呈现出个体生产、目的模糊、联系松散等特征。②随着高校扩招,为满足不断增长的学生学习需要和国家社会对于大规模人才的需要,高等教育大众化阶段的高校知识生产方式逐渐变成以学科为标志,通过范式化、定型化管理对知识理性分类。时下,新一轮

---

① [英]安东尼·塞尔登,[英]奥拉迪梅吉·阿比多耶. 第四次教育革命:人工智能如何改变教育[M]. 北京:机械工业出版社,2019:1-14.
② 劳凯声. 智能时代的大学知识生产[J]. 首都师范大学学报(社会科学版),2019(2):1-6.

科技革命和产业变革推动人类社会进入高级知识经济阶段，①知识日愈全球化、去地方化和去个人化，知识储存、传递愈加便捷和开放，知识生产趋于不确定性、竞争性和去正当性，在以服务个体和社会的知识学习与发展为目标的知识经济发展新逻辑下，②具有超学科性的知识生产新模式应运而生。新模式旨在突破知识生产的时空壁垒，以"集群""创新网络""分形研究、教育与创新生态系统"为核心要件，③推动大学知识生产主体从单一高校向"高校—企业—政府—公民社会"的四重螺旋主体转变④，知识生产目的从侧重储存、传承知识功能向创新知识功能转移。鉴于此，作为知识生产关键环节与重要载体的高校教学模式因应生产模式转型的需要，突破以层级制管理、课堂为中心、学科或专业为边界、教师为主导的"精英学术"和"学科自治"式教学模式带来的个体化知识生产方式的局限，通过扁平化管理、跨学科思维、多维教学空间、团队式协同教学，灵活运用具有连通能力、计算能力的智能化平台，打造"多层次、多形态、多节点和多主体"⑤协同互动的知识创新生态系统，实现人才培养"大规模"与"个性化"并存的新时代使命。

其次，学习科学研究推动了以促进学生有效学习为中心的高校教学模式变革。面对认知科学的教育教学思想方法难以指导"不规范且具体"的真实学习困境，学习科学于1991年伴随着认知科学、神经科学、教育心理学、计算机科学等多学科发展在国内外兴起。⑥学习科学是一个研究教和学

---

① 卓泽林. 大学知识生产范式的转向[J]. 教育学报，2016（2）：9-17.
② 田晓伟，苏骁征. 知识经济发展促进学习型社会建设：理路分析与策略选择[J]. 清华大学教育研究，2019（03）：104-112.
③ 武学超. 模式3知识生产的理论阐释——内涵、情境、物质与大学向度[J]. 科学学研究，2014（9）：1297-1305.
④ Elias G. Carayannis, David F. J. Campbell. Mode 3 Knowledge Production in Quadruple Helix Innovation Systems:21-Century Democracy, Innovation, and Entrepreneurship for Development[M]. New York:Springer,2012:14.
⑤ Carayannis E G, Campbell D F J. Open Innovation Diplomacy and a 21st Century Fractal Research, Education and Innovation (FREIE) Ecosystem: Building on the Quadruple and Quintuple Helix Innovation Concepts and the "Mode 3" Knowledge Production System[J]. Journal of the Knowledge Economy, 2011, 2(3): 327-372.
⑥ 尚俊杰，裴蕾丝，吴善超. 学习科学的历史溯源、研究热点及未来发展[J]. 教育研究，2018（03）：136-145+159.

的跨学科领域,其研究围绕"认知、设计和社会境脉",聚焦正式与非正式等真实情境下学习者的认知与学习,通过探究"人究竟是如何学习的,怎样才能有效促进学习",促进了教学研究重点从"教"转为"学",从"结果"转为"过程"。就学习观而言,学习不只是在刺激和反应间建立联结,而是一种以学习者为中心的,依赖先前知识基础的,基于个人经验、意愿和需求的知识建构过程。①有效学习需要学习者有意图的、积极的、自觉的、建构的实践,贯穿学习者的整个生命历程。这为促进学生学习需要、重视学生真实情境,将其作为设计学习环境的基础,同时为重新进行高校教学设计和课程组织实施,进而促使学习者能够更有效和深入地进行学习提供了可靠的理论依据。

3. 行动自觉:传统高校教学模式面临的困境要求其反思变革

一是劳动力市场结构转变要求高校教学关照学生个体特质及通用能力。截至 2021 年 2 月,我国第一、第二、第三产业增加值占国内生产总值的比重分别为 7.7%、37.8%和 54.5%。②随着第三产业增加值大幅度提升,产业结构逐渐向知识和技术密集型产业发展,劳动力市场对于认知性和创造性强的高收入工作与体力性低收入工作需求将会增加,常规性和重复性的中等收入工作需求将降低。面对经济社会转型升级的新变化,传统高校高度专业化、精细化的人才培养模式旨在培养大量人力资本以支撑标准化、大规模工业进程的维持型就业系统在加快社会主义市场经济高质量转型发展中,逐步凸显出失业、离职或选择漂移于不稳定的就业环境等与就业系统不相适应的问题。③以与社会经济发展结合较为紧密工科和商科为例,"双一流"院校和其他本科院校工科专业毕业生中期工作与专业的相关度分别

---

① 经济合作与发展组织. 理解脑——新的学习科学的诞生[M]. 周加仙, 等, 译. 北京: 教育科学出版社, 2014: 21.
② 国家统计局. 中华人民共和国 2020 年国民经济和社会发展统计公报[EB/OL]. (2021-02-28)[2021-5-3]. http://www.stats.gov.cn/tjsj/zxfb/202102/t20210227_1814154.html.
③ 张鹏, 张平, 袁富华. 中国就业系统的演进、摩擦与转型——劳动力市场微观实证与体制分析[J]. 经济研究, 2019(12): 1-17.

从 2016 年的 71%和 67%下降到 2018 年的 66%和 64%；本科院校商科专业毕业生毕业三年后的工作与专业相关度从 2016 年的 63%下降至 2018 年的 60%。在社会对高素质劳动者和创新型人才需求日益增长的进程中，注重简单的记忆、复述和叠加知识与技能习得的传统高校教学模式与劳动力市场对于具有差异性的通用能力素养人才的需求愈发不匹配。故此，高校教学模式因应以教授为中心转变为以学习者为中心，关照学生个体特质及学习实践、学习方式、学习兴趣等学习需求，并提供与之适应的教学环境，推动学习者从机械、被动接受知识转为自我建构和创新知识，增强学生知识发现、选择、迁移与建构能力，促进学生专业能力和通用能力的协调发展。

二是"数字原住民"的学习特征要求高校为学习者提供个性化的学习环境。与网络时代之前成长起来的"数字移民"相比，伴随着数字化技术成长起来的"数字原住民"在新技术习得方面更具优势，[①]且善于利用技术来促进学习，对技术存在高度依赖性。同时，在数字化虚实生活的整体影响下，"数字原住民"往往具有强烈的个人主义和个人意识，崇尚自由，并擅长多任务处理。[②]学习者是学习活动的主体，为促进学习者有效学习，就必须使教学方法、媒体和技术与学习者的学习特征相匹配。这就要求高校充分重视学习空间技术的创新、重视教学、学习模式和学习空间的结合，不再淤泥于固定的场所、规定的时间、有组织安排学生接受统一的教育，增强学习的可获得性、即时性、交互性等。

（三）泛在学习的理想样态

泛在学习是基于现代信息技术，融合数字化学习与移动学习之优势，使学习的发生、学习的需求以及学习资源无处不在的学习方式，其核心要旨在于任何学习者可以在每时每刻、不论身处何地都可以发生学习、实现

---

① 曹培杰，余胜泉. 数字原住民的提出、研究现状及未来发展[J]. 电化教育研究，2012（4）：21-27.

② 张立新，张小艳. 论数字原住民向数字公民转化[J]. 中国电化教育，2015（10）：11-15.

学习。作为未来终身学习的理想模式之一，泛在学习相较于传统学习模式的基本特征在于：第一，泛在学习是无时、无处不在的学习；第二，泛在学习是个性化的、情景化的、基于问题的学习；第三，泛在学习可能是不连续的、短流程的学习；第四，泛在学习是富于交互的学习；第五，泛在学习是去中心化的学习，是融合于生活之中的嵌入型的学习；第六，泛在学习是一种社会性的学习，社会认知互动与连接是学习的一大要素。[①]这种建基于现代信息技术之上的，蕴含了"以学习者为中心"的学习型社会、终身教育理念的新型学习形态彻底颠覆了传统的学习时空观，是适应"数字土著"学习需求的内在要求，也是教育教学发展的必然要求。基本样态如图 2-1 所示。从学习场所与学习方式两个层面进行分析，泛在学习时代的学习场所呈现开放性与融合性，学习者的学习方式呈现交互性与多样性。

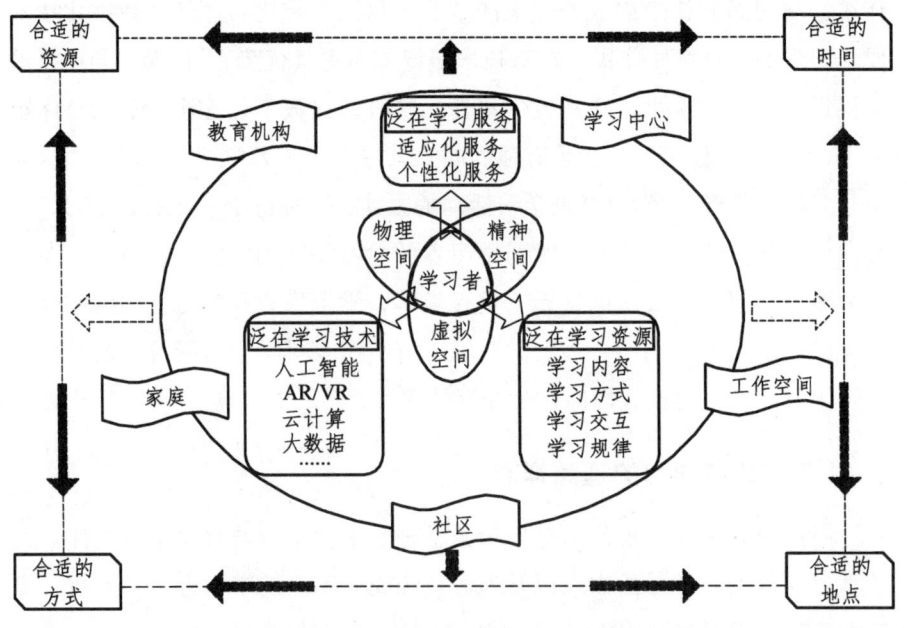

图 2-1　泛在学习时代的学习概念模型图

---

① 余胜泉. 泛在学习的资源组织模型及其关键技术研究[M]. 北京：北京师范大学出版社，2020：2.

1. 学习场所：开放性与融合性

泛在学习时代在现代教育信息技术（5G、人工智能、AR/VR、云计算、大数据等）的支持下，任何学习者可以在无缝衔接的学习空间随时、随地获取任何自己所需学习资源，享受无处不在的学习服务。这种学习空间既可以是物理空间，也可以是网络空间抑或精神空间，[①]包括教室、图书馆、会议室、博物馆，乃至流通的商品，都能主动发射自身的知识和信息，每个学习者都沉浸在现实世界和数字世界交织的信息生态环境中，学习者可以轻松地实现学习。也就是说，教育机构、学习中心、工作空间、家庭和社区等所有正式学习空间与非正式学习空间都将成为学习者习得知识的场所，泛在学习时代的学习是虚拟、现实的融合体，学科、班级、年级的传统组织边界日渐模糊，时间、空间、主体的边界不再明显。

2. 学习方式：多样性与交互性

泛在学习的核心特质不仅在于计算设备、通信网络的无处不在，更在于泛在计算技术支持、赋能下的学习方式变革。从学习的形式来看，泛在学习不是以某个个体（如传统学习中的教师）为核心的运转，而是点到点、平面化的学习互联。在泛在技术和普适计算的情境创设与支持下，学习者根据自己的学习内容和认知目标，积极主动、随时随地利用获取的学习资源来开展学习活动。质而言之，泛在学习是个性化、情境感知、面向问题的，学习者可以在信息技术的支持下随时与教师、同学以同步或异步的方式进行学习协作与共享交流，师生可以凭借各种便捷的平台进行多向互动、沟通、商讨、探索与分享信息或认知成果。泛在学习环境是一个共享意义的互动系统，具有互动性、对话性与共享性。

（四）泛在学习时代的高校教学模式

教学模式（Model of teaching）最早由美国学者乔伊斯（Joyce, B.）和韦尔（Weil, M.）提出，是指依据教学思想和教学规律而形成的，在教学

---

① 张之沧. 论空间的创造和生产[J]. 自然辩证法研究，2007（2）：5-8.

过程中需要遵循的比较稳固的教学程序及其方法的策略体系，包括教学过程中诸要素的组合方式，教学程序及其相应的策略。"模式"概念被引入教学理论，旨在说明在一定的教学思想或教学理论指导下建立起来的各种类型的教学活动的基本结构或框架，以此表现教学过程的程序性的策略体系。以社会建构知识观作为理论根基的泛在学习，强调知识的情境性以及社会建构性，其运行有赖于现代信息技术和信息化教学设备的支持。正如本研究呈现的"泛在学习时代的学习概念模型图"所示，学习者可以根据自身的学习需求和学习兴趣，结合个人具体的学习目标和学习进程，借助各种方式将自己的时间利用起来，以得到有效学习。在此理念下，高校课堂教学必须突破学校的"围墙"，并依据全新的教学理念进行改造，采取弹性和灵活的方式，为学习者发展创造理想的环境。

1. 泛在学习时代高校教学旨在服务正规学习

20世纪90年代，由教育心理学、社会学、计算机科学、认知科学、神经科学等跨学科视角研究教学和学习的领域——学习科学（Learning science）出现，其通过探究人类学习的复杂机制，重点关注"人究竟是怎么学习的"和"如何才能有效促进学习"两大核心问题，进而引发了一场学习革命，促成教育研究范式的转向。人们开始从研究教师的"教"，转向关注学生的"学"。就学习研究历程来看，学习科学研究经历了一个从猜测到科学，从简单到复杂，从低级到高级，从静态到动态的发展过程。[①]行为主义时代，学习被视为在刺激和反应间建立联结的过程，将注意力放在学生行为上，通过强化促进学生重复那些得到强化的行为，忽略了学生作为学习主体对问题的理解，也忽略了学生内在固有的逻辑能力，这种依据"教学的传播模式"[②]的灌输式教学模式为工业时代输出了大批人才，满足了时

---

① [美]戴维·乔纳森. 学习环境的理论基础[M]. 郑太年，等，译. 上海：华东师范大学出版社，2002：序言.
② [美]戴维·乔纳森. 学习环境的理论基础[M]. 郑太年，等，译. 上海：华东师范大学出版社，2002：1.

代之需。但伴随着学习理论的不断发展，学习不再是一个传输过程，也不是接受的过程，而是需要有意图的、积极的、自觉的、建构的实践。为此，要促进学生学习不能再单纯强调教师应该以何种方式传递教学信息，而应该重视学生在真实情境中的学习机理，并将其作为设计学习环境的基础，同时为教学设计教学和组织课程实施提供可靠依据。[1]概而言之，学习科学确立了"以学生学习为本"的研究取向，关注学生，强调学生对学习的自我调控；同时也关注学生正式学习和非正式学习环境，强调以学生为中心设计学习环境和课堂教学，从而促进学生更加有效的学习。[2]

正式学习主要包括学校的学历教育和参加工作后的继续教育，是以课程、任务等形式展开的由专门教育机构提供和展开的学习活动，旨在满足社会、专业的公共需求和学习者的自我学习需求；非正式学习是指在学校之外的场所，由学习者自主发起、自主调控、自主负责的，且凭借非教学性质的社会交往活动来实现知识的传递和渗透的学习活动，主要包括做中学、玩中学、游中学，如沙龙、读书、聚会、打球等，[3]目的在于服务学习者个体的学习需求。其中，正式学习又分为正规学习与非正规学习两大类型。正规学习是典型的、由教育或培训机构提供的，在学习目标、学习时长和对学习的支持方面结构化的、以获得证书为导向的学习；非正规学习是不由教育或培训机构提供的、不以获得证书为主要目的，但其学习目标、学习时长和对学习的支持方面也是结构化的学习。正式学习与非正式学习在学习方式、学习需求、学习目标、学习资源、学习反馈、学习过程的主要异同如表2-1所示。

---

[1] Land, S. M., &Hannafin, M. j. A Conceptual framework for the development of theorier-in-action with open-ended learning evironment[J]. Educational Technology Research Dvelopment, 1996(3):37-53.
[2] [美]基思·索耶. 剑桥学习手册[M]. 徐晓东，等，译. 北京：教育科学出版社，2010：139.
[3] 余胜泉，毛芳. 非正式学习——e-Learning 研究与实践的新领域[J]. 电化教育研究，2005（10）：19-24.

表 2-1　正式学习与非正式学习的比较

学习形式	学习需求	学习目标	学习资源	学习过程	学习评价	学习反馈
非正式学习	学习者的自我需求	自我调控	公共资源、公开资源、一切事物	学习者完全自我调控	自我评价	自我负责
正式学习	社会、专业的公共需求及学习者的自我需求	教育机构设定，学习者共同认可	教育机构专门编制的预设性资源和其他生成性资源	教育机构组织和设计，自控与他控相结合，以他控为主	自我评价与他人评价相结合，以他评为主	自主反馈、教师要求和他人调查相结合

如表 2-1 所示，泛在学习时代的学习是一种正式学习与非正式学习无缝衔接的样态。但是，泛在学习时代的高校教学仍然是一种基于专业的教育机构——高等学校，根据国家的人才培养目标与社会的人才需求，主要发生在高校课堂内的有组织、有目的的学习活动。因此，高校仅仅只是泛在学习空间中属于教育机构的那一部分，泛在学习时代的高校教学是服务于泛在学习时代各种正规学习的教学形式之一。

2. 泛在学习时代的高校教学并不是传统教学的数字化

目前，信息技术与高校教学的融合发展更多体现为单纯迷恋技术本身，在现有模式上堆砌技术。[①]如：把传统的面授课程，通过课程录播的形式，直接转放至线上，或在教室中安装各种教学设备，把传统板书通过数字化形式呈现。这种方法并没有从整体上对传统的教学模式、教学流程产生多大改变，仅仅只是一种"新瓶装旧酒""换汤不换药"的做法。事实上，在高校场域中，泛在学习是狭义上的基于移动通信技术、增强现实等现代技术的应用，使虚拟环境与物理环境无缝融合，以学习者为中心，对其学习的过程记录、个性评估、效果评价和内容推送，并根据学习者模型，对其

---

① 迈克尔 B. 霍恩，希瑟·克莱顿·斯特克. 混合式学习：用颠覆式创新推动教育革命[M]. 聂风华，徐铁英，译. 北京：机械工业出版社，2015：8-9.

自主学习能力的培养起到计划、监控和评价作用的学习模式。①泛在学习技术与泛在学习理念作用于高校教学领域，其实质在于重新考量高校课堂内外的教学关系，以课堂教学为核心，使高校的教学目标、教学内容、教学过程在"人人、时时、处处"的泛在学习理念下，高校教学环境、教学方法、教学资源在泛在技术赋能下，循序渐进地渗透于教学过程，共同推动高校教学模式的变革，进而基于国家的人才培养需求，最大化的满足学生的学习需求，实现教学成效的最优化。

那么，建构基于现代信息技术之上的泛在学习时代高校教学模式是不是就是纯数字化的教学模式呢？事实上，这个问题最核心的点，就是要阐述"信息技术是不是中性的"以及"技术是依据其自身的自主逻辑发展的，还是可控的"两个核心问题。②对此，技术实体论者认为技术并非中性，技术本身负载着价值，人们不能控制技术，技术是依据其自身逻辑自主发展的。因而，人们是被动的参与于技术之中，最终将被技术所异化，从而失去自由。正如技术实体论者的典型代表海德格尔（Heidegger, M.）基于存在论的角度，在亚里士多德（Aristotle）"四因说"——质料因、形式因、目的因和结果因的基础上提出，技术既不是某种合乎目的的手段，也不是中性的，技术原本"是一种解蔽方式，技术乃是在解蔽和无蔽状态的发生领域中，在无蔽即真理的发生领域中成其本质的"③。但是现代技术却使这种自然的解蔽方式变成一种促逼着的解蔽方式，海德格尔将其称之为"座驾（Das gestell）"。座驾具有普遍强制的特征，意味着安排（Stellen）的聚集，意味着现实事物作为持存物而自行解蔽的方式。④也就是说，这种是促逼向自然提出挑战，并迫使自然应对挑战，逼迫自然提供能够被打开和贮

---

① 林秀瑜. 泛在学习环境下微课的学习模式与效果研究[J]. 中国电化教育, 2014(6): 18-22.
② Iain, T. From the Question Concerning Technology to the Quest for a Democratic Technology: Heidegger, Marcuse, Feenberg[J]. Inquiry, 2000, 43 (2): 203-215.
③ [德]海德格尔. 演讲与论文集[M]. 孙周兴, 译. 北京: 生活·读书·新知三联书店, 2005: 12.
④ 余在海. 技术的本质与时代的命运——海德格尔《技术的追问》的解读[J]. 世界哲学, 2009（5）: 153-161.

存的能量。与此同时，人们在这种促逼之下，开始利用现代技术获取自然所蕴藏的能源。进而，这种促逼使得人被集置起来，成为一种失去意义的部件。当人变成固定的部件，当存在变成存在者，技术也就不受控制，人也就被技术所奴役。"一旦无蔽领域甚至不再作为对象，而是唯一地作为持存物与人相关涉，而人在失去对象的东西的范围内只还是持存物的订造者，那么人就走到了悬崖的最边缘，也即走到了那个地方，在那里人本身还被看作持存物。"①而诸如芬伯格（Feenberg, A.）等技术批判理论者认为，技术虽然负载着价值，但技术本身是中性的，技术的发展是社会建构的，并不是依据其自身逻辑自主发展的，而具有可选择性，人们可以通过对现存技术的批判找到一种可替代性的技术。"决定技术规则的因素不仅仅包括纯粹的技术理性或者经济理性，还包括各种各样的社会现象以及这种社会现象所产生的各种影响"②，因此，技术并不是不能控制的，而是可以选择的。当体制把我们拉进它的轨道时，它已经使自身暴露在各种新的抵抗形式面前。③

将技术批判理论置于泛在学习时代理解高校教学活动因人工智能、云储存等现代信息技术而产生的变革时，我们发现，这些现代信息技术具有两重性，即既可以作为控制系统，又可以作为交往媒介。这种两重性可以归纳为两条原理：一是维护等级制度的原理，二是民主的合理化原理。倘若选择前者，走控制系统之路，则会使人被技术遮蔽，被技术奴役；倘若选择后者，走交往媒介之路，则会有多种不同的可选择设计的发展道路，使技术为人所用。学习是由环境决定的多方面的现实存在，是个体参与实践共同体、与他人互动的过程，个体与环境的相互作用是个人形成能力以及实现个体社会化的必经途径。学校教育是制度化学习，以及在家庭之外实现社会化的第一步，是社会学习的重要组成部分。④在信息技术与教育教

---

① [德]马丁·海德格尔. 海德格尔选集[M]. 孙周兴, 译. 上海：上海三联书店, 1996: 945.
② 高海青. 时代思潮中的技术批判理论[J]. 自然辩证法研究, 2015（3）：27-31.
③ [美]安德鲁·芬伯格. 可选择的现代性[M]. 陆俊, 严耕, 译. 北京：中国社会科学出版社, 2003, 8-10.
④ 联合国教科文组织. 反思教育：向"全球共同利益"的理念转变？[M]. 北京：教育科学出版社, 2017: 2, 49.

学深度融合发展的进程中，倘若把信息技术置于教育之上，将其视为"主角"，让教师和学生沦为处处被"订造而立即到场"，那么在实现技术"解蔽"的过程中，又将会产生新的"遮蔽"，正如海德格尔所言，"座架占统治地位之处，便有最高意义上的危险"①。因此，信息技术融入学校教育，并不等于学校的信息化，更不意味着学校的消亡，学校依然是传播系统性知识的基本途径。信息化只是撬动学校变革的支点，但不是未来学校的全部，更不是未来学校的目的。②泛在学习时代的高校教学需要信息技术的支撑，但信息技术要逐渐隐身于教育的背后，以一种自然而然的方式影响教育。现代社会必须要承认并支持现代信息技术对教育流程的重塑，但在这个过程里，要通过不断的社会建构，选择、调整合适的技术与合适的方式，才能使泛在学习时代的高校及其教学朝向人们期望的获得优质公平教育的方向改变，而不是使学习者成为变革后的附庸。

3. 泛在学习时代的高校教学模式是一种融合式教学模式

泛在学习技术赋能与泛在学习理念渗透于高校教学活动中，并不意味着对传统课堂教学的彻底颠覆和全盘替代，更不是把传统课堂教学的数字化，而是旨在整合、优化高校课堂内外的教学资源，协调不同教学形式，打造一种"教学媒体混合、学习模式混合和学习内容混合"的融合式教学方式，循序渐进地对高校教学流程、教学模式的整体性再造。这种融合式教学模式吸收了传统学习和数字化学习的优势，不但发挥了教师对教学过程的引导、启发和监控作用，还充分提出了学生作为学习主体的积极主动性和创造性。③从哲学角度而言，面向泛在学习时代的高校融合式教学建基于建构主义学习理论。建构主义学习理论的核心观点可以概括为：强调学习者为中心，注重学生对知识的主动探索和发现，以及对知识意义的主动

---

① [德]马丁·海德格尔.海德格尔选集[M].孙周兴,译.上海：上海三联书店,1996：946.
② 曹培杰.未来学校的兴起、挑战及发展趋势——基于"互联网+"教育的学校结构性变革[J].中国电化教育,2017(7):9-13.
③ 何克抗.从 Blending Learning 看教育技术理论的新发展（上）[J].电化教育研究,2004(3):1-6.

建构。该理论认为：首先，学习是学习者基于一定的社会文化环境，结合已有知识经验不断加工处理新信息，从而建构知识意义的过程。换言之，学习并非学习者被动接受外界信息，而是主动加工信息和建构内部心理表征的过程。学习不是在教师统一引导下对信息进行相同的加工，而是在教师或他人的协助下，基于不同背景和角度对信息进行独特加工，并建构起自身对现实世界的意义的过程。其次，知识并不都是对现实的准确表征，也并非问题的最终答案，而是对问题的一种解释和假设，它会随着人类认知的深化而不断被推翻或修缮。同时，知识不能精准地反映和呈现世界的法则，而需要在具体的问题和具体的情境中再创造。再次，知识结构并非线性或者层次结构，而是围绕关键概念架构起来的立体网络结构，在这之中，包含着结构性和非结构性知识，学习即是对结构性和非结构性知识进行意义建构的过程。一般来说，学习包括高级学习和低级学习。高级学习属于情境性的、非结构化的学习，主要是对复杂概念、原理和技能的学习；低级学习属于去情境化、结构化的学习，主要是对单一概念、原理和技能的学习。在传统学习领域中，低级和高级学习的划分含混不清，均把概念、原理等作为学习的最终目的，而真正的学习应是要建构围绕关键概念组成的网络结构，包括事实概念策略概括化的知识，学习者可以从网络的任何一点进入学习。概而言之，建构主义将学习理解为个体在经验的基础上，通过与环境的交互来建构认知和意义的过程，因此在建构主义看来，教学是学习者充分利用环境所提供的丰富工具和资源，建立自己的认识和理解的过程。[①]

由此观之，面向泛在学习时代的高校教学模式是包含教、学、评三重要素相辅相成、有机结合的过程。教，是教师基于国家、社会的人才培养需求和学生的个人学习需求，以及教师自身的教学能力，明确教学目标和教学内容，选择恰当的教学方式安排教学活动，并能及时提供有效的学习支持服务。学，是学习者根据自身学习需求，确认学习目标和培养方案，

---

① 余胜泉，路秋丽，陈声健. 网络环境下的混合式教学——一种新的教学模式[J]. 中国大学教学，2005（10）. 50-56.

并选择恰当的学习方式的过程。在教与学的双向活动中，评价与监测贯穿其始终，并及时反馈于教与学的各环节，指导其不断地协调、完善，向着达到目标的方向前进。同时，测评结果也成为教师评价与学生评价的依据。具体模式如图 2-2 所示。

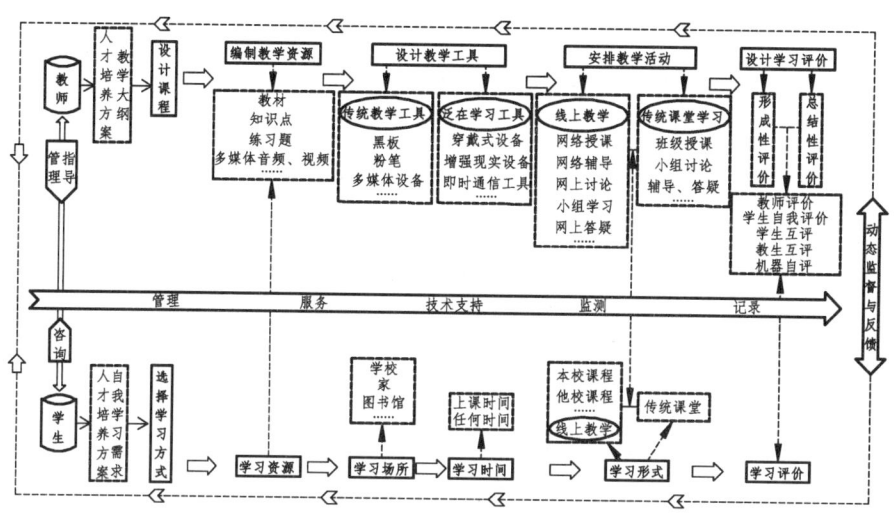

图 2-2 泛在学习时代的高校教学模式

如图 2-2 所示，泛在学习时代的高校教学模式既不同于传统的实体教学模式，也不同于翻转课堂教学，而是一种在建构主义学习观的指导下，在我国的教育体制基础上，将网络平台学习与传统课堂教学相结合的一种融合式教学模式。在传统的课堂教学中，教师是知识灌输者，是绝对的知识权威，教师以讲授为主，通过课前预习、课堂讲解、课后巩固等形式将知识灌输给学生，学生只是被动的知识接受者。翻转课堂教学是一种学生课前自学、教师课堂答疑的教学形式，教师多扮演资源提供者、活动组织者的角色，课堂教学主要通过讲授、讨论相结合的方式进行，学生从被动的知识接受者转变为自主学习者。相较于这二者而言，泛在学习时代的高校教学模式更加强调教育教学资源的开放、共享，强调教学过程中教师的"教"与学生的"学"的协同性，强调学习者学习的弹性与个性。在此模式下，教学流程不再局限于传统实体课堂，而是学生自主选择以线上或线下的形式展开，教师成为教学活动的引导者和合作者，在学生需要帮助时提供适当的点拨辅导，学生因转变为资源自主选择与学习者。

本研究认为，相较于传统高校教学模式而言，泛在学习时代高校教学模式变革具体表现在四个方面：一是将物理空间与虚拟空间、精神空间联系起来，帮助教师、学生摆脱对传统的固定教学时空的高度依存，实现对教学时间、地点、路径、进度等方面的自主控制，推动学习的无时无刻、无处不在；二是基于学习者的学习需求，倒逼高校教学模式增强弹性，实现"个性+共性"的有机结合，进而服务于国家对于复合型、创新型人才培养的需求；三是强化泛在技术赋能下高校"教"与"学"的协同性，提升学习者的学习地位，转变教师角色，使学生参与知识的建构，突破原有学习共同体的发展障碍；四是强调课程、学生、教师、高校以及其他机构之间的流动性，凸显高等教育资源开放、合作、共享的教育理念，从而最大化地为学习者提供所需教育资源。

二、泛在学习时代高校教学管理制度变迁的合理性

制度变迁是进行制度研究的重点内容之一。对于何谓制度变迁，不同学者有不同观点。美国著名的经济学家、新制度经济学的典型人物道格拉斯·C.诺斯（Douglass, N.）认为，制度是人们创造的社会游戏规则，是限制人们交互行为的框架，变迁的源泉来自变化着的相对价格与偏好，制度变迁是一个制度在发展过程中存在不均衡时所追求潜在获利机会的一种自发交替的过程。基于此，我们可以对制度变迁做出如下理解，即制度的功能在于制度的稳定性。诚如德国学者柯武钢所言，"制度规范人类行为的力量多数源于它们的不变异性"[①]。然而，由于人类社会及其行为总是处于不断变化和发展中，出于利益最大化的理性需求，在不断变化的环境中，人类会随之做出影响其既得和潜在利益的行为变化，这时原有的稳定制度

---

① [德]柯武钢，史曼飞.制定经济学[M].韩朝华，译.北京：商务印书馆，2000：464.

则会阻碍人们的行为。也就是说，这时每个个人并不必然对现存的规则和契约感到满意，制度的需求与供给不再均衡。而制度原本就是由人所设计或安排的不同规则，因此，当原有的由正式制约、非正式制约及其实施机构共同界定了社会的，尤其是经济的激励结构的制度不能满足人类的需求时，为了调节不同主体的利益，制度就会随着人类社会的变化而产生变迁。制度变革既是社会进步的结果与标志，也是推动社会进步的力量。①

高校教学管理制度以高校教学活动为对象，在社会不断进步与发展所引发的高校教学模式变革中，高校教学形态从有界化的物理空间走向无界化的虚实空间、教学环境由同时空变为同异时空、教学资源由教材为主变为按需选择、教学进度由统一规划变为按需选择、教学交往关系由单一垂直化变为多元网络化，由此，以学生、任务、交流为中心的融合式教学模式改变了传统教学管理活动中学校管理权、教师教学权、学生学习权的行使方式和权利边界，现行教学管理制度调试下的三角权利关系结构被打破。高校教学管理制度变迁实质就是对构成高校教学管理制度体系的规则和实施机制进行边际调整，用一种相对高效的教学管理制度替换效益较低的教学管理制度的过程。因而，寻求社会要求和个体期望之间的利益再分配与平衡，成为泛在学习时代高校教学管理制度边际调整的动力之源。

（一）集权——分权：教学组织无界化使学校管理权被分化

从理论上讲，泛在学习时代是由泛在计算推动、形塑的学习型社会，因此，现代信息技术是泛在学习时代高校教学模式构型的基本前提。纵观人类发展历史，技术始终发挥着关键作用，其通过改变生产力和生产方式而助推社会形态的演变。组织理论认为学校是一个开放的动态系统，当受到内外环境的影响变化时，学校为了适应客观发展的需要，更好地实现学校组织的目标，促进学校组织发展，会及时改变其组织形态、运行机制等。迈克尔·富兰（Fullan, M.）认为，变革的动力是对变革本质和过程的自觉

---

① 杜时忠. 制度何以育德?[J]. 华中师范大学学报（人文社会科学版），2012（4）：126-131.

认识，善于变革的人能捕捉到变革中不可预测的部分和变化无常的特点，以及能明确地寻找想法以应对和影响走向某种理想目标模式过程中的各个方面。①从已有研究可知，学校变革的动力十分复杂，不仅有学校内部发动、认同和支持变革并努力实施变革的主体动力，还包括学校组织特有的结构、制度和文化等内蕴的冲突所产生的组织动力，以及社会变革对学校系统提出新需求的环境动力等因素。②生产力发展、技术进步、社会需求变迁、学习科学的进展等内容都是学校演化进程中推动学校变革的动力。而纵观教育发展的历史不难发现，教育形态、学校形态的发展变化更是与技术发展紧密相连。文字的出现使得教育内容和教育形式得以拓展；印刷术的出现使得书籍成为知识的主要载体，促进了知识的传播和普及；以互联网为标志的信息技术的出现以惊人的速度改变着人们的生产与生活方式、工作以及学习方式，使原来受技术、资源等因素限制而形成的各种学习"门槛"逐渐坍塌。实践表明，信息技术对教育的影响首先表现为教育工具与技术或教育手段的变革，体现为多媒体等设备在学校教育中的运用，使单调枯燥的教学环境变得多样化、生动化。随着移动互联等技术的发展，其影响逐步渗透至学与教的变革，出现了自主学习、社会化学习、混合式教学、翻转课堂等新型课堂教学模式。学习突破了时间、空间的壁垒，学习形式变得多元。在科技革命与工业革命加速发展的时代背景中，在国家"'互联网+'行动计划，实施国家大数据战略""推动信息技术与教育教学的深度融合"等政策驱动下，技术的整体性突破为我们的生产生活方式、教育学习方式带来了巨大变革的可能性。教育领域悄然涌现出一些新型学校，传统学校也纷纷融入信息技术致力于寻求自身发展的转型，旨在建设人人皆学、处处能学、时时可学的泛在学习环境。换言之，在5G、大数据、人工智能、VR/AR等现代信息技术打造的智能物联网环境下，MOOC、SPOC、

---

① [加]迈克尔·富兰. 变革的力量——透视教育改革[M]. 北京：教育科学出版社，2000：19.
② 孙翠香，王振刚. 学校变革动力：概念、形成基础及系统构建[J]. 教育科学研究，2012（1）：33-37.

微课等在线教学模式使受技术、资源限制而形成的传统高校教学空间（在固定的场所、规定的时间，按照一定的目的、计划，有组织的接受统一的教育）突破了物理空间限制，呈现出"无边界"特点——高校教学正在跨越（或潜在地跨越）和分解传统教学活动中的地理性、时空性、机构性边界而进行沟通与交流，高校教学组织的泛在化推动教学管理权利结构被分化与重组。

其一，学校管理权从高校场域让渡给多所教育机构共同行使。无论是古代的私塾、书院，还是现代实体学校，都淤泥于学生在固定的场所、规定的时间，按照一定的目的、计划，有组织的接受统一的教育，学生的身份与成绩认定在同一所高校独立完成。随着物联网、人工智能等信息技术的融入，多种先进技术和应用交叉渗透至校园学习、科研、生活、管理的各个方面，学校空间、教室格局表现出灵活性、复合性，学校因应"为集体授课而建"转向"为个性学习而建"。学生只要按照规定的程序，如缴费注册等，就可以自主选择学习的时间、地点，并基于自身学习需求接受被认可的学校中其他教师、其他高校或教育机构甚至其他国家高校或教育机构所提供的教学机会，如高校联盟、慕课（MOOC）中国联盟等。这为学生自主自由学习，以及个性发展提供了广阔空间。由此，原本经由学生同意，并经注册程序取得本科生身份后，学校对其成绩认定、学习行为等教学管理活动所具有的单方面决策、执行和监督权利被部分转移或全部转移到其他高校、网络平台等不同教育教学机构。

以学生选择 MOOC 中国联盟的课程为例：MOOC 中国联盟是在国际 MOOC 浪潮的猛烈冲击下，于 2015 年发起成立的目前我国规模最大、水平最高的国内高校 MOOC 组织，其联盟成员包括北京大学、大连理工大学、四川大学、中国人民大学、对外经济贸易大学、北京师范大学、电子科技大学等数百家高校。若学生所在高校已加入 MOOC 中国联盟，学生在进行学习活动时，可以根据自身情况，在图 2-2 所示的"选择学习方式"环节选择 MOOC 中国联盟所提供的在线课程取代本校实体课程。当在校学生经过教务处的确认，经平台审核真实姓名、学号、学校名称等身份信息，完成所选课程的学习任务,并通过参加"线上"或"线下"的综合测试后,平台将会把学生所选课程最后的综合成绩反馈回高校的相关部门,学生方可通过在线学习申请学校学分。因此,在教学模式变革的进程中,相较于传统实体高校教学中学生的身份和成绩认定在同一学校、同一课堂由同一教师独立完成的情况而言,泛在学习时代高校教学的流动性和无限性颠覆了这种传统的固定模式,学生身份和学习成绩认定从一所学校、一位教师的认定变为多所学校、多位教师认定。此外,随着学生选择自由权利的扩大,学分互认会随之产生高校课程设置、本校与他校的课程关系等问题。换言之,泛在学习时代的高校教学模式中学校管理权的权利主体也相应地从单一的某所学校走向多元的多所学校,由某一特定教师变为多位教师。

  其二,师生参与教学管理决策的权利份额增大。高校开展正常的教学活动,需要将学校职权、岗位、人员等要素按照一定的形式和层次构成一个系统运行的有机整体。纵观我国传统教学管理组织,由于受工业时代技术、条件与需求的影响,其组织结构注重各主体权力在学校组织中的纵向分布和运行,教学管理与信息传递呈现出垂直层级的现状。然而,泛在学习时代的教学模式是以学生需求为中心的开放、民主、弹性的教学模式,强调学习的个性化、定制化。一方面,教学组织可以充分利用信息技术的优势突破传统学校垂直式的管理组织结构。在这种基于泛在学习技术而构型的教学模式下,其组织构架将从纵向垂直模式转向多向交叉的互联模式,并利用大数据提供精准化的教育管理服务,建立"用数据决策、管理和创新"的新型管理机制,从而提升学校的现代化治理能力。[①]另一方面,在这种由泛在学习技术构型的教学模式中,技术可能被用来促进行为主体间的合作、加强传播并扩大信息共享,实现学校组织中各部门、机构间横向和纵向的交叉互联、协调衔接,有效避免信息的不对称。由此,管理者、教师、学生等利益相关主体将更多地参与到教学管理活动中,其主体间的关

[①] 曹培杰. 未来学校的兴起、挑战及发展趋势——基于"互联网+"教育的学校结构性变革[J]. 中国电化教育, 2017(7): 9-13.

系也将由传统服从与控制关系转变成平等与协作关系，形成主体之间扁平化的无中心网状交往形态以及多对多的交互传播形式。由此，学生、教师群体在参与教学管理决策中其权利所占份额将增大，学校的教学管理权不再集中于学校管理者或某一领导手中，这就会打破原有的权利、权力制衡格局，使高校教学管理权的权利结构面临新的分化与重组。

（二）支配——引领：教学交往关系网络化使教师教学权被重组

"人类的教育活动起源于交往，在一定意义上，教育是人类一种特殊的交往活动。"[1]法兰克福学派第二代的典型代表人物，当代德国最负盛名的社会学家、哲学家和思想家尤尔根·哈贝马斯在其著作《交往行动理论》中提出他最负盛名的交往行动理论，把人类行动分为目的性行动、规范协调的行动、戏剧式行动、交往行动四种类型。哈贝马斯认为，只有交往行动模式所体现的理性才是体现了不同理性类型的内在统一性的理性模式。其原因在于，在人类所有行动模式中，只有交往行动模式最全面地展现了语言所有的沟通功能，而语言是人类一切行动的基本媒介。交往行动发生于生活世界，每个行动者都立足于自己的生活世界，通过生活世界与客观世界、社会世界和主观世界发生关联，从而在不同行动者之间形成一种共同的语境。交往行动中的行动者并不直接与其他三个世界发生关系，而是一种反思关系。要实现有效交往行动，必须满足四个条件：一是语言表达具有可理解性；二是言说者交往过程中言语陈述的真实性；三是交往行动中规则设计的正当性；四是交往双方言语表达的真诚性。[2]这种交往是一种基于价值理性的主体—主体关系，这种价值理性就是哈贝马斯所提出的"交往理性"的概念，即主体之间借助语言的媒介，以客观世界、社会世界、主观世界为参照系，以行为者的言说所蕴含的有效性要求为基础，遵循一定的语言和社会规范，达到他们对处境的共识的互动过程。

---

① 叶澜. 新编教育学教程[M]. 上海：华东师范大学出版社，1991：32.
② [德]哈贝马斯. 交往与社会进化[M]. 张博树，译. 重庆：重庆出版社，1989：2.

20世纪80年代,教学论领域的学者提出了交往的教学观,将教学过程视为师生之间的交往活动。[①]然而,在传统高校教学活动中,知识传递型的教学模式把教学视为传递客观知识的过程,教学的目标、内容、方法、情境完全可预期、可重复,教学只是遵循客观规律,按照预先设计的程序和步骤实现预设教学结果的过程。因此,教师只有传递知识的责任,教师和学生的交往是课堂交往的主导形式,甚至可以说是唯一形式,学生与学生之间的交往、教师与小组的交往通常被"边缘化"。它把问题本身的合理性转变为问题解决过程、方法和途径的合理性,把对事情内容对错的判断变成对解决方法对错的判断。[②]泛在学习时代,由学习者、专家团队、优质教师、管理者、辅助教学者等成员通过参与、活动、会话、协作、反思、问题解决等形式所形成的随时、随地获取自己所需学习资源的学习共同体正在形成,高校教学由传统知识传递型的"无效教学"逐步向"有效教学"转型发展。在共同体内,教师与学生都是知识创造、知识生产的参与者。教师与学生不再是简单的主体与客体、教与学的关系,而是一种互为主体、共创共生的关系。与其他一些依赖信息技术实现的学习行为的转变而言,泛在学习不仅仅是"目的—手段"关系的学习方式,而是基于建构主义学习理论的,教学活动是在教师指导下的以学习者为中心的学习。学生是信息加工的主体、是意义的主动建构者,而不是外部刺激的被动接受者和被灌输的对象。换言之,泛在学习时代高校教学模式所倡导的平等、对话、倾听、理解、求同与合作等核心旨意,突破了主客世界的具有主体间性的学习方式,教师角色的改变使得教师的教学权发生相应转变。

其一,教学活动控制权和教学时空管理权从教师掌握变为师生各自支配。传统本科教学活动中,教师作为教学过程的执行者、组织者和管理者,根据教学目标和自我见解,单向选择有利自身教学效益最大化的教学形式、

---

① 刘要悟,柴楠. 从主体性、主体间性到他者性——教学交往的范式转型[J]. 教育研究,2015(2):102-109.
② [德]哈贝马斯. 交往行动理论[M]. 洪佩郁,蔺青,译. 重庆:重庆出版社,1994:272.

教学方法，改造、重组、编排教学内容，掌控与把握教学进度，对学生的学习行为有着极大的决定权和支配权。泛在学习时代的高校教学模式由传统面授教学逐渐转为传统实体课程学习与线上学习的平行模式、传统实体课程为主与线上资源自主学习为辅的线上线下与课堂内外合二为一的重合模式，教与学的时空分离使教师与学生分别成为控制教学进度和学习进度的主体。传统高校课堂教学中，教师作为教学过程的执行者、组织者和管理者，是知识的拥有者和传播者，是学科内容的权威人物。在纯粹依靠实体课堂教学进行的传统教学模式下，教师主要按照教学目标和自我见解，由其单方面决定有利于自身教学效益最大化的教学形式、教学方法，对教学内容进行改造、重组、编排等，以及掌控与把握学习进度，对学生的学习行为有着极大的决定权和支配权。例如，在传统的高校课堂教学中，学生必须在上课期间坐到固定的教室甚至固定的座位认真听讲，不能肆意调换位置，更不能在上课期间低着头看书或干其他事情，以此通过对教学空间的管控实现对学生的隐性控制。而在泛在学习时代的高校教学模式中，教师既有以集体学习为主的传统教学环境下的教学主导者和知识传授者的角色特点，也有以小组学习为主或以个体学习为主的网络教学环境下的角色特点，如教学的设计者、观察者、倾听者、引导者、协作者、咨询者、辅导者，等等。换而言之，随着学生获取学习资源以及选择学习形式的转变，某个单一教师成为整个课程建设团队的一分子，教师在课堂教学中的教学活动的控制权、教学时空的管理权已不再完全掌握于教师手中。尤其是线上课程教学中，教师对教学活动权控制较为松散的特征更为显著，教师只能把控教学进度，学生可以自由交流、讨论，随时选择学习的暂停和开始，具有较大弹性的自主权。

其二，教学内容筛选、教学形式与方法选择的自主权需求增强。无论是石器时代的口口相传，农业时代的私塾课程，还是工业时代的班级授课制，课堂教学大多是知识传播的单一属性。信息技术赋能下的在线课程形态演变为一种关系集合体和知识生成体，其自组织特征推动在校教学既具有了知识传播功能，还具有知识生产、关系网络和社区等属性。[①]学生可以根据自身需求选择可互换学分的课程替代传统被安排课程，教育知识生产与进化在分布式协作网络中完成。由于泛在学习时代的教学模式增强了学生自主选择学习内容、学习形式的机会，如果学生不满意或不满足于某一教师的教学，学生可以自主选择其他可以互换学分的课程替代传统的被安排的课程。随着教师在教学进程中知识权威、学术权威的下降，为了契合学生学习需求，教师只有通过高质量的教学设计、上传适合学生特点和成长规律的学习资源，建立民主、平等、对话型的师生关系，才能调动学生的学习动机和学习积极性。因此，泛在学习时代应当强调高校教师自主教学的权能价值，取消对本科教学活动中教师的教学内容筛选权、教学形式和教学方法选择权的不必要限制。据报道，××高校历史学院的历史教师在上课时给同学们讲解《盗墓笔记》《芈月传》等，曾引起了一阵轰动。

"黄歇就是战国四公子，估计比芈月小20岁，他们俩几乎没可能谈恋爱。史书上也从未有春深君掉下悬崖记载。"这不是追剧粉丝的讨论会，而是××大学历史文化学院讲师的一堂历史课，之前，他还在课堂上给同学们讲解《盗墓笔记》和古代墓葬知识。他认为，历史虽然包罗万象，但传统的讲授和记录方式却难免枯燥乏味。为此，他做了个调查，了解了系里80多位同学的兴趣，在讲授的过程中，把知识和兴趣结合起来。

"虽然《芈月传》之类的剧集并非正剧，但其中很多谈资都可以作为引导大家了解历史的催化剂。"从历史角度分析，《芈月传》在史实框架还原度上大体是正确的。而从剧中人物、情节引入教学内容，极易引起学生共鸣，效果很好。曾有学生看过《盗墓笔记》后告诉他，自己学好历史之后要去盗墓发财，他便给学生们讲述了20~30年代陕西等地墓葬青铜器发掘的故事，并剖析了整

[①] 逯行，陈丽. 知识生产与进化："互联网+"时代在线课程形态表征与演化研究[J]. 中国远程教育，2019（9）：1-9.

个文物发掘收藏的产业链。最后得出这样的结论：盗墓不仅是一种犯罪行为，而且赚得还少。所以，学好历史，做文物专家比当盗墓贼划算太多。①

其三，学生指导评价权由某一教师单独行使分化为多人合作完成。在传统高校的实体教学模式下，针对某门课程，教师对学生的学习指导主要通过某一特定教师在课堂教学或课后辅导中完成，对学生的学习评价主要通过对学生的出勤率、课堂表现、作业完成情况以及考试成绩等方面来综合测评。在这种教学模式中，教师对学生的指导与评价权集中于这位特定教师手中。而在泛在学习时代高校教学模式下，学生可以自主选择以线上或线下的方式进行某门课程的学习并获得相应的学分，因此大学教学任务被分解为一个个相对独立的环节，以往由某一固定教师占有的对学生的指导与评价权开始部分或全部转移给其他人员。线上教学环节尤为明显：线上教学由于学习者数量较多，线上教师往往采用机器自动评阅、同伴互评、教师对学习者进行作业或测试的评价以及学习者自我评价相结合的方式，对学生学习的全过程进行以形成性评价与结果性评价相互结合的方式进行学习结果评价。例如，在 MOOC 课程设计时，授课教师常常在课程进行到一定程度时预先设置相应的测试题及正确答案，当学习者学习到这一进度时系统就会弹出该测试题，学生需完成测试才能进入下一步的学习环节。当学生提交答案后，就能立即获得平台所提供的测试结果反馈，从而促进学习者对自身学习情况做出一定的改善、调整。与此同时，当学习者完成某一课时的学习后，教师会布置相应的作业或练习，并采用与其他学习者交叉评判的方式进行同伴互评，教师也会对课程中学习者完成的作业进行和期末测试进行考核评价。由此，泛在学习时代的高校教学模式会使传统单一固定教师的全能角色分化为由资源提供者、教学组织者、教育评价者等多人合作完成，教师对学生的指导与评价权在这一过程中被分解。

---

① ××大学历史课讲《芈月传》，学生不舍得翘课[EB/OL]．[2018-10-31]．http://cq.sina.com.cn/news/s/2015-12-15/detail-ifxmpnqi6527614．shtml．

（三）规训——自由：教学资源选择个性化使学生学习权被重塑

泛在学习作为正式学习、非正式学习和非正规学习的连续统一体，是跨越情境边界、跨越时空学习，能够满足学习者随时随地学习的诉求，具有正式学习、非正式学习和非正规学习的重叠特征，能够较好地支持学校的学历教育和职后继续教育。泛在学习理念作用于高校教学，最大的改变在于突破了传统教学活动时间和空间的桎梏，为学生选择多样化的学习形式提供了现实操作的可能。

其一，教育教学资源的多元化拓展与丰富了学生自由选择学习的机会与权利。美国前副总统艾伯特·戈尔（Gore，A）在 20 世纪末提出"数字地球"，进而引出了数字校园、数字化教学环境等概念。然而，受制于技术等因素，当时的教育教学资源尚未打破传统边界，数字化教学环境下学生的学习场所仍限制于固定的学校和教师中，学生获取知识的来源依然比较单一。学生接受教育的形式仍主要是教师讲授、教师为教学主导的灌溉式授课制。它并没有解决高等教育大众化根本的两难困境：学生个体有着独特的经历和神经模式，以及怎样给予他们恰当的教育。①可以说，传统实体高校的班级授课制是大工业时代人才培养同质化的时代缩影。从某种程度而言，学习者对教育教学资源的占有量直接关系到本科生学习选择和学习机会等权利的实现，教育教学资源的多寡决定了学习者平等受教育机会、自由选择学习权利实现的可能性、广度和深度。泛在学习时代的教学模式彻底打破了传统实体课堂的时空边界，国内外、本校与他校、学校与教育机构、学校与企业等教育教学资源在现代信息技术的支撑下实现了有效的融合与共享，以此通过拓展学生自由选择学习的机会与权利，极大程度促进每个学习者通过自己的神经模式进行学习，并得到个性化教学。

其二，学生获取学习保障权的诉求增强。在传统实体高校教学中，学生的学习权更多是以受教育权的形式呈现，学生受教育权的实现更基于国

---

① [美]凯文·凯里.大学的终结：泛在大学与高等教育革命[M].朱志勇，韩倩，译.北京：人民邮电出版社，2017：89.

家所强调的统一保障之义务，由以同一性和标准化为基本特征的教学管理制度提供，学生的权利主体地位和主体性被严重遮蔽。然而，如图 2-2 所示，相较于传统实体高校教学模式而言，信息技术赋能下的新型学习模式使知识结构由静态层级变成动态网络和生态，知识呈现由抽象变为具象，知识形态由"硬"变"软"，知识内容由整体变为碎片，[①]在知识丰富的在线学习环境中，本科生必须通过信息聚合、内容生成，自主按需进行有意义的知识图式建构，实现创新思维的培养。由此，泛在学习时代的高校教学模式由"知识传授—技能培养—思维训练"转变为"思维训练—技能培养—知识传授"，技术赋能下本科"教"与"学"协同性增强，内在要求着切实保障学生的学习权益，推动其在教学活动中具有学习者的主体地位。换言之，在各种不同的学习形式下，保障学习者自由选择的机会及其学习结果被认可的权利也是泛在学习时代高校教学管理的应有之意。

---

① 王竹立. 新知识观：重塑面向智能时代的教与学[J]. 华东师范大学学报（教育科学版），2019（5）：38-55.

第三章
现行高校教学管理制度的现实还原

> 我国的高校教学管理制度是在继承历史传统、借鉴国外经验的基础上逐步建立起来的。高校教学管理制度既表现为正式的、显性的正式制度,也表现为非正式的、潜在的非正式制度。正式高校教学管理制度生成的逻辑起点是高校教学管理的合法性保障,主要包括一些正式规则和高校内部的教学管理组织体系。本章通过分别解构国家层面的高校教学管理法律制度以及高校层面的教学管理组织体系、大学章程中关于教学管理有关规定、高校内部具体的教学管理规章,旨在全面、系统的还原我国现行的高校教学管理制度。

一、国家层面的高校教学管理制度寻踪

"历史"是一个解释框架,而非单纯往事的记录,对于历史的研究从本质上看是在对历史事实进行追溯和阐释的过程中发现意义、并以网络的形式建构历史人物与事件的过程。[1]一方面,以古为鉴知兴衰、以史为鉴知兴替。通过梳理新中国成立 70 余年来我国高校教学管理制度历史沿革,可以对我国高校教学管理制度的认识有一个整体的、基本的了解;另一方面,

---

[1] Gabella, M. S. Beyond the looking glass: Bringing students into the conversation of historical inquiry[M]. Theory and Research in Social Education, 1994: 340-363.

追溯我国高校教学管理制度的演变历程,揭示我国高校教学管理制度变迁背后的原因,能为我们正视当下和预知未来提供先决条件。

(一)分析框架:历史制度主义及其适切性

历史制度主义于 20 世纪 80 年代开始盛行,其理论源出政治学集团理论与结构功能主义,既是政治科学的主要分析范式之一,也是新制度主义的三大流派之一。[①]就方法论而言,历史制度主义是一种修正的个体主义,强调结构和历史的重要性,倡导以追溯历史过程的方式"认真对待历史",是一种重视中长期中观层面制度的中层理论。该理论认为制度不仅是自变量,也是因变量:把制度作为自变量是研究既有制度或传统结构下的制度如何影响制度结构内的政治行为、组织关系、政策方式和内容以及社会现实;把制度作为因变量是分析制度在什么客观条件和情境下将会再生、转型、替换和终止。[②]前者为制度作用理论,后者为制度变迁理论。其核心特征表现为四点:一是倾向于在相对广泛意义上阐明制度和个人行动的互动关系;二是突出制度运作和形成过程中权力的非对称性;三是强调制度形成与变迁中的路径依赖与意外后果;四是关注制度与观念、信仰等因素的综合影响。[③]

历史制度主义通过关注制度,建立一种"宏观结构—中层制度—微观行动者"相联结的解释框架,将制度与此三因素置于制度分析的因果链中。[④] 其基本分析框架一般从深层结构、路径依赖和动力机制三层面展开。深层结构分析从宏观结构出发,认为制度是一种政治产品,制度供给深嵌于由政治体制、经济制度、文化观念等组成的社会制度中,决定着制度的形成

---

① 何俊志. 结构、历史与行为——历史制度主义的分析范式[J]. 国外社会科学,2002(5):25-33.
② 刘圣中. 历史制度主义:制度变迁的比较历史研究[M]. 上海:上海人民出版社,2010:134,123.
③ 彼得·豪尔,罗斯玛丽·泰勒. 政治科学与三个新制度主义[J]. 何俊智,译. 经济社会体制比较,2003(5):20.
④ 周光礼. 公共政策与高等教育——高等教育政治学引论[M]. 武汉:华中科技大学出版社,2010:123.

机制和变迁指向。动力机制分析主要从微观行动者视角，认为制度变迁是一个渐次展开的过程，当制度的供需失衡达到某阈值时，特定场域中各行为主体通过衡量制度创新的成本与收益后，会选择推动或阻碍制度变迁。路径依赖分析则基于中观层面的制度自身，指出历史制度主义尤为关注制度的历史继承性和延续性，认为后期制度的变迁方向、内容和模式受制于前期的制度及其相关的社会机制、权力结构、思维习惯和其他关系，对其具有高度的依赖性。故而使制度发展呈现明显的稳定性和保守性，在一定程度上抑制新制度的生成和运行。

历史制度主义通过追溯历史过程，阐释其多重变量关系，把行动者纳入制度建构框架，以全新视角使制度研究从传统的重视宏观制度和具体行为跨越到关注中观层面。将其应用于中华人民共和国成立至今的高校教学管理制度变迁分析，具有一定的适切性。其一，历史制度主义提供了具有实际操作性的分析框架来研究高校教学管理制度变迁，有助于超越单一政策文本，从动态的社会发展与结构性变革中全面、深入、系统地认知高校教学管理；其二，通过对高校教学管理制度的历时性考察，有助于从历史过程中探究高校教学管理制度变迁的内外动力与制约因素，还原历史真实。

（二）历程回溯：高校教学管理制度的变迁轨迹

历史制度主义以关键节点为分界点将制度存在状态分为平稳的制度持续期和变化的制度变迁期，将制度变迁分为制度微调、制度置换、制度转换和制度断裂等类别。由于制度变迁进程中，后一阶段的制度并不一定同于上一阶段的制度，因此历史制度主义强调从历史分期的角度洞察制度演变。只有找出某阶段内制度运行的内在逻辑，并以此为历史分期标准，才能在此基础上探寻不同时期制度的互动方式。高校教学管理自主权的下放程度是衡量高校教学管理制度是集权还是放权，是刚性还是弹性的重要体现。故而以此为内在逻辑点，可将70多年来我国高校教学管理制度的演变历程分为如下四个阶段：

1. 全面学习"苏联模式",教学管理制度从分权走向集权(1949—1977)

中华人民共和国成立初期,为加快建设社会主义国家步伐,我国开始引入"苏联模式"建设中国社会主义高等教育制度,按照计划经济体制管理本科教学。1950年6月,第一次全国高等教育会议召开,讨论了中华人民共和国的高等教育方针、任务和建设方向等重要问题。随后近30年的时间里,我国陆续出台《高等学校暂行规程》《专科学校暂行规程》《私立高等学校管理暂行办法》《关于实施高等学校课程改革的决定》《教育部直属高等学校暂行工作条例(草案)》(又称《高校六十条》)等与高校教学管理制度相关的重要文件。此阶段高校教学管理制度的内容主要体现为两点:其一,开展院系调整,以学年制代替学分制。中华人民共和国成立不久后,我国高等教育与政治经济制度一致开始全面向苏联学习,实行院系调整,要求高校全面推行由夸美纽斯(Comenius, J. A.)首先提出的能统一教学进度、教学计划,有利于较好的利用教学资源、稳定教学秩序的学年制代替之前的学分制。1953年左右,院系调整已基本完成,我国高等教育的基本格局已见雏形。其二,呈现出高度集权、统一量化的刚性特征。《高等学校暂行规程》是中华人民共和国成立后由教育部颁布施行的第一部关于高等学校教育教学管理的教育规章,该规程提出高校要结合国家建设需要开展教学工作,培养理论与实践能力兼备的专门人才,带有浓重的苏联色彩。在全面大跃进时期,面对高等教育规模急剧扩张后所造成了规模与质量、结构之间的严重失衡,课堂教学和教师的主导作用被忽视、生产劳动过多、扰乱正常教学秩序导致教学质量降低,学制长短不一所产生的高教混乱等问题,中国共产党历史上有关高教的第一个指导性政策文件——《高校六十条》应运而生,对于稳定当时的教学秩序起到了重要作用。然而,此阶段的相关制度在高校专业设置、教学方案、教学时间、教学计划、教材使用等方面进行了严格的统一管理,教师的调动、学制、专业、课程设计都需要经教育部批准,学校几乎没有自主管理权。同时,学生无法自主选择专业、课程、教师,也不能基于自身资质提前毕业,其学习权的自由程度较低。故而，高校的教学管理效率较低，高校所培养的人才也严重滞后于社会需求。随后的十年"文革"，更是破坏了之前建立的一切正常教学管理秩序，严重破坏了高校教学管理制度。

2. 恢复重建教学管理秩序，建立"学分制"学籍管理制度（1977—1984）

1977年，我国正式恢复停止了10年的高考制度。为增进高校教学管理工作秩序，恢复与推进高等教育发展，我国陆续出台了《全国重点高等学校暂行工作条例》《高等学校学生学籍管理的暂行规定》（简称《学籍暂行规定》)《全日制普通高等学校学生学籍管理办法》（简称《学籍管理办法》）等与高校教学管理相关的规章制度，并出台了《中华人民共和国学位条例》和《中华人民共和国学位条例暂行实施办法》两部教育法律。该阶段的高校教学管理制度建设着重表现为三个方面：其一，恢复"文革"前建立的正常教学管理秩序。1978年10月，教育部修订了《全国重点高等学校暂行工作条例》，明确了高校的教学职能与科研职能，规定了专业设置、教学方案、教学计划等内容，并指出必须发挥教师在教学中的主导作用，要尊重学生差异，为恢复"文革"前建立的正常教学管理秩序起到了重要作用。其二，正式形成以"学分制"为核心的学籍管理制度。1978年12月出台的《学籍暂行规定》从学生的入学、成绩考核、升留级、纪律考勤、休复学与退学、转学与转专业、毕业八个方面给予了详细规定，对"文革"后恢复与开展高校学生学籍管理工作提供了法律依据，并指出高校试行学分制。实践中，清华大学、上海交通大学、浙江大学、武汉大学、南京大学、南开大学等部分高校开始相继实行学分制，或学年学分制——以学年制为基础，以选修制为前提，在实际的教学管理上仍以学年安排课程和教学计划，但学生实质上无法提前或延迟毕业。1983年1月，教育部在总结《学籍暂行规定》实施经验的基础上出台了《全日制普通高等学校学生学籍管理办法》，标志着我国高校学籍管理步入了法治道路。其三，《中华人民共和国学位条例》及其暂行实施办法于1980年和1981年相继出台，正式建立了我国的三级学位授予制度。概言之，这一阶段的制度在一定程度上赋予了教师在教学管理活动中的教学自主权，也指出要尊重学生差异，但教学管理方面仍充斥着"高度集中统一"思想，制度缺乏弹性和灵活性。

3. 下放高校管理权，增强教学管理制度弹性（1985—2010）

伴随着十一届三中全会的召开，我国的高教事业在一定程度上得以恢复发展，但"轻视教育、轻视知识、轻视人才"的情况仍然存在，教育工作不适应社会主义现代化建设需要的局面尚未扭转。1985年3月，《中共中央关于教育体制改革的决定》指出，高校有权对专业服务方向做出调整，有权制定教学计划和教学大纲，有权编写和选用教材，对于存在的问题，高校要"改革教学内容、教学方法、教学制度……减少必修课，增加选修课，实行学分制和双学位制"，释放出扩大高校教学管理权限之信号，推动着计划经济下集权、刚性的高校教学管理制度进入崭新的发展时期。在此期间，我国出台了大量与教学管理制度相关的政策文件，主要包括《高等教育管理职责暂行规定》《普通高等学校学生管理规定》《关于加快改革和积极发展普通高等教育的意见》《中国教育改革和发展纲要》《关于加强普通高等学校教学工作的意见》《关于普通高等学校修订本科专业教学计划的原则意见》《面向21世纪教育振兴行动计划》《关于实施"新世纪高等教育教学改革工程"的通知》《关于加强高等学校本科教学工作提高教学质量的若干意见》《关于实施高等学校本科教学质量与教学改革工程的意见》等，推动了我国高等教学管理制度化进程，为高校教学管理工作提供了政策指引。该阶段制度建设内容着重体现为四个方面：一是深化教学改革，强调教学管理制度是教学计划顺利实施的重要保证，高校要逐步建立与学校面向社会自主办学新体制相适应的教学管理制度和运行机制，实行弹性学习制度，进一步完善符合国情与特点的学分制。二是赋予并下放了高校自主权。《中华人民共和国高等教育法》的出台明确了高校的权利与义务，落实了高校的法人实体资格。在教学管理中，高校享有自主管理教学计划（培养方案）、教学大纲、教材选用、专业设置审批与调整、自主管理学生学籍等权利。三是修改与完善了教学管理活动中关于学生管理的制度。一方面，更加严格规范学生的考勤纪律、退学、成绩考核等内容，明确马克思主义理论课与思想品德课作为高等学校本科教学的公共必修课。另一方面，2005年修订的《普通高等学校学生管理规定》明确了高校学生所享有的受教育权利及应履行的义务，确立了学生权益救济制度等；四是加强质量建设，强调教学质量监管与评价。通过开展高校教学评估工作，启动"高等学校教学质量与教学改革工程"，彰显高校教学管理中人才培养质量的重要性。

4. 逐步扩大师生权利，推进教学管理制度改革（2010—）

经过改革开放30余年的努力，我国高等教育步入了大众化阶段，但创新型、实用型、复合型人才紧缺，人才培养质量不高使其适应社会和就业创业能力不强等问题仍然突出。为此，《国家中长期教育改革与发展规划纲要（2010—2020年）》倡导帮助学生学会学习，推进"分层教学、走班制、学分制、导师制等教学管理制度改革"[1]。国务院办公厅在2015年颁布的《关于深化高等学校创新创业教育改革的实施意见》中表明："实施弹性学制，应放宽学生修业年限，允许调整学业进程、保留学籍休学创新创业。"[2]教育部部长陈宝生在2016年8月31日的第十二届全国人民代表大会常务委员会第二十二次会议上讲到，高校教育改革与发展的重点推进工作之一，是要"推进信息技术与教育教学深度融合"，"探索在线学习、线上线下混合式教学模式，初步建立学分认定和转换等教学管理制度"。[3]随后出台的《关于推进高等教育学分认定和转换工作的意见》《部属高校教育事业发展规划（2016—2020）》《普通高等学校学生管理规定（修订）》《国家教育事业发展"十三五"规划》《关于深化教育体制机制改革的意见》《关于加快建设高水平本科教育全面提高人才培养能力的意见》等系列政策文件揭示

---

[1] 国家中长期教育改革和发展规划纲要（2010-2020年）[EB/OL].（2010-7-29）[2019-1-10]. http://old.moe.gov.cn/publicfiles/business/htmlfiles/moe/info_list/201407/xxgk_171904.html.

[2] 关于深化高等学校创新创业教育改革的实施意见[EB/OL].（2015-5-13）[2019-1-10]. http://www.gov.cn/zhengce/content/2015-05/13/content_9740.htm.

[3] 国务院关于高等教育改革与发展工作情况的报告[EB/OL].（2016-10-12）[2019-1-10]. http://www.npc.gov.cn/wxzl/gongbao/2016-10/12/content_2007452.htm.

了两大核心要旨：一是突出高校以人才培养为本的原初职能，提出要创新多元化的人才培养模式提高人才培养质量，促进高等教育的内涵式发展；二是伴随学习型社会的到来，在鼓励教师创新教学方法的同时，学生的主体地位在制度层面也逐渐得到确立和强化，高校教学管理要"探索建立适应弹性学习、学分制和主辅修制的教学管理制度，逐步扩大学生自主选择专业、课程和教师的权利"①，着力推进教育教学改革。

（三）机理溯源：高校教学管理制度变迁的演变逻辑

70余年来，我国的高校教学管理制度逐步从刚性到弹性、从集权到分权和放权，呈现出渐进性制度变迁的特征。以历史制度主义分析框架的深层机构、路径依赖和动力机制着手，可以从权力结构、思想理念、行为互动等要素及其相互关系来阐释高校教学管理制度变迁为何呈此特征（如图3-1所示）。

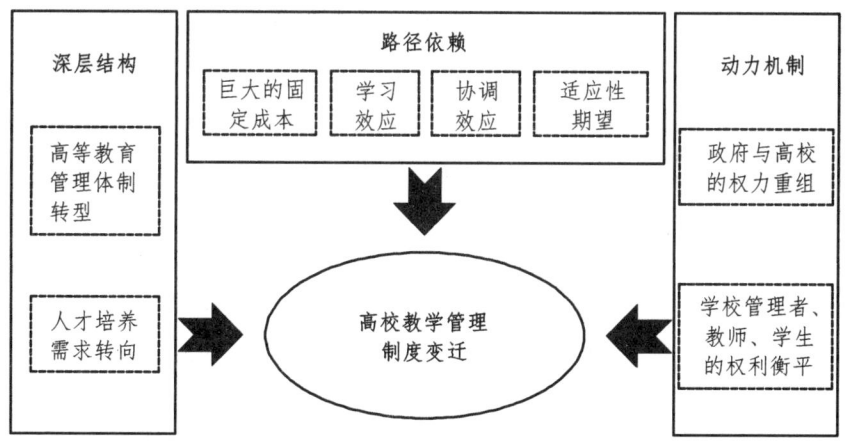

图 3-1　新中国成立以来高校教学管理制度变迁的演变机理

1. 制度变迁的深层结构：高校教学管理制度变迁的宏观制度环境

历史制度主义认为，制度的深层结构与社会政治、经济、文化等宏观

---

① 国务院关于印发国家教育事业发展"十三五"规划的通知[EB/OL].（2017-1-10）[2019-1-10]. http://www.moe.gov.cn/jyb_xxgk/moe_1777/moe_1778/201701/t20170119_295319.html.

环境存在紧密的耦合关系，并决定着制度系统的形成机制和演进方向。具体到高校教学管理而言，高校教学管理制度变迁主要与高等教育管理体制转型、国家人才培养需求改变密切关联。

（1）高等教育管理体制转型

高等教育管理体制反映着高校与政府、社会之间的关系，尤其是府校关系。中华人民共和国成立初期，为集中力量培养国家急需人才，我国的高等教育全部由政府投资办学，建立了适应计划经济体制的中央集权式——由教育部和国务院各部委统一直接管理的教育管理体制。由于集中统一领导下的高教管理体制"统得过死、管得过多、卡得过严"的弊端日益凸显，自1956年起我国开始放弃苏联模式，开始尝试处理中央与地方、政府与高校的关系。《关于高等学校和中等技术学校下放问题的意见》提出"除少数综合大学……仍旧由教育部或者中央有关部门直接领导以外，其他的高等学校都可以下放，归各省、市、自治区领导"[1]，《关于教育事业管理权力下放问题的规定》强调"加强地方对教育事业的领导管理"[2]，释放了高等教育管理权力下放的信号。然而，由于中央缺乏宏观统筹管控、地方缺少管理经验，在大跃进时期，高校数量迅速增加，远超国民经济和教育系统的承载力，"教育革命"使教育事业陷入混乱状态，高教管理权重新被收回中央。1963年，《关于加强高等学校统一领导、分级管理的决定（试行草案）》规定高校要实行由中央统一领导，及中央和省、市、自治区两级管理的制度，并应该遵守中央统一规定的教学制度和其他重要的规章制度，[3]集中统一的高教管理体制再次确立，直至"文革"期间才再次放权。

"文革"后，为迅速恢复和发展高教事业，规范高校教学管理秩序，高校教学管理运行充满着外部行政管理特征，权力向上集中。随着我国的经

---

① 何东昌. 中华人民共和国重要教育文献（1949-1975）[M]. 海口：海南出版社，1998：812.
② 中国共产党中央委员会、国务院关于教育事业管理权力下放问题的规定[J]. 中华人民共和国国务院公报，1958（26）：570-572.
③ 何东昌. 中华人民共和国重要教育文献（1949-1975）[M]. 海口：海南出版社，1998：1183.

济体制由计划经济转为社会主义市场经济，这种高度集权统一的高校教学管理模式已然无法适应社会经济的新需要，扩大高校自主权成为高等教育管理体制不可逆转的发展趋势。《关于加快改革和积极发展高等教育的意见》《中国教育改革和发展纲要》强调要继续深化高教管理体制改革，《中华人民共和国教育法》的出台更是从法律层面确定了"分级管理、分工负责"的教育管理体制。在此期间，转变政府职能成为高教管理体制改革的核心：在中央与地方的关系上，简政放权，扩大省级部门的教育决策权和包括对中央部门所属学校的统筹权；在府校关系上，政府对学校的直接行政管理转变为以法规、拨款、信息、服务等为主的宏观管理，扩大高校的自主权，使高校成为"具有主动适应经济和社会发展需要的积极性和能力"①的相对独立的办学实体。随后，在中共中央"共建、调整、合作、合并"方针的指导下，由中央和省级政府两级办学，以地方统筹管理为主的高教管理体制改革，打破了之前条块分割的管理模式，逐步形成条块有机结合的新格局，高校办学活力在一定程度上得以有效发挥。但由于具体权力归属细则的缺乏，其管理权仍控制在政府手中。目前，随着社会经济的跨越式发展和科技进步，我国教育领域的矛盾已表现为人民群众接受优质教育的需求与教育发展不平衡不充分之间的矛盾。②十八大以来，在深化教育领域综合改革，加快推动"双一流"建设的宏观背景下，深化教育管理体制转型，建设现代大学制度，为推动适应新时代发展的高校教学管理制度从刚性到弹性、从集权到分权的转变提供了契机。

（2）人才培养需求转向

自民族、国家出现以来，高校的重要职责和使命之一就是培养国家社会需要的高级专门人才。高等教育兼有生产力和上层建筑的双重社会属性，其教学管理制度变迁理应顺应国家社会人才培养需求的改变。中华人民共

---

① 中共中央关于教育体制改革的决定[EB/OL].（1985-5-27）[2018-11-17]. http://old.moe.gov.cn/publicfiles/business/htmlfiles/moe/moe_177/200407/2482.html.
② 范国睿. 教育制度变革的当下史：1978—2018——基于国家视野的教育政策与法律文本分析[J]. 华东师范大学学报（教育科学版），2018（5）：1-19.

和国成立初期，我国确立了与政治目标紧密相连的专业化人才培养目标，培养当时社会主义改造和建设需要的"又红又专"的各种专门人才。改革开放之初，社会主义经济建设迫切需要大力发展高等教育培养大批各类人才、形成科研成果，在"解放思想"理念下，人才培养需求转成为"四化"服务，高等教育功能突出学生知识、素质和技能的获得，从为政治服务转为促进经济和社会发展。随着我国经济增长由粗放型向集约型转变，《中共中央关于教育体制改革的决定》的出台提出要加速"一专多能"的人才培养需求。然而，在高等教育事业不断发展的进程中，人才思想僵化、人才规格和类型过于单一、人才层次比例不适当、高层次和创新型人才缺乏等问题凸显，难以适应日益建立起来的社会主义市场经济发展的要求。[①]伴随信息时代的到来，面对社会对具有创新精神和实践能力的高级专门人才的迫切需求，高校普遍确定实施蕴含自主探究、主动建构、学生中心等先进教学理念的研究性教学，旨在培养以"厚基础、宽口径、强能力、高素质"为目标的复合型人才，推动我国从人力资源大国向人力资源强国迈进。针对此，一方面，高校教学管理既要坚持自身定位，又需要面向市场调节，在客观上要求高校具备一定的教学管理自主权；另一方面，尊重学生和教师的自主选择成为高校教学管理制度改革的应有之义，学分制的改革在此期间出现了新的高潮。目前，随着社会经济发展的不断深入，科技革命和工业革命持续加速，以及我国积极参与"一带一路"建设，实施"中国制造2025"等战略，都对劳动力需求的结构，人才培育类型与素质提出了新要求。为促进人才培养流程的再造和培养模式的创新，亟须进一步增强高校教学管理制度的灵活性和自主性。

2. 制度变迁的动力机制：高校教学管理制度的权力重组与权利衡平

"制度规范人类行为的力量多数源于它们的不变异性。"[②]然而，由于人

---

① 邰海霞. 改革开放三十年我国高校人才培养目标的变迁[J]. 中国高教研究，2009（3）：33-35.
② 柯武钢，史曼飞. 制度经济学[M]. 韩朝华，译. 北京：商务印书馆，2002：464.

类社会及其行为总是处于不断变化和发展中，基于主体追求利益最大化的理性诉求，主体会随环境做出影响其既得和潜在利益的行为变化。这时原有的稳定制度则会阻碍人们的行为，表现为主体对现存规则和契约的不满，进而导致制度的需求与供给不再均衡。制度原本就是由人所设计或安排的不同规范体系，当原有制度不能满足现时需求时，为调节不同主体的利益，制度就会随人类社会的变化而产生变迁。制度变迁的动力机制是动力结构的动态表现，反映着制度系统内各种动力因素被调用、整合的方式。[①]就高校教学管理制度而言，其制度变迁的动力机制主要体现为高校与政府的权力重组，以及高校内部管理者、教师与学生之间的权利衡平。

（1）高校与政府的权力重组

宏观上讲，在高校教学管理制度变迁的过程中，政府与高校的权力不对称导致其产生利益博弈。中华人民共和国成立之初，在"条块分割"的高教管理体制下，我国的高校教学管理制度具有浓重的计划经济色彩。政府是制度的主要供给者，高校教学管理权更多的集中于政府手中，并主导着高校教学管理中的人员安排、学制、专业、课程设计等内容，学校几乎没有自主管理权，高校与政府是一种完全依附关系的"国家控制模式"。随着社会经济体制转型，在高等教育功能嬗变、高等教育大众化的进程中，为提高教学管理效率，创新人才培养模式，旨在改变"苏联模式"下高校教学管理体制中控制过多、集权过多、刚性过强等弊端[②]，府校关系逐渐从"强制性变迁"走向"诱致性变迁"，从政府主导的"渐进式变迁"走向政府、市场、学术共同主导的"渐进式变迁"[③]。在教学方面，改革高校教学制度、教学内容、教学方法，提高教学质量，下放制定教学计划和教学大纲的权限；在专业和课程管理上，调整专业设置，下放专业设置审批权，调整必修课和选修课的数量，适度放宽了教材的建设、选用与管理等举措，

[①] 段宇波. 制度变迁的历史与逻辑——历史制度主义的视角[D]. 太原：山西大学，2016：210.
[②] 胡建华，等. 我国高等学校教学改革 30 年[J]. 教育研究，2008，（10）：11-20.
[③] 祁占勇. 落实与扩大高校办学自主权的三维坐标——高校与政府、社会关系的重塑及内部治理结构的完善[J]. 高等教育研究，2013（5）：26-31.

使政府逐步将单向集中的教学管理权下放至高校。此过程破坏了原有集权下高校教学管理制度的稳定规则和权力分配的比例，政府与高校的权力开始不断博弈、重新组合。如何合理安排政府控制与高校自治，寻求二者新的利益平衡点达到制度均衡，推动着高校教学管理制度更新。

（2）学校管理者、教师、学生的权利衡平

微观层面的高校教学管理是高校教学管理者按照大学教学和管理活动的基本规律，对教与学双方交往活动进行决策与计划、组织与实施、指挥与协调、监督与检查以及控制与评价，使其达到既定目标的活动或过程。[①]根据利益相关者理论，高校是一个典型的利益相关组织，在高校推进民主管理、人本管理、学术管理等思潮下，其内部教学管理活动关涉学校管理者、教师和学生三大多元核心利益主体。高校教学管理制度就是对三者利益的协调与安排，而利益在本质上是权利的体现。"利益既是权利主体的初始动机，也是权利的最终归宿"[②]，权利要求的内容总体上指向利益，故而高校教学管理制度内蕴着学校内部层面高校管理者的教学管理权、教师的教学活动权和学生的学习自由权之间的制衡关系。中华人民共和国成立至改革开放初期，由于学生主体地位缺失，高校教学管理制度中学生的学习自由权保障不足，使教学管理活动中存在教学控制与学习自由的矛盾。伴随着社会经济发展，一方面，学生的民主和权利意识增强，在制度建设上关注学生的个性化发展，把学生视为教学管理的服务对象，保障学生的学习权益成为高校教学管理制度为学生"赋权增能"的应有之义；另一方面，尊重学生的自主选择，实行弹性的选课制、学分制、双学位制、主辅修制等，增强学生学习的主体性，满足学生学习自由成为高校教学管理制度建设的当务之急。学生学习行为自由的确认与实现，使原高校内部由学校管理者与教师主导的教学管理生态系统失衡，如何平衡学生、教师、学校管理者之间的利益关系，成为推动着高校教学管理制度持续变迁的动力之源。

---

① 郭冬生. 大学教学管理制度论[M]. 北京：高等教育出版社，2005：23-24.
② 程燎原，王人博. 权利论[M]. 桂林：广西师范大学出版社，2014：29.

3. 制度变迁的路径依赖：高校教学管理制度变迁的制约因素

道格拉斯·C.诺思（Douglass, C.）认为路径依赖是在选定某种制度时，制度本身会在惯性的作用下产生自我强化机制，使其得到强化而不轻易改变，因此在制度变迁中会出现一些无效率制度在一定历史时期内存在的现象。通过对历史的梳理，我国的高校教学管理制度呈现局部替换的渐进式变革特征，伴有明显的路径依赖。其原因在于高校教学管理制度存在巨大的固定成本、学习效应、协调效应和适应性期望[①]四方面的自我强化机制使其回报递增，进而延滞着高校教学管理制度发展。

其一，高校教学管理制度变迁具有巨大的固定成本。中华人民共和国成立以来，为恢复、重建与发展高等教育，国家投入了巨大的人力、物力与财力，出台了几十部政策文件规范高校教学管理秩序，形成了一套以学分制为核心的高校教学管理制度运行机制和制度网络，包括学籍管理制度、教学工作制度、教学组织制度、教学质量监管与评价制度等。高校教学管理制度的变革往往还会牵涉到诸如招生制度、教师管理制度、后勤管理制度等学校其他制度的改变。这些相互关联的规范体系使制度变迁存在高昂成本，导致作为多重利益综合体的政府基于自身效益函数最大化，更倾向维持过去的制度结构和关系。

其二，高校教学管理制度的学习效应降低了制度变迁的积极性。一方面，在改革开放初期的制度形成阶段，为尽快拨乱反正，利用有限资源恢复与发展高等教育，国家恢复了中华人民共和国成立初期集权的"苏式"高校教学管理制度，而后随着市场经济体制转型又开始借鉴美国模式，这本身就是一种自我学习和复制的行为。另一方面，在制度执行过程中，个体和组织会恪守制度形塑的规则关系，并适应与学习如何基于既有制度增强自己获益的能力。这种长期的制度运作模式已让高校、相关人员习惯和适应了旧制度，因而很难在短期内重新学习和接纳新制度。

---

① 道格拉斯·C.诺斯. 制度、制度变迁与经济绩效[M]. 杭行, 译. 上海：上海三联书店, 2014：111.

其三，高校教学管理制度的协调效应强化了旧制度的稳固性。"正式规则将导致一系列非正式约束的产生。它们修正正式规则，并将正式规则延伸至各种具体的应用领域"①，进而补充正式规则并协调其发挥作用。在我国的高校教学管理制度建设进程中，这些正式制度和非正式制度形成了一个稳固结构的高校教学管理制度共同体与相对稳定的利益格局，其彼此间的协调效应增加了制度变迁的难度。

其四，高校教学管理制度的适应性期望制约制度变革的可能性。适应性期望产生的原因在于，建立在特定制度基础上的契约的受欢迎程度的增加能降低规则持久性方面的不确定性。②中华人民共和国成立以来，高校教学管理制度经过充分的制度化过程已趋于固定，并在一定程度上为国家培养了适应当时需求的人才。随着改革开放地不断深入，高校教学管理制度通过进一步扩大高校教学管理自主权，增强制度弹性等微调制度变迁以适应环境变化，仍能使多数利益主体受益，故而人们对此制度的适应性期望使其倾向减少大幅度改变制度的可能。

二、现行高校内部教学管理制度的实然分析

本研究选取北京、上海、浙江、安徽、湖北、重庆、陕西7个省（市）的10所教育部直属普通高校为研究样本，分别从高校内部的教学管理体制和规章制度两方面，分析当前高校内部教学管理制度的基本情况。其中，高校内部教学管理规定是指高校在国家法律、法规、政策的基础上制定、实施的，针对本校实际情况，协调、管理高校内部教学活动的一系列规章制度。按照高校内部教学管理规章制度的类别，可将其分为大学章程和其他具体内部管理规章制度。

---

① 道格拉斯·C. 诺斯. 制度、制度变迁与经济绩效[M]. 杭行，译. 上海：上海三联书店，2014：112.
② 道格拉斯·C. 诺斯. 制度、制度变迁与经济绩效[M]. 杭行，译. 上海：上海三联书店，2014：112.

（一）高校教学管理体制的现实境况

高校教学管理体制是高校教学管理组织中机构设置、隶属关系和权责划分等组织制度的体系化，完善的高校教学管理组织系统至少包括决策指挥系统、参谋咨询系统、执行运作系统和监督反馈系统。[①]高校教育管理体制是在一定的政治、经济、文化制度基础上建立起来的，对整个高等教育事业进行组织管理的制度体系。相较于高校教育管理体制而言，高校教学管理体制是一个下位概念、微观概念。

中华人民共和国成立后，我国于 1950 年召开了第一次全国高等教育会议，随后由教育部颁布施行了第一部关于高等学校教育教学管理的教育规章——《高等学校暂行规程》。该规程指出，高校包括大学及专门学院两类，实行校（院）长负责制，设校长、副校长、教务长、总务长图书馆馆长，并设校（院）务委员会，由校（院）长任主席，系为教学行政的基层组织。1952 年，我国实行了大规模的院系调整。自此，形成了校—系两级高校教学管理体制。改革开放后，随着《中共中央关于教育体制改革的决定》的颁布，针对高校内部"专业设置过于狭窄，不同程度地脱离了经济和社会发展的需要，落后于当代科学文化的发展"，高等教育从精英化向大众化过渡的问题，以及提升高等教育质量的需求，高校开始逐步调整专业设置和改革内部管理体制，或将系升级为学院，或按照学科群组建学院，或根据社会需求新建学院。绝大多数高校设立了以学科为类别的、具有了较大的教学管理自主权的二级学院，从原来的校—系教学管理体制转变为校—院（—系）教学管理体制。纵观本研究所选取的 10 所样本高校的现行教学管理体制，大都由校院（部）两级或校院（部）系三级管理组织构成，学校的教学管理权分散于学校和院（部）系两个层次，如图 3-2 所示。下文将从学校层次和院（部）系层次分别进行探讨。

---

① 冯永平. 高校教学管理体制与运行机制的改革研究[J]. 中国农业教育，2001（6）：28-29.

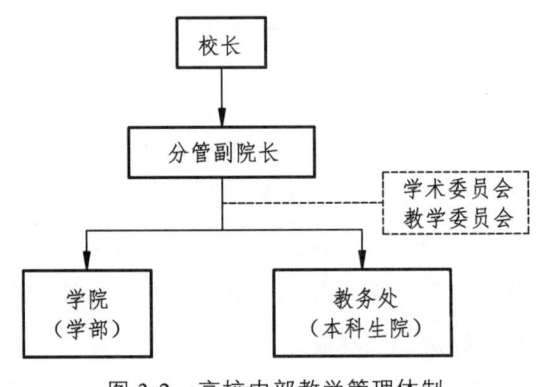

图 3-2　高校内部教学管理体制

1. 校级教学管理组织机构及其职能

根据《高等教育法》第四十一条和第四十二条，我国高校教学、科研和其他行政管理工作由校长全面负责，高校设立学术委员会，有权审议学科建设、专业设置，教学、科学研究计划方案以及评定教学、科学研究成果等。此外，部分高校还成立了教学委员会，作为审议、评议、指导、咨询、监督、检查学校教学工作的参谋机构。据调查，我国高校实行校长领导、分管副校长主持本科教学管理工作，负责从宏观层面把控与负责本科生的人才培养目标及教学质量。作为高校教学管理的决策层，理论上掌握着高校本科教学管理工作的最高决策权。高校教务处（部）在分管副校长的领导下，是实施与管理高校本科教学工作的重要与核心职能部门，主要负责学校本科的人才培养计划、教学组织与管理、教学质量监控与评估、教学建设与改革、学籍与学士学位管理和国家大学生素质教育基地建设等教学管理工作的宏观管理与调控，是高校本科教学管理工作的中枢。其基本职能简介如下文所示：

  H 大学教务处职能：教务处是管理全校本科教学工作的职能机构，其基本职能是贯彻党和国家高等教育方针，按照上级教育行政部门和学校本科人才培养要求，落实本科教学运行、教学管理、教学研究与改革、教学质量监控与评估等工作。与学校相关职能部门共同抓好教育教学思想建设、学科与专业建设、师资队伍建设、教风与学风建设、教学管理队伍建设。

G 大学教务处职能：负责全校普通高等教育本专科招生、人才培养规划与设计、教学组织与管理、教学质量监控与评估、教学建设与改革、学籍与学士学位管理和国家大学生素质教育基地建设等工作。

I 大学教务处职能：教务处是负责学校本科教育教学改革、教学基本建设、教学运行及教育教学质量监控等的职能部门。

J 大学教务处职能：负责全校各专业教学计划、教学大纲的制定和修订工作，拟定实施教学计划、教学大纲的有关规章制度；负责审定每学期开课计划，协调好公共课、基础课、技术课的安排，协调有关院、系（部）做好缺编教师的聘任工作；制定各专业教育教学实践计划，协调各院、系（部）安排好学生的教育实习、教学实践活动，做好实践基础的建设工作和实习实践总结表彰工作；负责组织教学委员会做好校级教学质量优秀奖、优秀课程及优秀教学单位的评审工作，并在实践中不断修订完善评估指标体系，适时为评估注入新的活力。同时，做好教学委员会换届工作；做好国家级、省级教学成果奖的宣传、组织申报等工作；安排部署校级教育教学改革立项项目或教改招标项目的评审工作，并对项目进展情况进行检查监督；做好国家级、省级教育教学改革立项项目的初评、申报等工作；拟定并实施试题库建设计划和教考分离实施办法，做好试题库建设计划和教考分离工作。同时，做好校内有关考试命题及外单位委托我校的命题工作；负责组织、检查毕业生论文答辩和师范生普通话测试及培训工作；负责拟定教师教学工作量核算办法，做好教师教学工作量核查、建档及管理工作；拟定教材建设规划，审定各专业所使用的教材，积极创造条件，推广使用 21 世纪教材和国家"九五"重点教材，做好教材建设工作；做好教学实验室建设与管理……

由于各高校教务处（部）的常设业务机构各有千秋，其实际履行的具体职责也不尽相同。如表 3-1 所示，整体而言，除综合办公室外，各高校教务处（部）主要从教学、教材、学籍、招生与合作交流管理四个职能展开具体工作。

表 3-1　高校本科教学管理职能部门及其内设机构

高校	教学管理职能部门	业务机构
A	教务部	教学办公室、教材办公室、教务办公室、教学评估办公室、人才基地办公室、综合办公室、招生办公室、交流合作暨暑期学校办公室
B	教务处	办公室、教学运行与国际交流、教学建设与质量监控、实践教学与辅修、教师教育、高师培训中心
F	教务处	教学质量监控与评估中心质量科、教务科、学籍管理科、教学改革与教学建设科、考试中心、实践教学科、大学生科技实践创新中心、综合科、素质教育中心
G	教务处	综合办公室、实践教育科、教学运行科、考试考务科、招生办公室、教师教学能力发展中心、教学建设科、教学评估办公室、学籍管理科
H	教务处	办公室、考试与信息科、成绩与学籍科、实验教学与创新创业管理科、实习实训管理科、教学评估科、教学研究科、文化素质教育办公室、HH学院办公室、校体委办公室
I	教务处	综合科、教学研究科、教学管理科、教学运行科、学籍管理科、考试管理科、实践教学科、合作与交流管理科、教育创新改革办公室、教师教学发展中心、创新创业工作领导小组办公室
J	教务处	教学科、教学实践科、教务科、考试科、招生办公室

其一，在教学工作方面，J 大学设置教学科和教学实践科，主要负责教

学运行工作的实施与管理，具体包括各专业培养方案等教学文件制定和教学计划的执行、课程建设，负责专业建设、教学改革、教学项目管理、教学成果认定等工作，本科生实习、本科毕业论文（设计）、创新创业教育、大学生创新创业计划项目等工作。在此基础上，A 大学设置教学办公室和教学评估办公室，分别管理学校本科教学工作的组织管理与服务及课程、教学的调查、评估与奖励工作；其余高校还增设了教学研究、教学改革、实践教学方面的业务机构，负责具体的本科教学研究、本科生培养计划方案的调整与修订、制定教学改革方案、组织开展人才培养模式改革及各级各类教学改革项目、本科实践教学及创新创业教育方面的工作。其二，在学籍管理方面，F、G、H、I 大学均设置了学籍科、学籍管理科或注册与学务中心，专门负责本科生的学籍注册、转学、退学、休学等学籍异动及毕业与学位申请的申请、审核等学籍管理工作。而 A、B、J 大学则主要把学籍管理工作纳入教务办公室或教务科进行统筹综合管理。其三，在教材建设与管理方面，除 A 大学专设教材办公室专项负责教材建设、管理、监督外，其余高校则将此统筹与管理教材工作放置于教学建设部门，如 B 大学和 J 大学；或放置于教学研究部门，如 H 大学。其四，在招生与合作交流工作方面，仅有 A、G、J 三所高校教务处常设招生办公室，专职负责本科招生的计划、宣传、录取及迎新工作，其余高校的招生工作则由学校的招生与就业处（中心）单独成立另一套组织机构，统筹管理与实施，进而使得高校的教务处（部）不具备本科招生职能。

  为变单一、多部门的分散决策管理为统一高效管理，构建一个科学高效的，能够统筹安排本科教育教学管理的常设机构，我国部分高校开始逐步成立了包括教务处、学生工作处、招生处等多部门的，类似于高校研究生院的本科生院，主要负责本科教学运行与日常教学事务，本科教育教学改革、研究与发展，本科教学条件保障与质量监控、本科生就业指导等工作。本科生院通过调整本科教育组织模式和过程，给予学生包括课程选择自由、专业选择自由和辅修、双学位教育等多层次架构个体知识结构的学习自由。①本研究所选取的C、D、E三所高校的本科生院就是肩负高校本科生教学管理工作的职能机构。在此，以D大学和E大学为例进行详细阐述。

如图3-3所示，D大学组建的本科生院以"院务委员会"（党政联席会议）为本科生教育教学管理工作的最高决策机构，"教学指导委员会""学生素质发展与奖惩工作委员会"和"教学督导委员会"分别承担本科教学不同职责范围的规范制定，是院务委员会的咨询及执行监督机构。除本科生院的综合办公室外，院内常设教务处、学生工作处、本科生招生处、教学研究处4个职能部门。其中，教务处下设课程中心、教学培养办公室、实践教学办公室、学籍中心、交流与学习办公室和通识教育中心；学生工作处下设学园管理办公室、思想政治教育办公室、素质拓展中心、资助中心和心理健康教育与咨询中心；教学研究处下设教师教学发展办公室和教

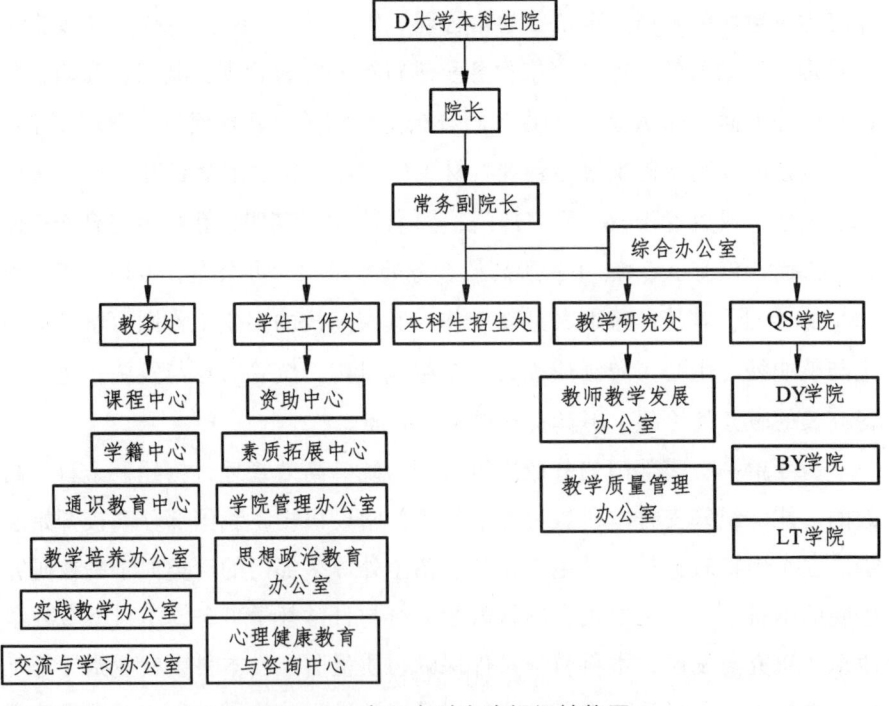

图3-3　D大学本科生院组织结构图

---

① 李文君. 本科生院破茧而出[J]. 教育与职业，2011（7）：66-68.

学质量管理办公室。与此同时，为配合通识教育、大类培养需要，该本科生院还新建了 QS 学院——本科生进校后，在一年级未分科、未分专业时全部属于 QS 学院的学生，该学院对大一新生进行统一的大类培养；二年级时，各专业学院和 QS 学院对学生进行共同管理；三年级后，本科生们进入各个专业学院，由二级专业学院单独培养。

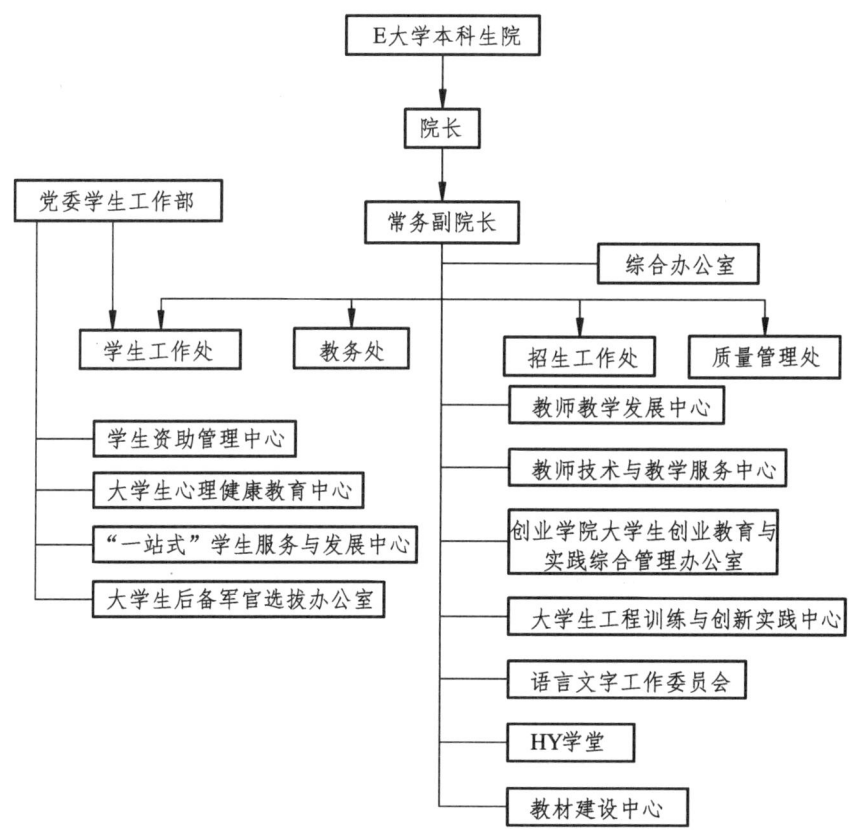

图 3-4　E 大学本科生院组织结构图

如图 3-4 所示，E 大学的本科生院辖教务处、招生工作处、质量管理处 3 个职能部门，与党委学生工作部合署学生工作处，下设综合办公室、教师教学发展中心、教育技术与教学服务中心、创业学院大学生创业教育与实践综合管理办公室、大学生工程训练与创新实践中心、语言文字工作委员会、教材建设中心和 HY 学堂 8 个业务机构。E 大学的 HY 学堂与 D 大学的 QS 学院类似，该校基于学校特色优势、国际学科发展趋势与国家发展战略需求，在 HY 学堂开设理科大类、人文科学大类、新工科大类和数理经济与梳理金融大类的招生培养，是该校实施大类培养的试验区。本科生进入 HY 学堂后，在低年级不分专业，从二年级开始，再结合自身学习兴趣和能力，以及学生对相关学科逐步了解的程度，自主选择专业进入下一阶段的专业学习。

2. 院（部）系级教学管理组织机构及其职能

目前，我国普通高校基本都在学校下面根据学科类别设立有相对独立的二级学院（部），二级学院（部）在高校教务处（部）的指导下开展本学院具体的日常教学管理工作和基本教学建设，是高校教学管理组织体系中的基层单位，是人才培养的组织实施单位，最直接的参与各项教学活动。本研究通过对比 10 所样本高校中的部分二级学院（部）教学管理组织架构发现，与校级教学管理机构相比，二级学（部）院的教学管理组织机构更为精简。下文以 H 大学教育学部与 D 大学的教育学院为例进行分析。

H 大学教育学部始建于 1906 年，1952 年全国院系大规模调整时由 9 个高校教育类专业并构成教育系，1993 年成立为教育科学学院，2003 年改名教育学院。2011 年，该教育学院与 H 大学的教育科学研究所、基础教育研究中心、教育部西南基础教育课程研究中心、教师教育管理办公室、高等教育研究所和干部培训学院的教学科研人员合并组建为研究性学部——教育学部。[①]如图 3-5 所示，该学部下设 10 个教学科研机构和 6 个行政机构。由部长主持学部的全面工作，由一名副部长协助部长负责本科生教育工作，本科教学办公室对之进行具体组织与实施。为了使学部的本科教学管理工作规范、有序进行，形成科学、民主的决策机制，学部建立了"教研组织机构"与"学术引领机构"并行的组织体制。目前，该学部共有教育学、

---

① 学部简介[EB/OL]．（2018-12-1）. http://jyxb.swu.edu.cn/s/jyxb/subcatalog11/20181025/3583701.html.

学前教育和特殊教育三个本科专业,开办了本科教学实验班,并由教学指导委员会负责教学监督和教学评估工作,由学术委员会负责学术评定与学术仲裁工作,由学位委员会负责学位评议与学位授予工作,由教授委员会负责行政咨询与评定工作。

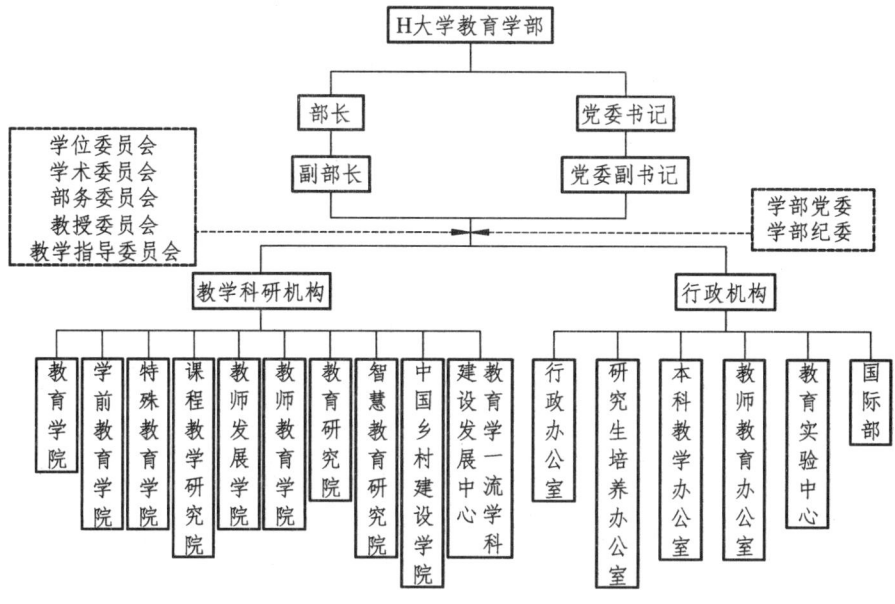

图 3-5　H 大学教育学部机构设置示意图

D 大学教育学院于 1928 年完成学科建制,是我国现代大学教育学学科建制最早的高校之一。目前,D 大学教育学院由教育学系、体育学系、课程与学习科学系、教育领导与政策研究所和军事理论教研室组成,建有国际教科研合作平台以及省部级、校级、院级研究机构共 19 个,设有教育学、公共事业管理、运动训练、武术与民族传统体育、体育教育、体育经济与管理等 6 个本科专业。其中,教育学为教育部高等学校本科特色专业。[①]该院院长全面主持学院的人事、学科建设等行政工作,党委书记兼副院长全面主持学院的党委工作,一名副院长协助院长负责该学院的本科生教育和

---

① 学院简介[EB/OL].(2018-12-2). http://www.ced.zju.edu.cn/redir.php?catalog_id=161516.

研究生教育工作。如图 3-6 所示，该学院下设本科教学科，在院长和分管副院长的领导下，主管学院本科教学工作和实施教学管理。具体而言，本科教学科主要履行如下职能：

　　制定学院本科教学相关的教学规章制度和教学改革方案，经审议通过后组织实施。

　　组织学院教学工作委员会对专业设置与培养方案调整、教学计划等有关教学工作事项讨论和审议，下达各专业教学任务并检查落实。

　　组织教学质量保障体系建设，包括课程建设、教材建设、实习基地建设等教学基本建设；执行学校和学院教学质量监控有关规定；教学督导工作的组织与安排；组织院内本科教学工作评价。

　　组织开展教学改革与研究工作，包括人才培养模式、课程体系、教学内容、教学方法与手段、教材建设和创新能力培养等方面的改革；负责各级教学改革与建设项目的申请立项和检查验收工作，组织教学改革与建设项目的鉴定、教学成果申报和评审工作。

　　负责学院日常教学工作管理；包括集中申报教学计划、开课计划及实践教学工作计划；集中检查各专业的教学质量；集中处理学生的学业成绩和学籍问题，配合学校开展学士学位的审核工作；集中管理各类教学工作档案。

　　负责应届本科毕业生的推荐免试研究生工作。

　　负责全院教室借用、调度和本科生的排课工作，组织与管理课程考试及本科生的考务工作。

　　组织本科生科研训练的申请立项与检查验收工作。

　　规划组织本科生第四课堂工作。

　　组织本科教学编制、岗位和工作业绩的核算。

　　制订有关本科教学经费预算。

　　负责本科教学、教务方面的数据统计，正确、及时、完整地报送各类信息。

配合和协助有关部门开展招生、学生奖惩、师资队伍建设、教学实验室建设等工作。

承办学校本科生院、学院交办的其他事项。①

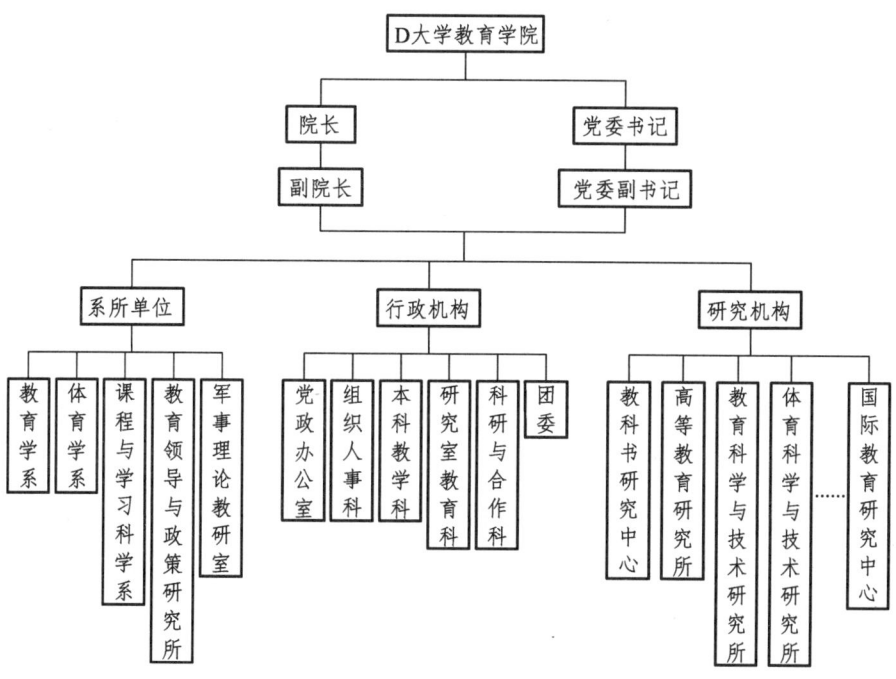

图 3-6　D 大学教育学院机构设置示意图

由此观之,在院(部)长领导下,我国公立高校的二级学院(部)一般都有一名专职分管本科生教学管理工作的副院长,配有教学秘书或专职教务人员协助教学管理工作,设置教务办公室,并成立由教师和教学管理人员教学指导委员会、学术委员会。少数高校还配有负责教学管理工作的院长助理。二级学院(部)下设的教学科研机构的各学科组也负责相应具体专业的部分教学管理工作,如完成教学计划规定的课程教学任务、组织与分配教师开展具体教学管理工作等,其是高校教学管理组织中最基层的单位。

---

① 行政机构[EB/OL](2018-12-2). http://www.ced.zju.edu.cn/redir.php?catalog_id=189541.

（二）大学章程中教学管理部分的整体分析

伴随社会主义市场经济体制的逐步建立和完善，高校与政府和市场的良性互动关系逐步建立，高校作为具有民事行为能力的独立法人，其办学自主权不断增强。制定和实施大学章程，是以法治思维和法治方式约束与发展高校办学自主权，推动大学治理法治化的必然要求。就其本意而言，大学章程大多是根据国家法律、行政法规，按照一定的程序，以条文形式对大学设立及运行的重大事项及大学成员的行为准则做出基本规定，进而形成的规范性文件，[1]是为大学实现自主治理而制定的高校内部总纲领。《高等学校章程制定暂行办法》（2011年）指出"章程是高等学校依法自主办学、实施管理和履行公共职能的基本准则。高等学校应当以章程为依据，制定内部管理制度及规范性文件、实施办学和管理活动、开展社会合作"，并对大学章程制定的原则、内容、程序及核准和监督中涉及的主要内容进行了全面规范。《国家中长期教育改革和发展规划纲要（2010—2020）》指出现代大学制度建设的重要目标之一是"要建立完善符合法律规定、体现自身特色的学校章程和制度""依照章程规定管理学校"。截至2015年底，《全面推进依法治校实施纲要》提出的高校章程建设目标基本完成，其中112所"211工程"大学章程已全部完成核准发布工作。

随着中世纪城市的兴盛，以及专业分工的深化，大学作为专业化的知识部门应运而生。追溯到中世纪晚期的欧洲，随着"精神的手工业者"成为一个专门的产业，教会和世俗权利机构亟需大量专门人才，这迫使知识的生产、持有、保存和传承逐渐摆脱宗教体制的操控，罗马教廷、各国王室，以及教会竞相成为大学的支持者和同盟者，对大学施加影响。[2]由于特许机构不同，大学相应地包括教皇特许的大学、王室特许的大学与教皇和王室共同特许的大学。在管理这些大学时，国王或教皇会颁布特许状或诏

---

[1] 张国有，胡少诚.中国大学章程建设的历程与形态[J].北京大学教育评论，2012（2）：140-153.

[2] 柯文进，刘业进.大学章程起源与演进的考察[J].清华大学教育研究，2012（5）：74-81.

令承认大学的合法性，并赋予其一定程度的自治权力，允许大学开设课程、聘请教师、制定学术标准等。因此，传统大学特许状的权威主要来源于王权和国家权力，这也是大学章程的最初雏形。与西方国家不同，我国的大学章程发源于书院的洞规和训示。现代大学章程的效力渊源来自国家法律法规，当其报送政府部门批准后就具有了法律效力，并成为学校管理和运行的法律依据。概而言之，大学章程是高校对外确立自主地位的标志与保障，对内实施自治的依据和准则。作为衔接学校内部规章制度和国家教育法律法规的中介和桥梁，大学章程发挥着保障高校秩序运行和规制大学权力良性发展的双重效用，既能调整大学的内部关系，也能调整其与外部的关系。[①]大学章程的双重功能导致其在形成过程中，涉及高校办学的合法性问题，以及高校内部管理的科学性问题。

就法律性质而言，目前我国公立大学的章程是具有大学组织法性质的软法。所谓软法是兴起于 20 世纪后期，伴随着社会秩序实现方式从统治转向治理而出现的一种不依赖国家强制力保障实施的、但事实上存在的可以有效约束人们行动的行为规则。相较于传统的硬法，软法在公共性上侧重反映公共自治组织的共同体意志，在规范性上侧重为法主体的行为选择提供导向，在普适性上表现为一种松紧不一、强弱不等的法律效力。[②]据此，虽然软法的实施并不受束国家强制力，但因其形成和实施主要靠共同体成员的自律与协商，因此它能最大限度体现共同体的共同治理。高校的大学章程虽不受国家强制力保障实施，但它是基于大学内部相关利益者共同协商，并为其接受、认可后制定的能够约束个体利益者行为的内部行为规范，因而具有明显的软法色彩。

据此可见，纲领性和规范性是高校大学章程的一般属性。推进大学章程建设不仅有助于理顺大学与政府的关系，而且利于推进高校内部治理结

---

① 史秋衡,李玲玲.大学章程的使命在于提高内生发展质量[J].教育研究,2014(7):22-27.
② 罗豪才,宋功德.软法亦法：公共治理呼唤软法之治[M].北京：法律出版社,2009:371.

构的完善。从高校与政府、社会的关系来看,高校的办学自主权来自国家、政府的授权。通过章程制定,高校可以基于一定的法律法规,在其赋予的范围内清晰地厘定自己与政府、社会及其他外界法人和自然人在权力、责任、义务等诸多方面的关系,进而确保高校既能按照国家法律法规的框架运行,又能建立起一个自主办学、自主管理、自主运营的独立法人实体。[①]从高校内部治理结构的视角而言,大学作为一个开放性组织,其办学自主权的获得是高校自主管理的前提,实现高校自主管理则需要建立一个自我约束的内部治理结构。大学章程作为高校内部的纲领性文件,凝聚和彰显着高校内部多元利益主体的价值诉求,是通过特定程序制定的高校内部机构和成员所必须遵循的规则。因此,大学章程是高校教学管理制度的重要内容,以大学章程为研究样本,有利于深入认识我国高校教学管理制度在内部纲领性文件层面的实然之态。

1. 大学章程中教学管理制度的文本体现

我国《高等教育法》(2015 年修正)第二十八条规定高校章程应从学校名称、校址,办学宗旨,办学规模,学科门类的设置,教育形式,内部管理体制,经费来源、财产和财务制度,举办者与学校之间的权利、义务,章程的修改程序和其他必须由章程规定的事项等最根本、最重要的要素内容来制定。为确保研究的权威性和公信力,本研究选取了在教育部网站、学校官方网站公布的 10 所样本高校的大学章程作为研究样本。如表 3-2 所示,就整体而言,10 所高校章程基本都由序言、总则、学校、教职工、学生、组织结构与机构、外部关系、学校标识、附则等章节构成。但具体内容结构上,各高校章程却不尽相同,其中 F 大学章程在结构上划分最细、章数最多,共十一章一百零四条,A 大学章程在结构上划分较统一、章数最少,仅八章五十六条。

[①] 司晓宏.关于推进现阶段我国大学章程建设的思考[J].教育研究,2014(11):84-87.

表 3-2　样本高校章程概况

高校	地区	核准时间	章节	体例
A	华北	2014.9.3	共八章五十六条	序言，总则，职能，人员，组织机构，教学科研单位，资产、财务，校友及社会，标识和校庆日，附则
B	华东	2014.7.21	共十章八十四条	序言，总则，学校功能与教育形式，组织与结构，教学科研机构，教职工，学生，校友，经费、资产、后勤，学校规划与标识，附则
C	华东	2014.10.11	共八章七十六条	序言，总则，治理体系与基本职能，学术活动与机构，教职员工、学生和校友，保障体系，外部关系，学校标识，附则
D	华东	2014.9.3	共七章七十八条	序言，总则，学校的功能、权利和义务，组织结构与管理体制，学生，教职工，经费与资产，学校与社会的关系，校标、校徽、校旗、校歌与校庆日，附则
E	华中	2014.7.21	共七章八十二条	序言，总则，学校成员，组织机构，资产与校园管理，校友，校训、校标、校旗、校歌和校庆日，附则
F	华中	2014.12.31	共十一章一百零四条	序言，总则，学校功能，学校主体，组织与机构，学院和研究院所，投入与保障，学校与举办者，学校与外部关系，学校标识，章程实施，附则
G	华中	2015.3.27	共十章八十五条	总则，举办者与学校，教师与其他教育工作者，学生，学校治理结构，学校基本职能，开放办学与社会资源，财务、资产和其他公共资源管理，学校标识，附则

续表

高校	地区	核准时间	章节	体例
H	西南	2014.5.13	共十章 一百一十四条	序言，总则，举办者与学校，学校职能，学校管理体制，教职工，学校，资产与财务管理，理事会、校友会、基金会，学校标识，附则
I	西南	2014.5.13	共七章 一百二十一条	序言，总则，办学功能，学校成员，学校组织，学校管理，学校发展，附则
J	西北	2015.3.11	共九章 八十七条	序言，总则，学生，教职工，管理体制与组织机构，教学科研机构，财务、资产和后勤，学校与社会，学校标识，附则

资料来源：根据中华人民共和国教育部网站和各高校官方网站公布的大学章程整理而成

根据研究假设，本研究聚焦于大学章程内教学管理制度中的学校管理权利、教师教学权利和学生学习权利话语主题，确定编码统计的变量与指标，编制"大学章程关于教学管理制度的编码主题表"，考察大学章程中教学管理制度关于学校管理者教学管理权、教师教学活动权与学生学习自由权的具体体现和主要特征。其变量与指标如表3-3所示。

表3-3 大学章程中关于教学管理制度的编码主题表

编码主题	编码主题
A：大学与政府之间的关系 1.学校使命 2.法人属性/法人地位 3.政府在大学中的代表 4.咨询建议机构	H：学校与二级学院/部的关系 1.自治式 2.科层式
B：学校层面的本科教学管理决策机构 1.教学业务决策机构 2.教学行政决策机构	I：教师权利资格 1.教师与学校之间的法律关系 2.教师的身份定位 3.教师权利的来源

续表

编码主题	编码主题
C：学校层面的本科教学管理执行机构 　1.校长 　2.副校长 　3.业务决策执行委员会 　4.行政决策执行委员会	J：教师在教学管理中的权利 　1.专业自主权 　2.学生管教权
D：学校层面的本科教学管理监督保障机构 　1.权力监督机构 　2.质量保障监督机构	K：学生权利资格 　1.学生与学校之间的法律关系 　2.学生的身份定位 　3.学生权利的来源
E：二级学院/部的本科教学管理决策机构 　1.教学业务决策机构 　2.教学行政决策机构	L：学生在教学管理中的权利 　1.学习自由权 　2.学习保障权
F：二级学院/部的本科教学管理执行机构 　1.院/长 　2.副院/长 　3.具体执行机构	M：成员权利保障 　1.保障内容 　2.保障途径
G：二级学院/部的本科教学管理监督保障机构 　1.权力监督机构 　2.质量保障监督机构	N：成员权利救济及程序 　1.校内申诉程序 　2.校外申诉、诉讼程序 　3.成员申诉权利

① 学校的教学管理权。

其一，学校自主教学管理权的限度与边界。纵观样本高校的大学章程发现，在教学管理工作方面，鉴于社会需要和自身实际，高校均依法享有自主调节、设置学科或专业门类结构，制定人才培养方案，制定招生方案，制定教育教学计划、选编教材和实施教育教学活动，颁发学位证书，以及自主确定学校内部教学科研和行政部门等组织机构的设置与人员配备的权力。例如：在高校本科生教育的人才培养目标及学制规定方面，F大学的《大学章程》明确指出，该校的本科生教育"实施与通识教育相融合的宽口径专业教育"，其"基本学制四年，少数专业基本学制五年，学生最长可延期至六年或七年内毕业"。①

其二，学校教学管理机构及其职能。调查显示，样本高校均施行校院（部）两级教育管理体制。党委是高校的领导核心，统一领导高校工作，对高校教学管理中的重大事项做集体决策，支持校长依法独立负责的开展工作。校长是学校行政的主要负责人，高校的教学管理工作由校长在党委领导下全面负责组织，如组织教学活动、思想品德教育和科学研究，拟定高校的教学机构设置方案，拟定和实施教学管理制度等。高校的学术委员会是校内最高的学术机构，统筹决策、审议、评定和咨询高校的学术事务，如学科、专业方案调整，人才培养、学位授予标准及规则的审定等。一般而言，校学术委员会下设学位评定委员会、教学指导委员会（教学委员会）、教师专业技术职务评审委员会等机构。其中，学位评定委员会负责高校的学位评定与授予工作，包括本科生学士学位授予规则的制定及通过学士学位获得者名单的审核等。教学指导委员会（教学委员会）是专职对高校教学工作进行研究、咨询、指导、评估、审议、服务的专家组织，以G大学教学指导委员会为例，其主要职责如下：

> 对学校人才培养理念、培养思路等重大问题进行研究，对学校教育教学体系、人才培养方案进行总体规划和设计，为学校人才培养工作的重大决策提供咨询和建议。

> 参与和指导学校教育教学改革，对各学科的人才培养方案、课程建设、专业建设、教学质量保障及评估体系建设、教材建设、实验室建设和教学改革的其他重大事项进行审议和评估。

---

① 中华人民共和国教育部高等学校章程核准书[EB/OL]．（2018-12-2）[2014-5-15]．http://www.moe.gov.cn/srcsite/A02/zfs_gdxxzc/201405/t20140515_182119.html.

审议学校关于教师岗位任职和教师岗位职称申报的教学工作规定。审议学校对教学工作有实质影响的其他各类政策和工作规定。

组织开展师资培训、教学研讨、教学建设和改革的经验交流。指导开展对教学成果的培育、评审及宣传推广工作。

对改革教学管理体制和完善教学运行机制提出建议并参与决策。对学校日常教学工作方案、政策负有指导、审议和监督职责。①

由于高校施行校院（部）两级教学管理体制，因此作为高校教学科研活动主体的学部或二级学院是高校教学管理工作的具体组织实施单位和责任单位，在学校授权范围内具有一定的教学管理自主权。诸如 I 大学的二级学院所拥有的教学管理权包括"开展教育教学、科学研究和其他学术活动""组织实施学科专业建设，管理基层教学组织和研究所室""负责学生的教育、培养与管理，具体实施思想教育、课程建设及教学计划，提出年度招生计划建议"，等等。②一般而言，学院的党政联席会议是讨论和决定本单位教学科研等方面重要事项的议事决策机构，党委负责本单位的思想政治与党建工作，院长全面负责本单位的教学科研及其他行政管理工作。在二级学院内部，通常也设有院（部）学术委员会作为二级单位的最高学术机构，以及学院（部）内部的教授委员会、学位评定委员会、教学指导委员会等组织机构作为学校学术委员会的分委员会，根据校学术委员会的授权及其章程规定，统筹行使本单位教学管理等工作的决策、审议、评定和咨询事项。

② 教师的教学自主权。

教师是学校的办学主体，纵观样本高校的《大学章程》发现，各高校依据《教育法》《教师法》《高等教育法》，均明确规定了学校教师应享有的

---

① 中华人民共和国教育部高等学校章程核准书[EB/OL].（2018-12-2）[2014-5-15]. http://www.moe.gov.cn/srcsite/A02/zfs_gdxxzc/201405/t20140515_182117.html.
② 中华人民共和国教育部高等学校章程核准书[EB/OL].（2018-12-2）[2014-9-11]. http://www.moe.gov.cn/srcsite/A02/zfs_gdxxzc/201409/t20140911_182098.html

权利，其具体条文有 7 条或 8 条。具体到高校教学管理工作时，教师所享有的权利主要体现为六个方面：一是享有教学、研究和从事其他学术活动的学术自由权，可以自主开展教学科研活动，发表学术意见；二是享有公平使用学校公共资源开展教学活动的权利；三是享有公平获得提高教学活动质量而所需的进修、培训机会；四是在教学管理活动中享有获得公正评价的权利；五是参与学校的民主管理，对相关的教学管理工作享有知情权、参与权和监督权；六是在教学管理活动中如果受到了纪律处分等，教师享有表达异议和提出申诉的权利。此外，个别高校还指出教师享有"指导学生的学习和发展，评定学生的品行和学业成绩"的权利。与此同时，教师在教学管理工作中行使其相关权利时，也必须履行恪守学术道德、遵守国家和学校的规章制度、尊重他人的教学成果等相应的教学义务。

③ 学生的学习权。

学生是学校教育的主体，是高校办学的受益权人。在《教育法》和《高等教育法》的指导下，样本高校的《大学章程》均对学校依法录取、获得入学资格、具有学籍的学生相关权利义务做了详细规定。具体到高校的教学管理活动中，学生的学习权主要体现在四个方面：一是享有公平的学习权，即高校学生有权依照学校的人才培养计划、培养方案公平地接受学校教育，包括选择专业、选修课程，公平的使用学校教育教学资源，公平的获得学校安排的国内外学习和参加学术文化交流活动的机会等；二是在教学活动中享有获得公正评价的权利，包括获得相应的学历证书和学位证书的权利；三是对自身相关的教学管理工作享有知悉权，并可以提出意见和建议；四是对在教学管理活动中所受到的处分、处理，享有表达异议、进行申辩及申诉的权利。

2. 大学章程中教学管理制度的特征

其一，大学章程中教学管理制度文本的同质化现象明显。《高等学校章程制定暂行办法》是高校制定章程的重要参考和主要依据。然而，通过分析 10 所样本高校章程的文本发现，在具体实践中，许多高校仅将其作为章程制定的主要依据，而没有将本校的历史传承、教学管理文化等与学校管理权、教师教学权和学生学习权有机融合，出现了章程内容"千章一面"的现象，缺乏高校特色。

其二，大学章程中与教学管理相关的内容具有模糊性，在表述上过于抽象和概念化，可操作性不强。以师生权利的救济及其途径为例：从选取的样本来看，各所大学的章程都十分重视教师在教学管理活动中表达异议、提出申诉的权利。各高校章程规定教师可以向有关部门和委员会表达异议和提出申诉，或指出当教师认为自身合法权益受到侵犯时，可以向学校或教育行政主管部门提出申诉。然而，样本中只有D大学、C大学的章程对教师表达异议、提出申诉的权利做出了具体规定，其他高校章程并没有说明教师应该向什么机构与部门反映和申诉。类似的，在学生学习权保障方面，章程也指出学生对学校给予的处分或处理有异议的，可以向学校和教育部门提出申诉，如"学生对学校给予的处分或者处理有异议时，向学生申诉委员会或教育行政部门提出申诉"。然而，具体的申诉流程、申诉内容章程中却并未提及。由此可以看出，多数大学章程并没有明确提出权利救济的具体途径和实际操作方式，其规定过于笼统、抽象和概念化，不具有操作性，进而导致师生权利在行使中极易引起纠纷，从而造成"权利规定空芯化和权利行使无根化"。

其三，大学章程中与教学管理相关的内容完整度欠缺。通过梳理发现，样本高校章程对于学生权利保障已形成了基本框架的设计，除了在"学生"专章或专节中集中建构权利保障条款外，"组织机构""管理体制""社会支持与监督"等章节中也有少量涉及。然而，其关于教学管理制度具体内容的完整度欠缺，如：在学生的学习权方面，大多数高校的章程主要规定了学生享有选择专业、课程和深造学习的权利，具有参加教育教学活动、获得奖助学金、获得公正评价、参与学校管理、共享教学资源以及提出申诉的权利，仅有少数章程指出学生享有选择教师的权利、完善学习条件权等。在教师的教学权方面，样本大学章程中除了参与管理权和职业发展权外，教师在教学管理活动中所享有的其他权利内容的规定存在缺失。

(三) 高校内部具体教学管理规章的内容扫描

本研究通过选取的10所样本高校,从高校教学管理制度与国家人才培养蓝图的内在统一性相结合的视角,将高校内部具体教学管理规章分为三个类别,分别呈现10所高校主要的教学管理制度:其一,如学分制、学年制、学年学分制、学籍管理制度等与人才培养模式相关的制度;其二,如人才培养方案,教学计划,排课、选课、考试管理办法等与人才培养过程相关的具体的教学组织制度与教学工作制度;其三,如教学评价、信息反馈制度等与人才培养的质量监管与评价相关的制度。采用文本的整体性概况描述,探析不同高校的先进举措、主要特点及不足,可以为我国高校教学管理制度重构提供借鉴与启示。具体而言,各高校的主要的教学管理规章如表3-4所示。

表3-4 高校内部主要教学管理规章

学校	制度类别	主要教学管理规章
A	人才培养模式及其配套制度	《大学生学籍管理细则》《关于本科生导师制的若干意见》《关于完善师生交流时间安排的意见》《关于加强本科教学工作提高教学质量的措施》《教师教学工作管理办法》《关于研究生课程教学工作的若干要求》《本科教育综合改革指导意见》
	人才培养过程中的具体实施与管理制度	《教材选用管理办法》《境外教材选用管理暂行办法》《本科生选课管理规定与办法》《学生申诉处理办法》《通识核心课程建设办法》《关于加强在线开放课程建设与应用的意见》《慕课运行管理条例(试行)》《本科生新开课流程及教学工作量和课程津贴管理办法》《本科考试工作与学习纪律管理规定》《研究生课程学习与成绩管理办法》《本科考试工作与学习纪律管理规定》《研究生课程学习与成绩管理办法》

续表

学校	制度类别	主要教学管理规章
A	人才培养的质量监管与评价制度	《教师请假申请表》《课程执行计划异动申请流程说明》《教师教学工作管理办法》《教师行为规范》《关于健全教学质量监控与评价体系的若干意见》《教学优秀奖奖励办法》《优秀教材评选及奖励办法》《2017年教学成果奖励实施办法》《学生奖学金评审条例》《基于网络技术下的学生教学评估管理办法》《关于加强本科教学工作提高教学质量的措施》《理工科虚体科研机构管理暂行办法》《人文社会科学研究机构管理办法》《实验室安全管理办法》
B	人才培养模式及其配套制度	《拔尖创新人才选拔与培养实施办法（试行）》《优秀本科生赴境外交流学习资助与管理办法》《少数民族预科学生管理规定》《本科生考勤办法》《本科生选课、退课和免听管理细则》《本科生注册工作实施细则》《本科生转专业管理办法》《本科生休学与复学管理办法》
B	人才培养过程中的具体实施与管理制度	《本科生课程考核与成绩评定管理办法》《本科生成绩及学分转换管理细则》《本科生考试管理办法》《本科生补考、缓考及重修管理细则》
B	人才培养的质量监管与评价制度	《本科生学业预警管理办法》《本专科教学管理职责（修订）》《本科教学督导工作办法（修订）》《学生评教实施办法》《校领导及相关负责人听课制度的规定》
C	人才培养模式及其配套制度	《普通高等学校学生管理规定》《学籍管理规定》《学生纪律处分条例》《本科生注册规定》《本科生选课、退课和免听课程规定》《本科生学生证和校徽管理规定》《学生课堂礼仪》《C 大学和境外大学联合培养本科生教学及学籍管理规定》《本科生转专业实施细则》《本科生休学与复学规定》《本科生提前毕业规定》《本科生延长学习年限规定》《关于本科毕业论文（设计）工作若干规定》《本科生导师工作条例》《本科生毕业资格审核规定》《本科生学籍异动相关事项办理须知》

续表

学校	制度类别	主要教学管理规章
C	人才培养过程中的具体实施与管理制度	《考场规则》《本科生成绩记载规定》《本科生补考和重修规定》《本科生缓考规定》《本科生成绩转换规定》《本科生结业后返校修读课程若干规定》
	人才培养的质量监管与评价制度	《学生申诉处理条例》 《行政督查工作条例》
D	人才培养模式及其配套制度	《一流大学建设高校建设方案》《D大学"十三五"发展规划》《本科学生学籍管理细则》《本科学生研究与创新奖学金实施办法》《本科学生综合素质评价实施办法》
	人才培养过程中的具体实施与管理制度	《学生申诉处理规定》《本科学生奖学金评定及管理办法》《本科学生荣誉称号评定及管理办法》《学生违纪处分规定》《学位授予工作细则》
	人才培养的质量监管与评价制度	《本科课程课堂教学质量评价实施办法》《听证制度实施办法》《诉讼仲裁事务管理办法（试行）》《校领导接待群众来访工作办法》《网络"书记信箱"、"校长信箱"管理办法》《信息公开实施细则（试行）》《关于进一步加强依法治校工作的意见》
E	人才培养模式及其配套制度	《本科生学籍管理实施细则》《学生违纪处分办法》《学士学位授予工作实施细则》《少数民族学生学籍管理暂行办法》《外国本科留学生的学籍管理办法》《与国外大学互换本科生交流实施办法（试行）》《学生证和校徽管理办法（修订）》《学双学士学位授予工作实施细则》《港澳台学生学籍管理暂行办法》

续表

学校	制度类别	主要教学管理规章
E	人才培养过程中的具体实施与管理制度	《关于进一步加强实践教学工作的意见》《"创新学分"制度实施办法》《本科生毕业论文（设计）管理办法（试行）》《本科实验教学管理规定（试行）》《本科学生教学实习管理办法》《大学生科学研究管理办法（试行）》《开放实验室管理暂行办法》《校外教学基地管理规定（试行）》《计算机实践教学管理办法（试行）》《数学建模、电子设计竞赛获奖学生奖励办法》教材建设与管理：《关于教材编审工作的若干意见》《普通本科教材管理办法（试行）》《普通本科教材选用、预订、印刷管理办法（试行）》《普通本科授课教材和公用教材的发放管理办法》《普通本科教材信息员实施办法》《本科生班级导师工作暂行办法》《教室使用管理办法（试行）》《本科学科专业设置与管理暂行规定》《课程建设的若干规定》《精品课程建设实施办法》《通识教育指导选修课程实施意见》《通识教育指导选修课名单》《课程组及课程组负责人制度实施意见（试行）》《教学研究项目管理办法》《优秀教学研究论文奖励办法（试行）》《教师教学工作规范》
	人才培养的质量监管与评价制度	《本科教学过程规范要点》《院系本科教学工作评估规定》《教学督导工作办法》《教师授课质量评价办法》《关于双语教学的若干规定》《关于干部、教师听课的暂行规定》《青年教师教学竞赛实施办法》《学生信息员实施细则》《本科毕业生跟踪调查及信息反馈办法》《本科教学质量优秀奖评选办法》《关于评选和奖励教学名师的暂行办法》《本科教学责任事故认定及处理规定》
F	人才培养模式及其配套制度	《本科教学管理工作规程》《教师教学工作规范》《本科人才培养方案制（修）订与执行管理规定》《本科生导师制实施办法》《本科生学籍管理规定》

续表

学校	制度类别	主要教学管理规章
F	人才培养过程中的具体实施与管理制度	《关于调（停）课管理规定》《课堂教学秩序管理办法》《教室使用管理办法》《学生学分制选课管理办法》《课程修读管理办法》《本科生课程重修管理办法》《素质通识课程管理办法》《本科生创新创业实践学分认定与管理办法》《教材选用与评估办法》《教材征订、供应管理办法》《学士学位授予工作细则》《本科生转专业管理办法》《本科生学业预警管理办法》《辅修专业与双学士学位管理办法》《课程考核与成绩管理办法》《学生考试纪律》《考试工作人员职责》《学生考试违规处理暂行办法》《本专科生教学工作量核算办法》《教学秘书岗位设置与聘用管理实施办法》《本科教学档案建设与管理暂行办法》《全日制学生学历、学士学位证书发放管理办法》
	人才培养的质量监管与评价制度	《本科教学质量评价与持续改进工作实施办法》《教学督导团章程》《领导干部、教师听课制度》《学生教学信息员工作管理办法》《本科课程考核质量标准》《教师课程教学考核办法》《本科毕业论文（设计）质量管理工作评估方案》《教学学院本科教学质量考核方案》《教学奖励办法》《优秀教学成果奖评选办法》《大学生科技创新实践活动评优及管理办法》《优秀本科课堂教学质量奖评选暂行办法》《优秀实习指导教师评选办法》《本科生优秀毕业论文（设计）指导教师评选办法》《教学事故认定与处理暂行办法》《教学质量考核一票否决制实施办法》《新设本科专业办学水平评估实施办法》
G	人才培养模式及其配套制度	《本科教学管理工作规程》《教师教学工作规程》《教学计划管理暂行办法》《关于加强当前本科教学工作、提高教学质量的若干意见》《关于进一步加强我校本科教学工作的若干意见》《本科生导师制试行办法》

续表

学校	制度类别	主要教学管理规章
G	人才培养过程中的具体实施与管理制度	《教材选用与评估办法》《本科课程考核补充规定》《本科课程考试缓考管理办法》《关于新开专业课程的暂行规定》《人文与科技素质教育课程实施细则》《本科生学分制网上选课管理暂行办法》《关于学生免修、免听课程实施细则》《关于学生学分制课程重修实施细则》《实施本科生学分制的暂行规定》《关于进一步完善学分制改革的若干意见》《关于调、停(补)课管理暂行规定》《大学试卷格式规范》《学生考试违纪认定与处理暂行办法》《教师课堂教学规范》《普通本科学生学籍注册实施细则》《关于制定课程教学大纲的指导性意见》《学生违纪处分实施细则》《关于实施本科公共基础课程改革工作的意见》
	人才培养的质量监管与评价制度	《学生评教工作实施细则》《学生本科教学信息员制度实施办法》《教学事故认定与处理办法》《普通教育本科教学质量管理办法》《教学档案管理暂行办法》《教学督导工作暂行办法》《普通本科课堂教学三级听课制度实施细则》《学生信息员制度暂行办法》
H	人才培养模式及其配套制度	《关于进一步加强教风学风建设的实施意见》《本科教师教学工作规范》《本科学生学籍管理办法》《学生管理规定》《关于加强和规范实习实训基地建设与管理的通知》《本科人才培养方案管理办法(修订)》《全日制普通本科辅修专业管理办法》《学生申诉处理办法》《本科学生毕业论文(设计)查重检测工作的通知》《学生参加全国大学生电子设计竞赛工作实施细则》《本科教学工作委员会管理办法》《本科学生转学工作实施办法》《本科学生转专业管理办法》《关于开展辅修/双学位专业学生报名修读及在读信息审核等工作的通知》《学位授予工作实施细则》《关于本科学生授予学士学位的补充规定》

续表

学校	制度类别	主要教学管理规章
H	人才培养过程中的具体实施与管理制度	《本科课程考核管理办法》《教授为本科生上课暂行办法》《文化素质教育精品课程建设立项的决定》《本科生阅读名著考核与管理办法》《本科课程成绩评定与管理办法》《创新创业实践学分认定与管理办法》《本科学生课程成绩认定与学分转换办法》《本科课堂教学听课的规定》《本科课堂教学规范》《本科结业生返校修读课程及考试的有关规定》《全日制本科学生课程考核违纪作弊处分办法》《本科教学事故认定及处理办法》《课程大纲管理办法（修订）》《关于全日制本科学生考试的若干规定的通知》
H	人才培养的质量监管与评价制度	《人才培养质量达成度评价管理办法（试行）》《关于成立本科教学工作审核评估工作领导小组及评建工作组的通知》《全面提高本科教学质量的实施意见》《本科教学督导委员会工作办法（修订稿）》《本科教学工作审核评估整改与建设工作方案》
I	人才培养模式及其配套制度	《本科学生学籍管理规定（试行）》《本科学生学籍管理规定（修订）》《本科生学业预警制及实施办法》《本科生转学实施细则》
I	人才培养过程中的具体实施与管理制度	《本科生创新教育学分认定管理办法（试行）》《创新创业教育改革行动计划》《校外创新创业导师聘任管理办法》《关于"全课程核心价值观建设"的实施意见》《"卓越工程师教育培养计划"实施管理办法（试行）》《本科生自费出国（境）学习激励办法（试行）》《基础学科拔尖学生培养试验计划学生出国（境）学习项目资助办法》《授予学士学位规定（修订）》
I	人才培养的质量监管与评价制度	《关于落实2018—2019学年秋季学期领导干部和督导本科教学听课的通知》《关于开展2018—2019学年上学期学生评教工作的通知》《关于开展2018—2019学年下学期开学教学工作检查的通知》

续表

学校	制度类别	主要教学管理规章
J	人才培养模式及其配套制度	《学生管理规定》《本科生学籍管理实施细则》《本科生学生选课管理办法》《本科生调停课管理办法（试行）》《教考分离考试实施办法》《考场规则》《监考规则》《关于教师网上录入成绩的规定》《本科生国内交流学习成绩及学分转换管理办法（试行）》《学科竞赛管理办法》《普通本科生学士学位授予工作实施细则》《深化大学生创新创业教育改革实施方案》
	人才培养过程中的具体实施与管理制度	《本科非师范专业大类招生培养改革方案（试行）》《2016级本科师范生专业分流实施办法》《2016级本科非师范专业分流实施》《"卓越教师实验班"优秀学生海外游学奖学金管理办法（试行）》《通识教育选修课程方案（修订）》《国际优质网络视频公开课纳入通识教育选修课实施办法（试行）》《公共艺术课程建设方案》《本科双语及全英语教学管理办法（暂行）》《信息化示范课程项目经费管理办法（试行）》《教学改革研究与建设项目管理办法（修订）》《校级优秀教学成果奖评选及奖励办法》《本科生导师制实施方案（修订）》《本科专业建设管理办法》《关于本科教材选用的规定（修订）》《校级教学名师评选及奖励办法》
	人才培养的质量监管与评价制度	《大学教学督导委员会章程》《大学教学督导委员会管理办法（试行）》《关于进一步做好校领导及相关单位负责人听课工作的通知》《本科教学事故认定及处理暂行规定》《教学质量优秀奖评估方案（修订稿）》《教师专业技术职务任职资格评审本科课堂教学质量评价细则（试行）》《教学研究论文认定办法（暂行）》

1. 高校内部具体教学管理规章的整体性描述

高校内部具体教学管理规章的重要意义在于保障高校内部教学管理活

动中各主体的相关权利，培养国家社会所需的人才。从表 3-4 可见，无论是"双一流"建设高校、"985""211"大学还是一般普通本科院校，无论是综合性大学还是单科性大学，虽然各高校的规章数量不一，内容有差异，但各高校都根据自己的学校定位、办学指导思想、培养目标、师资力量、教学条件、办学经费等，从人才培养模式及其配套制度、人才培养过程中的具体实施与管理制度、人才培养的质量监管与评价制度等教学管理制度三方面建立了适合本校的内部教学管理规章制度。

纵观10所样本高校的主要教学管理规章发现，整体而言，我国各高校主要从教学督导制、导师制、学分制三方面开展教学管理工作。本研究主要围绕教学督导制、导师制、学分制，结合高校内部教学管理规章中关于学校管理权、教师教学权和学生学习权的规定（具体内容如表3-5、表3-6、表3-7所示），对我国的高校内部教学管理规章的主要内容做整体性描述。

表 3-5 10所高校教学管理规章中关于学校管理权的规定

学校	学校管理权维度	主要规章内容
A	学校自主决策权	1.教师教学工作的聘任由学校和院系负责。学校负责制定教师聘任的制度和办法，院系负责课程。任课教师的选聘，少数特殊课程的任课教师可由校长直接聘任。 2.学校成立"在线教育教学指导委员会"，负责在线教育相关的总体规划、顶层设计、咨询指导、评估监管等工作
A	教学评价和考核	1.学校通过建立完善教学质量监控与评价体系对课程教学开展多种类型的评估。 2.采取老教授调研组听课评估的形式
A	教学督导	学校、院（系）领导和老教授本科教学调研组，负责本科教学的监督和检查工作，采取随机听课的方式，深入课堂，掌握和了解教学第一线情况
B	学校自主决策权	1.根据宪法、法律和党章，坚持社会主义办学方向，依靠党组织、党员和广大师生员工，发挥办学的政治优势。

续表

学校	学校管理权维度	主要规章内容
B	学校自主决策权	2.审议确定学校基本管理制度，领导制定学校发展规划，讨论决定学校改革、发展和稳定的重大事项。 3.决定学校内部组织机构的设置及其负责人的人选，按照干部管理权限，负责干部的选拔、教育、培养、考核和监督。 4.对学校内民主党派的基层组织实行政治领导，支持其依照各自章程开展活动
B	教学评价和考核	1.同院系制定每学期的教学实施计划，落实教学任务，开展日常的教学工作，共同实施教学过程管理，维持全校教学秩序。 2.开展各项教学检查和评估工作，实施教学质量监控。会同院系等教学单位做好每学年教师教学工作的考核工作
B	教学督导	1.学校设立本科教学督导组，对校教学委员会负责。 2.教学督导以专家身份检查、监督、评价和指导教学工作，向学校和任课教师反馈教学状况、教学质量，提出改进教学工作的建议
C	学校自主决策权	1.校长办公会或党政联席会可制定适用于全校的规章。 2.学校可授权职能部门，针对规章制定相应的实施细则
C	教学评价和考核	教务处每学期组织学生对导师工作进行评价，经收集整理后，提供给各院系，作为对导师进行评价的参考
C	教学督导	学校设立学生申诉处理委员会，负责处理申诉
D	学校自主决策权	1.完善规章制度，规范决策管理体制。 2.实行校务公开，健全民主管理机制。 3.开展法制宣传，提高师生法律素质。 4.学校在制订和实施有关规定，或做出有关决定之前，需要召开听证会，听取并收集相关意见和建议
D	教学评价和考核	学生和同行及管理人员按 7∶3 的权重对教师教学质量进行评价

续表

学校	学校管理权维度	主要规章内容
D	教学督导	参加本科课程课堂教学质量评价的评价人员由两部分组成：一是学生；二是同行及管理人员，包括院系主管教学领导、教学督导和教学管理人员
E	学校自主决策权	1.按照以"院为实体"的财务体制改革总目标学校逐步下移本科教学管理重心，进一步扩大学院办学自主权，推进本科教学管理和教学质量的提高。 2.遵循学校总体建设目标，制定本科教学改革和发展的长远规划。 3.本科教学由校长全面负责，分管副校长主持经常性工作。 4.贯彻执行党和国家的教育方针，决策有关教学和教学管理的指导思想、政策、重大改革举措等。 5.采取有力措施调动各种资源为本科教学服务。运用教学指导委员会等机构提供教学业务咨询与指导。 6.建立制度化的教学工作会议，研究解决全局性的各类问题
	教学评价和考核	1.学校教学管理部门制定学校教学质量监控管理办法，组织全校性的教学督导和各教学环节检查，定期统计分析各类教学反馈信息，开展对学院教学工作的各种专项评价与综合评价，构建全过程教学质量监控体系。 2.学院教学管理部门负责学院日常教学管理，开展教学督导和经常性教学检查，掌握各个教学环节的进程情况，收集师生关于教学工作的反馈信息，及时处理或上报各种教学问题或事故，管理和考核教师教学工作

续表

学校	学校管理权维度	主要规章内容
E	教学督导	逐步完善教学检查制度、教学督导制度、学生信息员制度、干部及教师听课制度、毕业生跟踪调查制度、学生评教制度、青年教师教学竞赛制度、教学质量奖评选制度、院系教学工作评估制度，从建立专门的教学质量管理机构、配备专门的工作人员入手，建立健全有关规章制度，初步形成教学督导团、学生信息员、教学质量监控网三位一体的教学质量监控体系
F	学校自主决策权	1.推进校院二级管理，健全议事规则和决策程序，形成良好的制度环境。 2.完善二级教学管理体制，加大教学管理重心下移力度，逐步建立学院为主体的教学运行管理机制，使教学管理运行更加科学、顺畅
F	教学评价和考核	1.将师德考核摆在教师考核首位，作为教师年度考核和聘期考核的重要内容，并将师德表现作为绩效考核、聘用和奖惩的首要内容，在教师职务（职称）晋升、岗位聘用、评优奖励等环节实行一票否决。 2.落实教学质量一票否决制和末位淘汰制度，对达不到教学工作量和质量要求的，不予评审教师系列职务；对发生严重教学事故的教师，两年内不得晋升高一级职务、竞聘高一级岗位。 3.推进学院评估、专业评估、课程评估和本科教学基本状态数据常态监测，加强毕业生质量跟踪调查，充分发挥各种质量保障手段的作用，建立用人单位、教师、学生共同参与的教学质量保障与评价机制。 4.设立课堂教学质量奖，推进校院两级本科教学质量年度报告制度，加大教学质量管理考核力度

续表

学校	学校管理权维度	主要规章内容
F	教学督导	1.加强日常教学督查，坚持课堂教学抽查制度和定期教学检查制度，加强校、院两级教学督导和学生信息员工作，大力开展学生评教、同行评教、专家评教和社会评教，健全教师、学院、学校三级教学质量保障体系。 2.切实加强本科教学工作的督导与评估
G	学校自主决策权	1.学校建立教学质量评价制度，逐步完善激励机制，实行奖优罚劣。 2.教务处负责教学质量管理的日常工作，重大事项向分管校长和校长办公会议汇报。 3.教学大纲所确定的课程教学目标、教学内容、教学进度及教学方法等基本要求，是实施教学与考核的主要依据，也是进行课程教学质量评估的重要标准
G	教学评价和考核	1.学生评教工作。 2.教务处、教学督导组和院（系、部）具体负责教学检查和教学质量的监控
G	教学督导	学校成立校教学督导委员会，作为负责全校教学督导工作的常设机构，规划、安排和指导全校教学督导工作，对学校教育教学秩序、教学水平、教学质量等进行检查、监督和评估
H	学校自主决策权	1.经学校批准同意执行的培养方案，由教务处和各学院负责组织执行。任何单位和个人不得擅自调整和拒绝执行培养方案规定的教学任务。 2.经学校批准执行的培养方案必须保持相对稳定，不能随意更改
H	教学评价和考核	1.学生教学信息员对学院的培养方案、教学内容、教学方法及教学手段、教学管理及教学条件教学评价等教学建设和教学管理工作提出意见和建议。

续表

学校	学校管理权维度	主要规章内容
H	教学评价和考核	2.建立课堂教学评价、专项检查评价和社会用人单位评价有机结合的教学质量评价机制。 3.建成以学生网上评价为主体的包括自我评价、专家评价、同行评价、领导评价在内的教学质量评价体系和校内校外有机结合的教学评价机制。 4.建立校院两级教学质量监控体系，完善专业评估和教学评价制度
H	教学督导	1.建立健全校、院两级考风考纪巡视制度。充分发挥教学督导人员在课程考核工作中的督考作用和校、院领导的巡考作用，对监考教师在考场上是否全面履行其职责进行监督，对不能有效履行相关职责的监考教师要及时调换并给予相应处理。 2.课堂教学质量评价分为领导干部评价、教学督导与同行专家评价、学生评价等方式。 3.对学生网上评教结果在各学院（部）排名最后5%的教师，学校教学督导委员将有针对性地选择听课
I	学校自主决策权	1.建立健全校、院、系三级教学质量保障体系，通过学生评教、同行评教、专家评教、在校生及毕业生培养质量调查等方式加大对全课程、全过程的质量监控，确保核心价值观教育落实到人才培养各环节。 2.强化领导干部听课制度。严格执行校院两级党政领导、系（教研室）主任、相关职能部门负责人深入课堂听课制度
I	教学评价和考核	学生和同行及管理人员按7∶3的权重对教师教学质量进行评价

续表

学校	学校管理权维度	主要规章内容
I	教学督导	1.院督导原则上选听本院面向本科生所开的专业课、专业基础课、实践环节课程和校级公共课,每学期至少听8门次课程,每次至少2学时。 2.校督导原则上重点听校级公共课、覆盖面大的专业基础课(含实验和实践性环节),每位督导员每学期听课不低于12门次,每次至少2学时。 3.发挥校、院两级督导委和"课堂教学视频督导系统"的作用,通过听课、视频督导等手段对全课程开展形式多样的检查、评估、指导,引导和督促教师认真落实教书育人和课堂教学的基本要求
J	学校自主决策权	1.构建校院分工负责,专家治学与行政管理有机结合的教学管理组织结构。推动教学管理重心下移,进一步扩大学院在教学管理中的自主权,进一步明确学院是教学主体和责任单位,院长是教学第一责任人,创新基层教学组织模式。 2.坚持校党委常委会、校务会召开本科教学专题工作会制度,研究解决教学工作中的重大问题,每学期不少于2次
	教学评价和考核	1.学生和同行及管理人员按7:3的权重对教师教学质量进行评价。 2.建立和完善各级负责人听课制度;建立各级负责人听课结果反馈及通报机制
	教学督导	督导委员由各学院推荐,经学校审核批准,由校长聘任,从事教学巡视、课堂教学督导、专项检查工作

表 3-6　10 所高校教学管理规章中关于教师教学权的规定

学校	教学管理权维度	主要内容
A	专业自主权	1.按照教学大纲要求，根据学生应掌握的基本知识和技能，以及课程的重点和难点，合理安排教学环节。2.按相关规定选用合适的教材和教学参考资料。 3.在保证教学大纲基本要求的前提下，主讲教师可对课程内容做适当调整。 4.按课程教学大纲安排课程进度，并按校历和课表规定的时间和地点授课。 5.依照相关规定申请北京大学教学成果奖。6.学校大力支持教师积极参与在线开放课程建设
	学生管教权	课程考试考核工作由教师全面负责，并严格按相关规定进行
B	专业自主权	1.公平使用学校的公共资源、享受福利待遇。 2.公平获得自身发展所需的相应工作机会和条件。 3.在品德、能力和业绩等方面获得公正评价。 4.公平获得与其贡献相称的各种奖励和荣誉称号。 5.知悉学校改革、建设和发展及关涉切身利益的重大事项。 6.参与学校民主管理，对学校工作提出意见和建议。 7.对职务、福利待遇、评优评奖、纪律处分等事项提出异议或申诉。 8.法律、学校规章制度或聘约规定的其他权利
	学生管教权	未涉及
C	专业自主权	课程考核包括考试和考查，考核方式按照学校规定和课程教学目标确定
	学生管教权	1.研究生和全日制本专科生未经批准，在参加课程学习过程中缺席课时数或者缺交作业次数超过教学规定总数三分之一的，教师可以取消学生参加课程考核的资格，视为考核不合格。

续表

学校	教学管理权维度	主要内容
C	学生管教权	2.教师应当在课程教学大纲中载明课程考核方式和成绩评定办法,向学生公布。 3.监考教师有权监督学生遵守考场纪律,对违反考场规则者,应视情节及时做出相应处理
D	专业自主权	1.依法依规反映合理诉求、参与办学和管理、为学校发展建言献策。 2.遵守信访秩序,服从安排,依法依规,如实反映问题
D	学生管教权	教师应根据相关规定以及所授课程的特点和学生人数等情况制定本课程考勤办法(如点名、小测验、签到等),进行考勤,并及时向院(系)负责人报告考勤情况
E	专业自主权	未涉及
E	学生管教权	课程考核的方式(开卷、闭卷、口试或写论文等)由主讲教师与院(系)主管教学工作的负责人商定
F	专业自主权	1.鼓励开设新课程。 2.课程原则上应选用新编的国家级优秀规划教材或国外高水平原版教材,同时鼓励教师编写符合教学要求、反映教学改革成果、具有我校办学特色的高水平教材。 3.任课教师根据教学大纲和校历安排编制课程计划表。 4.每位教师在教学过程中均须严格执行教学大纲。 5.服从学院(部)和教研室的工作分配与安排,承担一定的教学任务,完成规定的教学工作量。 6.承担教学任务的教师,必须按照各教学环节的规定和要求认真履行职责。 7.严格遵守上课时间,不得迟到、早退。8.不擅自停课、缺课、调课、请人代课。若遇特殊情况必须请假者,由任课教师填写《调课、停课申请单》,经过教研室主任同意,院部教学院长(主任)签署意见后,报教务处核准,方可予以调课

续表

学校	教学管理权维度	主要内容
F	学生管教权	1.教师人人参与,把教风学风建设与学校德育工作结合起来。 2.公正、客观评价学生的学习成绩,杜绝送人情分或无依据的评分。 3.主讲教师和辅导教师应定期做好辅导答疑工作。 4.每位指导教师指导学生数一般不超过 20 名。要求学生在指定地点进行课程设计,按计划完成设计报告(论文)
G	专业自主权	1.教材的选择原则上先由可以胜任该课程教学的三名或三名以上的专家、教师,或该课程建设小组与教研室主任一起,根据课程教学大纲,在可供选择的几种教材版本基础上,集体研究提出唯一确定的教材版本。 2.坚持集体备课,深化教学重点难点问题研究
	学生管教权	未涉及
H	专业自主权	1.模范遵守学校课堂教学的纪律和规定。 2.教师在教学过程中应严格遵守课堂教学的基本要求。 3.教材选用原则上符合教学大纲要求,同等情况下,首选教育部推荐的或本学科最经典的教材,部分课程可直接采用国外原版教材。主干课程使用自编教材或讲义,必须经学院(部)批准
	学生管教权	1.教师有课堂管理责任,要负责对学生进行考勤。对严重影响课堂纪律的学生要及时教育,经批评教育不改者,教师有权责令其退出教室。情节严重者,报学生所在学院(部)给予纪律处分。 2.任课教师必须认真安排辅导答疑(定时、定点)。 3.教师对学生要严格管理、认真考勤,学生抄袭作业或全学期缺交该课程作业达 1/3 以上者,应取消其课程的考试资格,令其重修

续表

学校	教学管理权维度	主要内容
I	专业自主权	未涉及
I	学生管教权	引导学生加强自我管理和自我约束,增强学习主动性
J	专业自主权	1.选用的教材应符合本门课程教学大纲和学校人才培养目标的要求;教材选用的主要对象是"马工程"教材、国家级规划教材、国家级和省部级获奖教材,也可科学选用我校教师自编高水平教材。若选用自编教材,须说明理由,并经学院审批同意。 2.鼓励开设经典著作导读和学科交叉课程。 3.每位校聘关键岗的教师,在3年聘期内至少应开设1门次的通识教育选修课。学校鼓励身体状况良好的离退休教师申请开设通识教育选修课。 4.通识教育选修课开出后,任课教师一般不得调课或停课。对于随意调课或停课者以教学事故论处,并取消该授课教师两年内开设通识教育选修课的资格
J	学生管教权	1.任课教师要严格课程考核,将考勤、平时作业和考试成绩综合。 2.本科生导师应认真履行职责,帮助学生制订修读计划,指导学生选课,引导学生掌握科学的学习方法,并及时向学校和院(部)反映学生的意见和要求

表3-7 10所高校教学管理规章中关于学生学习权的规定

学校	学习权维度	主要内容
A	学习自由权	1.除教育部规定和北大录取时明确不能调整专业的情况外,在校本科生可以在第一年学期末或第二年学期末自主申请转专业。原则上学部内可自由转专业。 2.在专业教学计划和院系导师指导下自主选课。 3.学生可以申请自修或免修部分课程

续表

学校	学习权维度	主要内容
A	学习条件保障权	1.学校相关部门和院系将为学生自主选择课程以及自主申请转专业等教学改革提供必要的管理服务和技术支持。 2.平等使用学校提供的教育资源。 3.按国家及学校规定的标准和程序申请奖学金、助学金及助学贷款。 4.参加社会服务、勤工助学。 5.按照法律和学校规定在校组织和参加学生社团。 6.在思想品德和学业成绩等方面获得公正评价。 7.参与学校民主管理，对学校发展和教育、教学改革提出意见、建议和批评。 8.对学校给予的处分或处理有异议，向学校或教育行政部门提出申诉。 9.完成学校规定学业后获得相应的学历证书、学位证书
B	学习自由权	未涉及。
B	学习条件保障权	1.公平接受学校教育，参与学校教育教学计划安排的各项活动。 2.平等使用学校提供的教育资源。 3.按国家及学校规定的标准和程序申请奖学金、助学金及助学贷款。 4.在思想品德和学业成绩等方面获得公正评价。 5.参与学校民主管理，对学校发展和教育、教学改革提出意见、建议和批评。 6.对学校给予的处分或处理有异议，向学校或教育行政部门提出申诉。 7.完成学校规定学业后获得相应的学历证书、学位证书

续表

学校	学习权维度	主要内容
C	学习自由权	1.学生基本掌握课程教学内容，符合教学要求的，选课后可以按照学校规定申请免听课程，直接参加课程考核，但教学培养方案另有规定的除外。 2.按照学校规定申请参加学程课程和第二专业、第二学位课程学习，完成全部课程学习、考核合格的，发给相应的学程证书和第二专业、第二学位证书。 3.对所学专业以外的其他专业有兴趣和专长的，可以按照学校规定申请转专业
C	学习条件保障权	1.参加学校教育教学计划安排的各项活动，使用学校提供的教育教学资源。 2.参加社会实践、文娱体育、科技文化创新等各项活动，获得就业创业指导和服务。 3.申请奖学金、助学金及助学贷款。 4.完成学校规定学业后获得相应的学历证书、学位证书。 5.在校内组织、参加学生团体，以适当方式参与学校管理，对学校与学生权益相关事务享有知情权、参与权、表达权和监督权。 6.对学校给予的处理或者处分有异议，向学校、教育行政部门提出申诉。 7.对学校、教职员工侵犯其人身权、财产权等合法权益的行为，提出申诉或者依法提起诉讼。 8.法律、法规及学校章程规定的其他权利
D	学习自由权	1.学生可以根据学校有关规定，申请辅修或者选修其他专业课程。 2.学生可以根据校际协议跨校修读课程，其课程成绩和学分可按相关规定获得承认。 3.学有余力、自学能力强或修读课程上课时间冲突者，可以按照相关规定和程序申请免听课程和免交作业。 4.入学一年后、两年内按照规定和程序进行主修专业确认

续表

学校	学习权维度	主要内容
D	学习条件保障权	1.学生和同行及管理人员按7:3的权重对教师教学质量进行评价。 2.在校学习最长年限内修完主修专业培养方案规定课程并取得相应学分（含第二课堂学分），德、智、体达到毕业要求，应准予毕业，由学校发给主修专业毕业证书。 3.不服学校做出的违纪处分和学籍处理可提出申诉。 4.按国家及学校规定的标准和程序申请奖学金
E	学习自由权	1.按规定的条件和程序选择专业。 2.按规定的条件和程序选择专业选修课程。 3.按时参加教育教学计划规定的活动，因故不能参加者应事先请假并获得批准
E	学习条件保障权	1.按规定使用学校提供的教育资源。 2.按国家及学校规定的标准和程序申请奖学金、助学金及助学贷款。 3.按规定的条件和程序申请勤工助学岗位。 4.按照法律和学校规定在校内组织、参加学生社团及文化体育等活动。 5.在品德、能力、学业成绩等方面获得公正评价。 6.参与民主管理和监督，对学校工作提出意见和建议。 7.对于纪律处分和涉及其权益的相关决定表达异议，提出申诉。 8.公平获得各级各类荣誉称号和奖励。 9.满足学历及学位条件后，取得学历证书和学位证书
F	学习自由权	1.在学分制管理模式下实行弹性学习年限，学生可在本专业规定的修读年限基础上自主安排学习进程。 2.在学校规定的选课时间内自主确定各学期所修读的课程。 3.在学院教学资源允许的情况下，学生可在学校规定的选课时间内自主选择授课教师

续表

学校	学习权维度	主要内容
F	学习条件保障权	1.校内实习基地,资源共享。 2.实现图书资源共享共用、互通互联、通借通还。 3.学生提供丰富的自主学习平台,实现优质教学资源共享
G	学习自由权	1.学生学期或者学年所修课程或者应修学分数以及升级、跳级、留级、降级、重修等要求,由学校规定。 2.学生可以根据学校有关规定,申请辅修其他专业或者选修其他专业课程。 3.学生可以根据校际协议跨校修读课程。在他校修读的课程成绩(学分)由本校审核后予以承认。 4.学生可以按学校的规定申请转专业。学生转专业由所在学校批准
G	学习条件保障权	1.参加学校教育教学计划安排的各项活动,使用学校提供的教育教学资源。 2.参加社会服务、勤工助学,在校内组织、参加学生团体及文娱体育等活动。 3.申请奖学金、助学金及助学贷款。 4.在思想品德、学业成绩等方面获得公正评价,完成学校规定学业后获得相应的学历证书、学位证书。 5.对学校给予的处分或者处理有异议,向学校、教育行政部门提出申诉;对学校、教职员工侵犯其人身权、财产权等合法权益,提出申诉或者依法提起诉讼。 6.法律、法规规定的其他权利
H	学习自由权	1.学校鼓励学生在教师指导下进行自主创新学习,并设立自主创新学分。自主创新学习学分分为科研学分、技能学分、实践学分。科研学分可替代专业发展选修课程学分,技能学分、实践学分可替代通识教育选修课程学分。

续表

学校	学习权维度	主要内容
H	学习自由权	2.学校鼓励部分成绩优良、学有余力的学生在学好本专业的同时修读辅修/双学位专业。 3.学生应根据培养方案要求，在学院（部）指导下制定个人学习计划，安排好各学期所修课程和学分。每学期学生选修学分数由学生自主决定，但一般不得低于16个学分，不得高于35个学分。 4.确有专长，转专业更能发挥其专长；就读原专业确有特殊困难，无法继续在原专业学习；入学后发现某种疾病或生理缺陷，经学校医院或指定医疗单位检查证明，不能在原专业学习，但尚能在本校其他专业学习的学生，一、二年级时可申请转专业。 5.原则上，所有学院开设的课程都要对全校开放。学生除修读本专业的必修课程外，选修课程可以面向全校课程自主选择，允许学生跨学院、跨学科、跨专业、跨年级选课
	学习条件保障权	评教活动于每学期期中开始，期末结束，学生在此期间对本学期所学课程及任课教师进行评价
I	学习自由权	1.学校允许部分课程免听、免修，学习能力和学业水平达到相关要求的学生可在每学期第1～3周提出申请。 2.学生以教学计划为依据，根据学业规划自主选择课读程、安排学习进程。 3.参加创新创业的学生自主决定每学期修读学分数。 4.学生修读经学校认可的在线开放课程，取得的成绩和学分，由学生申请，经学校审核后予以认定。 5.有下列情形之一者，可以申请转专业学习：学生入学后发现某种疾病或生理缺陷，经学校指定的医疗单位检查证明，不能在原专业学习，但尚能在本校其他专业学习者；学生对申请转入专业兴趣浓厚，转专业更能发挥其潜质和特长者；经学校认可，学生确有某种特殊困难，不转专业无法继续学习者。 6.对学习有困难的学生，学校建立帮扶及预警机制

续表

学校	学习权维度	主要内容
I	学习条件保障权	1.学生和同行及管理人员按一定的权重对教师教学质量进行评价。 2.学生应当按时参加教育教学计划规定的活动。 3.学有余力的学生可申请辅修专业与双学位学习。学生应在主修专业学习年限内完成辅修专业与双学位的修读。 4.获得主修专业毕业证书且达到辅修专业培养要求者，可获得辅修证书
	学习自由权	1.本科生应在学好本专业课程的同时，积极主动修读通识教育选修课程，取得8学分，方可毕业。 2.学生每学期最多选修2门通识教育选修课，选修多于2门课程的学生，教务处将为其随机删除多选课程
J	学习条件保障权	1.参加学校教育教学计划安排的各项活动，使用学校提供的教育教学资源。 2.参加社会实践、志愿服务、勤工助学、文娱体育及科技文化创新等活动，获得就业创业指导和服务。 3.申请奖学金、助学金、助学贷款和困难补助等资助。 4.在思想品德、学业成绩等方面获得科学、公正评价，完成学校规定学业后获得相应的学历证书、学位证书。 5.在校内组织、参加学生团体，以适当方式参与学校管理，对学校与学生权益相关事务享有知情权、参与权、表达权和监督权。 6.对学校给予的处理、处分或者处理有异议，向学校、上级教育行政部门提出申诉；对学校、教职员工侵犯其人身权、财产权等合法权益的行为，有权向上级主管部门提出申诉或者依法提起诉讼。 7.国家法律、法规及学校章程规定的其他权利

（1）教学督导制

教学督导是保障人才培养质量的有效手段。为了全面提高教学质量，各高校根据学校资源成立本科教学督导委员会，试行教学督导管理，学校主要负责委员的遴选、工作任务、考核、劳酬发放、保障条件等工作，所成立的教学督导委员会作为负责全校教学督导工作的常设机构，是高校教学管理活动中行使学校管理监督权的主要权利主体。它通过规划、安排和指导全校教学督导工作，如教学检查工作、随堂听课、教学工作评价，来检查、监督和评估本校的教学秩序、教学水平、教学质量等。其旨意在于及时将督导工作中收集到的意见和建议反馈给相关职能部门和二级教学单位，为各种专项教学工作评估、教师教学质量评价、教师考核晋升等提供参考依据。其中，部分高校还设立了本科教学督导组，专门负责学校的教学委员会。为充分发挥教学督导委员会在教学质量保障中的重要作用，大多数样本高校的教学管理规章中都有关于教学督导的具体规则（如表 3-4 所示）。例如：B 大学的《本科教学督导工作办法（修订）》、E 大学的《教学督导工作办法》、F 大学的《教学督导团章程》、G 大学的《教学督导工作暂行办法》、H 大学的《本科教学督导委员会工作办法（修订稿）、J 大学的《大学教学督导委员会章程》《大学教学督导委员会管理办法（试行）》。可见，整体上我国高校对采用教学督导制保障教学质量，保障人才培养质量有了一定程度的重视。但从具体文本而言，各高校的文本细化程度不一。如 I 大学详细区分了校督导委员会和院督导委员会各自的职责，要求院督导选听本院面向本科生所开的专业课、专业基础课、实践环节课程和校级公共课，每学期至少听 8 门次课程，每次至少 2 学时。校督导重点听校级公共课、覆盖面大的专业基础课（含实验和实践性环节）、每位督导员每学期听课不低于 12 门次，每次至少 2 学时。而其他高校更多是指出要"加强日常教学督查""逐步完善教学督导制度"等，较为缺乏可操作性。

（2）本科导师制

《国家中长期教育改革和发展规划纲要（2010—2020 年）》指出要"关注学生不同特点和个性差异……推进分层教学、走班制、学分制、导师制等教学管理制度改革"。2012 年《关于全面提高高等教育质量的若干意见》（教育部教高〔2012〕4 号）再次强调要实行导师制、小班教学，改革人才培养模式，培养拔尖创新人才。可见，近年来，通过本科导师制促进学生个性发展已成为我国本科教学管理制度改革的有益尝试。从20世纪早期西方著名高校（如剑桥大学、牛津大学、哈佛大学、普林斯顿大学）开始实施本科导师制度，到其被世界各国大学所借鉴的发展进程中，本科导师制的精髓始终未变，即通过一对一、面对面的启发式、探究式和参与式教学，使学生在知识、思维、情感、精神等方面得到全面提升。实践中，我国大多数高校开始纷纷试行本科导师制，希望通过导师制来保证学分制的实施和完善，建立新型师生关系，实现因材施教和个性化培养，提高人才培养质量。如A大学的《关于本科生导师制的若干意见》《关于完善师生交流时间安排的意见》、C大学的《本科生导师工作条例》、E大学的《本科生班级导师工作暂行办法》、F大学的《本科生导师制实施办法（试行）》、G大学的《本科生导师制试行办法》、J大学的《本科生导师制实施方案（修订）》。然而，从各高校内部关于导师制的规章文本来看，其制度安排也存在生师配置比例过大、师生双向选择保障不足等问题。如：B大学规定每6~8名学生配一名导师，C大学要求每位导师指导学生人数最多不得超过40人，F大学按年级每10~20名学生配备一名导师，H大学规定每30名学生配一名导师，J大学规定每10~20名学生配一名导师。在具体的双向选择过程中，制度更多是规定了导师的选聘、工作任务、考核，对学生的要求仅仅是主动联系导师。虽然在高等教育大众化的现实境况中，高比例的师生配置比例能够缓解教师数量有限和学生数量不断扩大的矛盾，但过高的师生比容易使导师在指导时力不从心，导致制度往往流于形式、成效甚微。

（3）学分制

我国高校的学分制主要包含完全学分制和学年学分制等。完全学分制是绝对的以学分作为计算学生学习量的单位，以学分衡量学生学业完成情况，并以取得的最低必要学分作为毕业标准的教学管理制度，如C大学等。学年学分制是以学分和学年相结合衡量学业标准和进行教学管理的教学管理制度。学年学分制是将学年制和学分制的某些管理办法合为一体的教学管理模式。它在实行学分制管理的同时，规定了相应的修业年限，对学生学年和学期内要修习的学分都有相应的规定。一般本科修业年限为四年，必修课约占 70%，开设选修课门数不多，学生选课自由度不大，教学计划中对每学期应修课程及学分都有具体要求，注重班级集体授课，一般不允许提前修满学分毕业，①如 B 大学、D 大学等。有的高校为了强化本科学生的创新意识、实践能力以及培养综合素质，根据学校创新人才培养体系的要求，结合学校开展创新实践活动的实际情况，制定了创新学分制。创新学分制是指全日制本科生在校期间，根据自己的兴趣和特长在学习、科研和社会实践等活动中的经历和所取得的具有一定创新意义或实用价值的智力劳动成果或其他优秀成果，经审核评定获得的学分互认制，如 I 大学、E 大学、C 大学等。

整体而言，学校层面规定了学习年限内学生应修订一定的学分数，学生可以根据学校有关规定，在班主任或导师的指导下自主选课，获得学分。教师层面，由于学校章程中缺乏系统详尽的课程介绍，也没有先关的文本中提到教师应进行选课、学分制主题的相关培训，当教师指导时往往出现指导不力的情况。学生层面，选课费时费力和过程烦琐，当导师指导不力时，多数学生选课盲目，避难就易，随大众，追求市场适用性，最终虽然学分修够了，但部分学生毕业时未能建构合理的专业知识结构。

2. 高校内部具体教学管理规章的基本特征

我国高校在个性化人才培养模式的改革探索中取得较大进展，各高校立足自身的传统、资源和定位，探索形成各自的人才培养模式，人才培养的质量稳步提高。然而，现行高校内部具体教学管理规章在整体上呈现出设计理念存重制度效率、文本数量泛滥、文本内容趋同且泛化等特征与不足。

其一，高校内部具体教学管理规章设计侧重制度效率，忽视对高校和师生发展的价值。长期以来，受政府行政管理模式的影响，管理者将自己与被管理者单纯视为控制与被控制的关系，制度设计往往呈现出控制倾向，管理者完全主导的地位使得教学自由和服务教学被忽视，同时缺乏以师生

---

① 李桂红. 我国高校学分制的现状、问题及对策研究[D]. 石家庄：河北师范大学，2009：32.

为本的人文关怀，从而无法促进管理者与被管理者间的理解与合作。

其二，高校内部具体管理规章文本数量泛滥且操作性不强。当前，就高校教学管理制度设计而言，存在对制度执行成本考虑不多，对制度执行过程中利益相关者博弈带来的机会成本预期不足等问题。就高校教学管理制度而言，部分制度表述笼统，缺乏实施细则，可操作性不强，增加了执行难度，制约了制度的实际效力和权威性，如 J 大学《本科双语及全英语教学管理办法（暂行）》《信息化示范课程项目经费管理办法（试行）》《教学改革研究与建设项目管理办法（修订）》等。此外，部分制度没有及时更新，仍然是"暂行""试行"条例；部分制度则是自上而下生成的，引发管理制度泛滥，且制度中信息不对称不充分，也导致制度无法执行，如 G 大学的《教材选用与评估办法》《本科课程考核补充规定》《本科课程考试缓考管理办法》《关于新开专业课程的暂行规定》《人文与科技素质教育课程实施细则》《本科生学分制网上选课管理暂行办法》《关于学生免修、免听课程实施细则》《关于学生学分制课程重修实施细则》《关于调、停（补）课管理暂行规定》均是涉及课程的相关条例，可以像其他高校合并到课程与考试的一个管理办法中。

其三，高校内部具体教学管理规章文本内容趋同且泛化。在高校教学管理制度中，部分高校对教学管理制度的实质内容并不明确，通常是借鉴他校做法，然后通过教学资源的适当倾斜来构建人才培养模式。然而，制度具有学习效应，一旦高校内的教学管理制度建立，学校、教师、学生就会去适应它，并通过学习增强现存制度。当制度试行一段时间后，制度创新就变得极其困难，而高校内部具体的教学规章也逐渐趋同。与此同时，在教学管理制度内容上涉及面广，但忽视了制度的明确性和精细化。在设计新的教学制度前，必须要分析和研究管理目标、机制和边界，职责权限、关联因素等，并对制度设计的必要性进行论证。然而，实践中往往忽视这一关键环节，管理者在进行制度设计时通常从即时需要或局部利益出发，忽视整体和长远布局，对新制度在特定环境中的利弊权衡不够，缺乏对管理目标可能达成程度的预测和思考。

第四章
泛在学习时代现行高校教学管理制度的运行困境

> 中华人民共和国成立以来,经过不断地探索建设,我国高校教学管理制度建设取得了一定的成绩,制度的体系性和可行性逐步提升,为增进我国的高校教学管理秩序、推动人力资源强国战略提供了制度保障。然而,将现行的高校教学管理制度放置于从理想走向现实的泛在学习背景考察时发现,随着科技革命和工业革命地不断加速发展和人民教育需求的改变,既有的高校教学管理制度难以满足新形势下高校教学管理需求。本研究采用质化研究与量化研究相结合的方式,综合运用文献法、案例法、问卷和访谈等调查法,以期更加清楚、全面地了解现行高校教学管理制度对于规范泛在学习时代高校教学管理模式的具体情况,探寻现行高校教学管理制度运行失灵的突出表现,进而以此为依据,不断推动我国高校教学管理制度的建立健全。

一、泛在学习理念下现行高校教学管理制度运行境况调查

泛在学习理念下现行高校教学管理制度的规范问题不是一个纯粹的理论思辨问题,而是一个立足于实际的实践问题。若想探讨泛在学习时代的高校教学管理制度重构,首先应基于泛在学习理念,对现行教学管理制度的实然规范境况展开调研,掌握一手资料,深入探索高校教学管理制度运

行失灵的现实表征及生成的深层根源,才能明晰其重构方向。

(一)调查设计

1. 调查目的

本研究试图编制泛在学习理念下高校教学管理制度中学校管理权、教师教学权和学生学习权的运行现状及保障情况的调查问卷及访谈提纲,深度分析现行高校教学管理制度与泛在学习理念相冲突的原因及其影响因素。首先,在梳理与分析有关高校教学管理制度相关理论研究基础上,分别编制旨在调查学校管理权、教师教学权和学生学习权的运行现状及保障情况的访谈提纲,和旨在调查学生学习权保障情况及教师教学权运行情况的调查问卷。其次,所编制的调查问卷经过试测修改后,展开正式的问卷调查,以全面、清晰地了解现阶段高校学生学习权利的保障情况,进而探寻其与泛在学习理念存在冲突的具体问题及其原因。最后,对学校管理者与本科教师进行访谈调查,以全面、具体地了解现阶段学校管理权和教师教学权的运行现状及保障情况,并对学生问卷调查中测出的部分问题进行确证,进而为分析提供实证支撑。

2. 调查对象

学术研究须有明确的研究指向,在实证调查中,合理选择调查对象是明确学术研究目标及其指向的关键环节。本研究采用非概率抽样与概率抽样相结合的方法,共抽取 10 所普通高校作为研究样本,共随机发放学生问卷 1000 份,回收 975 份,问卷回收率为 97.5%;共发放教师问卷 230 份,回收 218 份,问卷回收率为 94.78%;共访谈上述高校中的学校管理人员(校级领导、教学管理职能部门领导和工作人员)15 名,专职本科教师与全日制在校生共 30 名。

本研究在选择这 10 所高校时,采用的是一种目标式的非概率抽样方法。非概率抽样方法并不按照概率均等原则选择样本,而是根据研究者的主观意愿、经验或其他条件来选择样本的研究方法。目标式抽样是非概率抽样方法的其中一种，它主要依据研究者对研究目的的判断来选择样本。①本研究以目标式抽样的方法选取样本高校，主要考虑到这 10 所高校分布在东、中、西部，既有一流大学建设高校，也有一流学科建设高校，既有综合性高校，也有专业性高校，能够较好地涵盖不同地域和水平的普通高等学校，具有一定的代表性。

本研究在选择这 10 所高校的学校管理者、教师和学生分类发放问卷及进行访谈时，则采用了概率性的随机抽样方法。概率抽样又称随机抽样，在被限定的研究对象中，遵循随机化的原则，使每个研究对象都具有同样被抽取到的可能性。因为在教育研究中，要对总体进行有用的描述，就要求在该总体中抽取的样本必须包含总体的各种差异特征，而概率抽样的随机性则可以让研究者选择的样本充分反映总体的内部差异。②因而本研究采用概率抽样法进行分类调查，旨意在于确保调查对象的广泛性，增强调查数据的说服力。

3. 调查工具

（1）调查问卷编制及说明

本研究自编了《泛在学习时代学生学习权利保障的调查问卷》和《泛在学习时代高校教师的教学权利调查问卷》。两份问卷均由个人基本信息与问卷的主体内容两大部分组成。

《泛在学习时代学生学习权利保障的调查问卷》第一部分主要调查学生的个人基本信息，包括学生的性别、学校、专业和年级，共计 4 道题目；第二部分是问卷的主体部分，从学习权认知情况和学习权保障情况两大主题出发，包括学习权认知、学习自由权和学习保障权三大维度，采用李克特量表（Likert scale），通过完全不符合、比较不符合、有点符合、比较符合、完全符合 5 个选项，以封闭式问题的形式获取被测者对该题的客观、

---

① 朱德全，李姗泽. 教育研究方法[M]. 重庆：西南师范大学出版社，2011：86.
② [美]艾尔·巴比. 社会研究方法（第十一版）[M]. 邱泽奇，译. 北京：华夏出版社，2013：188.

准确回答。经过问卷前测和修订后，本研究最终确定了共计35道题目。其中，学习权认知部分是针对高校本科生对包括学习权的侵权行为、维权意识和维权途径等学习权利的认识状况。学生只有对自己享有哪些学习权利有一个全面、具体、清晰的认识，在具体的教学管理活动中才能更好地维护权利，在其合法权益受到侵害时才能有意识地寻求权利救助。学习自由权是对学生选择学习的自由以及学习思想自由的实现情况的了解与判断。学习保障权是对学生学习知情权、参加教育教学活动权、要求完善学习条件权、获得公正评价权、监督评价权和诉权的了解与认识。具体指标与对应题目如表4-1所示：

表4-1 泛在学习时代学生学习权利保障问卷量表部分指标

维度	指标	对应题目
学习权认知	侵权行为、维权意识、维权途径	5~11
学习自由权	选择学习的自由权、学习思想的自由权	12~23
学习保障权	学习知情权、参加教育教学活动权、要求完善学习条件权、获得公正评价权、监督评价权、诉权	24~40

《泛在学习时代高校教师的教学权利调查问卷》第一部分主要了解教师的个人基本信息，包括教师的性别、职称和所在学校，共计3道题目；第二部分是问卷的主体部分，基于教师教学权利认知和教学权利保障的双重视角，从教学权利认知、教学活动中的专业自主权和学生管教权三大维度，采用李克特量表（Likert scale），通过完全不符合、比较不符合、有点符合、比较符合、完全符合五个选项，以封闭式问题的形式获取被测者对该题的客观、准确回答。经问卷前测和修订后，本研究最终确定了共计30道题目。其中，教师教学权利认知是高校教师对包括教学活动权利内容、侵权行为、侵权意识、维权途径的认识状况。教师教学权利保障是高校教师对其在本科教学管理活动中的专业自主权和学生管教权保障情况的判断与认识。具体指标与对应题目如表4-2所示：

表 4-2　泛在学习时代教师教学权利调查问卷量表部分指标

维度	指标	对应题目
教学权利认知	权利内容、侵权行为、维权意识、维权途径	5~12
专业自主权	教学内容选择权、教学方法选用权、教材选编与使用权、课堂教学调控权	13~22
学生管教权	评价学生权、指导学生权	23~30

在进行正式调查前,本研究发放了 110 份学生问卷和 132 份教师问卷进行前测。基于前测数据,通过 SPSS 对量表各维度进行了信效度检验:

① 信度检验。为了检验泛在学习时代学生学习权利保障的调查问卷是否可靠,本次研究分别采用了 Cronbach α 系数和折半系数分析方法进行检验。经测算,学生学习权利保障量表部分的 Cronbach α 系数为 0.974(如表 4-3 所示),高于 0.8,说明其研究数据信度质量较高,同时其校正项总计相关性(CITC)均高于 0.4,说明分析项之间具有良好的相关关系,以及信度水平良好。通过把量表的 36 项折半分成两部分进行折半分析时发现,两部分的分析项数量相等,其等长折半系数(Spearman-Brown 系数)值为 0.818,其 Guttman Split-Half 信度系数值为 0.816,均高于 0.8,说明研究数据信度质量高(如表 4-4 所示)。综上所述,量表在总体上具有良好的稳定性和内部一致性,可用于进一步的分析与研究。

表 4-3　泛在学习时代学生学习权利保障问卷量表部分 Cronbach α 系数分析

Cronbach Alpha	基于标准化项的 Cronbach Alpha	项数
.944	.974	36

表 4-4　泛在学习时代学生学习权利保障问卷量表部分折半分析

Cronbach 系数	前半部分	值	.909
		项数	18
	后半部分	值	.913
		项数	18
	总项数		36

续表

前半部分和后半部分间的相关性		.692
折半系数（Spearman-Brown 系数）	等长	.818
	不等长	.818
Guttman Split-Half 系数		.816

同上，经测算，泛在学习时代高校教师教学权利调查量表部分的 Cronbach α 系数为 0.884，大于 0.8，说明研究数据信度质量高（如表 4-5）。同时针对校正项总计相关性（CITC）值，虽然有 3 个题略低于 0.4，但删除题项后信度系数值并不会明显提高，说明题项全部均应该保留，分析项之间具有较好的相关关系。综合来说，该问卷数据信度质量高，可用于进一步分析。通过把量表的 23 项折半分成两部分进行折半分析时发现，两部分分别的分析项数量并不相等，因而应使用不等长折半系数（Spearman-Brown 系数）进行信度质量判断。由表 4-6 可知，其 Spearman-Brown 值为 0.800，高于 0.8，说明数据信度质量高；其 Guttman Split-Half 信度系数值为 0.759，介于 0.7～0.8，说明信度较好。综合来看，该量表在总体上具有良好的稳定性和内部一致性，可用于进一步的分析与研究。

表 4-5 泛在学习时代高校教师教学权利调查问卷量表部分 Cronbach α 系数分析

Cronbach Alpha	基于标准化项的 Cronbach Alpha	项数
.880	.884	23

表 4-6 泛在学习时代高校教师教学权利调查问卷量表部分折半分析

Cronbach 系数	前半部分	值	.884
		项数	12
	后半部分	值	.758
		项数	11
	总项数		26
前半部分和后半部分间的相关性			.667
折半系数（Spearman-Brown 系数）		等长	.800
		不等长	.800
Guttman Split-Half 系数			.759

②效度检验。效度研究旨在分析研究项是否合理，是否有意义。为分析本研究的效度，本文分别通过 KMO 值（Kaiser-Meyer-Olkin）、共同度、方差解释率值、因子载荷系数值等指标进行综合分析，以验证出数据的效度水平情况。简单来讲，KMO 值用于判断是否有效度，共同度值用于排除不合理研究项，方差解释率值用于说明信息提取水平，因子载荷系数用于衡量因子（维度）和题项对应关系。

经测算，泛在学习时代学生学习权利保障问卷所有研究项对应的共同度值均高于 0.4，说明研究项信息可以被有效地提取；KMO 值为 0.949，大于 0.6，说明该数据具有效度；此外，学习权认知、学习自由权和学习保障权三个维度旋转后累积方差解释率为 72.170%，大于 50%，意味着研究项的信息量可以有效地提取出来。同时，经测算后发现，泛在学习时代高校教师教学权利调查量表部分的所有研究项对应的共同度值均高于 0.4，说明研究项信息可以被有效地提取；KMO 值为 0.833，大于 0.6，意味着数据具有效度；另外，教学权利认知、专业自主权和学生管教权三个维度旋转后累积方差解释率为 68.677%，大于 50%，说明研究项的信息量可以有效地提取出来。总之，两份问卷均具有良好的内在效度，这说明本问卷的设计符合问卷设计的一般要求，可用于进一步分析。

在对问卷进行必要的检查后，问卷调查从 2018 年 9 月中旬开始正式实施，并于 11 月初全部收回。调查问卷由笔者在所选择的 10 所样本高校中，采用网络"问卷星"平台与实地调研相结合的方式进行随机发放。本次调查共发放学生问卷 1000 份，回收 975 份，剔除未完成问卷及答案趋同问卷 19 份，共收回有效问卷 956 份，有效问卷率为 95.6%；共发放教师问卷 230 份，回收 218 份，剔除未完成问卷及答案趋同问卷 7 份，共收回有效问卷 211 份，有效问卷率为 91.74%。

（2）访谈提纲编制及说明

本研究共编制泛在学习时代高校教学管理制度情况调查的学校管理者访谈提纲、教师访谈提纲和学生访谈提纲三份，分别包含 6~7 个题目，主要从高校本科教学管理制度的了解情况、规范情况及其困境成因、改进措施等多方面进行题目设计，以期获得一手的、真实的调查数据，在结合问卷调查的基础上，更全面、深入地了解现行高校教学管理制度在泛在学习理念下的规范情况。

（二）结果分析

1. 教师教学活动权情况的描述分析

通过对教师教学活动权调查问卷的数据统计分析，得到教师教学活动权各维度的得分，这在一定程度上可以反映出教师教学活动权的概况。

（1）教师教学权利认知的整体概况

从调研结果来看，教师对自身教学权利的认知水平整体偏低，如表4-7所示，均值介于2.227~3.275，由低到高分别表现为教师对所在学校本科教学管理机构及其职能的了解（2.227），其次是对法律法规中所规定的教师权利的了解（2.464），对其他教学管理规定所赋予的教学权利的了解（2.493），对《大学章程》赋予的教学权利的了解（2.630），能针对本学科的人才培养计划、教学计划与考核方案提出意见（2.716），能采取法律途径维护自身的教学权利（2.981），教学权力受损后能得到有效解决（3.085），学校在制定本科教学管理制度时会征求"我"的意见（3.275）。这在一定程度上反映出教师对自身教学权利的了解不够，不利于教学权利的行使和维护。

表4-7 教师教学权利认知情况的描述统计量

	N	最小值	最大值	平均值	标准差	中位数
我了解《教育法》《高等教育法》《教师法》等法律法规中所规定的教师权利	211	1	5	2.464	1.025	2
我了解学校《大学章程》所赋予我的教学权利	211	1	5	2.630	1.209	2
我了解学校其他教学管理规定所赋予我的教学权利	211	1	5	2.493	1.08	2
我清楚学校的本科教学管理机构及其职能	211	1	5	2.227	1.007	2

续表

	N	最小值	最大值	平均值	标准差	中位数
学校在制定教学改革方案等本科教学管理制度时会征求我的意见	211	1	5	3.275	1.394	3
我可以对本学科的人才培养计划、教学计划与考核方案提出自己的意见	211	1	5	2.716	1.263	3
如果我的教学权利受到损害，我会采取法律途径维护我的合法权益	211	1	5	2.981	1.342	3
我的教学权利受损后能够得到有效解决	211	1	5	3.085	1.105	3

（2）教学内容、教学方法、教材选择权

教师对教学内容、教学方法和教材的选择权属于教师的专业自主权，该权利是教师基于其特定的职业身份，依托其专业知识能力，在具体教学活动的决策与任务中所享有的专业判断及自由支配、不受他人干预的基本权利，这是教师教学权的重要组成部分。从调研结果来看，教师的专业自主权较差（见表4-8），其中，自主选择教学内容均分为2.825，自主选择课堂教学方法的均分仅为2.024，自主选编和使用教材的均分为2.739，这反映出教师的专业自主权没有得到应有的保障，以至于教师无法在法律法规规定范围内行使自身在教育过程中的自由裁量权。

表4-8 教师自主选择教学内容、方法及教材的描述统计量

	N	最小值	最大值	平均值	标准差	中位数
我可以自主选择与决定合适的教学内容	211	1	5	2.825	1.258	3
我可以自主选择恰当的课堂教学方法	211	1	5	2.024	1.039	2
我可以自主选编和使用合适的教材	211	1	5	2.739	1.343	3

（3）课堂教学调控权

课堂教学调控权是高校教师在教学活动中对教学空间、学生参与度的安排和调控，其反映着高校教师教学自主权的实现程度。从调查结果来看（表4-9），教师的教学调控权整体水平不理想，各题均值介于2.464~3.938，

这主要反映出如下问题：一是教师无法根据实际教学情况自主调整教学进度；二是教师申请开设网络课程的权利尚未得到保障。整体而言，在目前的高校教学管理制度下，教师的教学活动受外界控制太多，教学调控权利的实现困难重重。

表 4-9　教师课堂教学调控权情况的描述统计量

	N	最小值	最大值	平均值	标准差	中位数
课程教学目标是由我自己决定的	211	1	5	2.844	1.302	3
我可以适度调整教学进度	211	1	5	2.464	1.147	2
我可以申请开设网络课程	211	1	5	2.645	1.288	2
我可以自主选择以线上或线下的方式授课	211	1	5	3.284	1.382	3
我已经参与录制过MOOC等网络课程	211	1	5	3.924	1.322	4
课堂教学时间和地点安排是由我控制的	211	1	5	3.938	1.231	4
整体来看，我的教学活动受外界控制太多	211	1	5	2.744	1.104	3
课堂教学中，学校管理者不会干涉我对学生的自主管理	211	1	5	2.645	1.204	2

（4）评价学生权

评价学生权是《教师法》规定的一项教师权利，在高校教学管理活动中，教师对学生的评价权体现为对学生品行和学业成绩两方面所进行的客观公正评价，是一项不受任何人或组织非法干预的权利。但从调查结果来看（见表 4-10），教师评价学生的权利没有得到保障，各题均分介于 1.351～2.796，这意味着教学评价学生权面临较大问题。

表 4-10　教师评价学生权情况的描述统计量

	N	最小值	最大值	平均值	标准差	中位数
我会客观公正地评价学生的学业成绩	211	1	4	1.431	0.723	1
我会通过学生的出勤情况、课堂表现、作业完成情况、考试成绩进行学生评价	211	1	4	1.351	0.633	1
我在评价学生时更侧重于考虑学生的考试成绩	211	1	5	2.796	0.986	3

续表

	N	最小值	最大值	平均值	标准差	中位数
我会客观公正地评价学生的道德品行	211	1	4	1.711	0.809	2
学校管理者不会随意更改我对学生所做出的评价	211	1	5	1.72	0.863	1

（5）指导学生权

"师者，所以传道授业解惑也"，自古以来，教师就承担着指导学生的义务和权利。指导学生权是指高校教师能根据教育教学规律和学生身心发展的特点，因材施教，运用正确的指导思想和科学的方法，在学生学习、升学、就业等方面给予针对性指导的权利。这也是我国《教师法》赋予教师的一项重要权利。调查结果显示（见表4-11），教师指导学生权的保障不容乐观，均值为1.516，这说明在现行高校教学管理制度下，教师不能更好地行使指导学生的权利。

表4-11 教师指导学生权情况的描述统计量

	N	最小值	最大值	平均值	标准差	中位数
我会因材施教、有针对性地指导学生的学习	211	1	4	1.682	0.761	2
我会在课堂内外有意识地向学生灌输正确的人生观、价值观	211	1	5	1.351	0.648	1

2. 学生学习自由权情况的描述分析

学习自由权是指学生有权利自主选择自己所需的学习，具有一个不受教育者、管理者或其他任何人干涉、侵犯的私人领域。它既包括学生选择教师、班级、课程、学习时间、学习地点、学习方式等自由，也包括学生"运用自己的感官去认知外界事物并获取信息、形成自己的意见和思想，用语言来表达自己的情感、态度、见解等"思想自由。泛在学习时代，学生学习自由权显得尤为重要。

（1）学生学习权认知的整体概况

从调研结果来看，学生对自身学习权利的认知水平整体偏低，如表4-12所示，均值介于2.381~2.958，其中，"我清楚教师的哪些行为会伤害我的学习权利"均分最低（2.381），"我清楚学校管理者的哪些行为会伤害我的学习权利"均分次之（2.469），这表明学生对自己的学习权认识不清，不能准确感知到自己的学习权受到侵害。

表4-12 学生学习权认知情况的描述统计量

	N	最小值	最大值	平均值	标准差
我清楚知道《教育法》《高等教育法》《普通高等学校学生管理规定》等法律法规所赋予我的学习权利	956	1	5	2.958	1.215
我清楚了解学校的《大学章程》所赋予我的学习权利	956	1	5	2.924	1.199
我清楚了解学校的其他教学管理规章所赋予我的学习权利	956	1	5	2.804	1.179
我了解学校主要的教学管理机构及其职能	956	1	5	2.600	1.053
我清楚教师的哪些行为会损害我的学习权利	956	1	5	2.381	1.008
我清楚学校管理者的哪些行为会损害我的学习权利	956	1	5	2.469	1.06
我知道通过何种渠道维护我的学习权利	956	1	5	2.752	1.133

（2）选择学习的自由权

选择学习的自由权包括选择学习形式的自由和选择学习内容的自由两大方面，这表明学生在高校教学过程中对"怎么学"和"学什么"具有选择权和支配权，这是学习自由的外在表现形式，也是学习自由权的基础性权利。当前，在建设"人人皆学、处处可学、时时能学"的学习型社会要旨下，以及技术发展不断突破传统学习时空限制的现实背景下，学生是否具备选择学习的自由权显得十分重要。调查显示（见表4-13），学生选择学习的自由权较差,各题均值介于1.714~2.808,尤其是在辅修二专(二学位)、申请转专业方面,学生选择学习的自由权没有得到保障,同时,在自主选择上课时间、上课方式、课程、教材和学习进度等方面,学生的选择自由权也面临诸多障碍。这表明现行高校教学管理制度无法适应泛在学习时代的要求,有待重构。

表4-13 学生选择学习的自由权情况的描述统计量

	N	最小值	最大值	平均值	标准差	中位数
我可以灵活地选择上课时间	956	1	5	2.808	1.31	3
我可以合理地选择以线上或线下的方式上课	956	1	5	2.674	1.267	3
我可以通过合理途径申请转专业	956	1	5	1.855	1.024	2
转专业的手续和流程很简单	956	1	5	2.707	1.296	3
我可以辅修第二专业或修读第二学位	956	1	5	1.714	0.997	1
我可以自主选择课程	956	1	5	2.137	1.191	2
我可以自主选择合适的学习教材	956	1	5	2.754	1.399	3
我可以有效管理自己的学习进度	956	1	5	2.299	1.083	2

(3)学习思想自由权

在高校教学过程中,仅关注到学习活动中外显出来学习选择自由权远远不够,还应该关注到学生在学习活动中表现出来的学习思想自由权,这是一种自主、自觉的状态。如果在学习活动中,学生的学习思想自由权没有得到保障,那么教学活动就仍然是不自由的。在本研究中,学生自由权主要包括内心自由和表达自由两个层面。从调查结果来看(表4-14),学生学习思想的自由权处于偏低水平,均值介于1.844~2.423,学生认为自己的观点或想法没有得到教师尊重、课堂上没有充分的独立思考时间,同时不能很好地表达自己的见解或不敢于表达自己的观点。这表明,当前学生学习思想自由权实现得不够充分。

表 4-14 学生学习思想自由权情况的描述统计量

	N	最小值	最大值	平均值	标准差	中位数
课堂中我有充分的独立思考时间	956	1	5	2.314	1.002	2
课堂中，就某一观点或内容，我可以用合适的语言或行为来表达自己的见解	956	1	5	2.139	1.016	2
课堂中，就某一问题，我敢于表达自己的观点	956	1	5	2.423	1.049	2
老师会尊重我的观点或想法	956	1	5	1.844	0.845	2

（4）学习知情权

学习知情权是指高校学生在参加具体的教学活动之前对有关教学活动的方方面面享有知情权。当前，随着信息技术的发展，学生尽管可以通过各种渠道了解学校教学和学习的各种情况，但作为提供服务的学校同样需要采取措施，主动及时向学生提供相关准确和全面的信息。调查显示，学生学习知情权处于较低水平，均值为 2.292，这在一定程度上反映出学生学习知情权受损，学生对学习的了解程度有待提高。

表 4-15 学生学习知情权情况的描述统计量

	N	最小值	最大值	平均值	标准差	中位数
我清楚自己的人才培养方案	956	1	5	2.213	1.079	2
在参加具体教学活动前，我了解该课程的教学目标、教学计划、教学方式、考核方式与授课教师情况	956	1	5	2.371	1.095	2

（5）公平参加教学活动及要求完善学习条件的权利

在高校的教学活动中，学生参加教育教学活动的权利是高校学生依法享有的法定权利，是保障学生学习权的前提和基础。要求完善学习条件的权利是指高校学生有权要求学校配备的教育基础资源达到国家规定的要求的权利，两者都是学生学习权的重要体现。调查显示（表 4-16），学生公平参加教学活动的权利和要求完善学习条件的权利没有得到保障，两者都处于较差状态，各题均值介于 1.64~2.495，学生无法公平使用学校教学设施和参与相关教学活动，且要求学校完善学习资源的权利没有得到实现。

表 4-16　学生公平参加教学活动及要求完善学习条件情况的描述统计量

	N	最小值	最大值	平均值	标准差	中位数
我可以公平地参加教学计划安排的授课、讲座、观摩、实验、实习、考试等具体活动	956	1	5	1.981	0.977	2
我可以公平地使用学校的图书文献、网络资源、实验设备等教学设施	956	1	5	1.64	0.808	1
学校开设的课程能够满足我的学习需求	956	1	5	2.204	0.986	2
若上述学习资源不能满足我的需求时，我可以要求学校完善学习资源	956	1	5	2.495	1.155	2

（6）获得公正评价权

获得公正评价权是指高校学生在教学活动中有权获得学校或教师公正、客观的评价的权利。从调查结果来看（表 4-17），学生获得公正评价权状况欠佳，均分较低，得分介于 1.697~3.124，大部分学生的学习表现无法获得客观公正的评价，且公正获得考试成绩、获得学习证书和获得奖助学金的权利受损。相对而言，校外交换学习或网络学习的学分转换得分略高，但还存在较大的提升空间。

表 4-17　学生获得公正评价情况的描述统计量

	N	最小值	最大值	平均值	标准差	中位数
我的学习成绩可以得到客观公正的评价	956	1	5	2.051	0.917	2
我的考试成绩能获得客观公正的评价	956	1	5	1.958	0.87	2
我可以客观公正的获得学业证书和学历证书	956	1	5	1.697	0.785	2
我可以客观公正的获得奖助学金	956	1	5	1.945	0.962	2
我在校外交换学习获得的学分可以转换为学校学分	956	1	6	2.928	1.987	2
我通过网络学习（如 MOOC 联盟等）获得的学分可以转换为学校学分	956	1	6	3.124	1.971	3

(7) 监督评价权

学生的监督评价权是指学生在教学管理活动中有权监督和评价学校各项教学工作的权利，其是学生发挥民主权利，参与大学治理的重要途径。调查结果显示（表4-18），学生监督评价权整体水平不容乐观，均值为2.154，其中"可以参加教师评教活动"得分最低，仅为1.373，对教学活动提出意见次之，得分为2.246。这反映出学生的监督评价权基本没有得到保障，在大学治理中学生并没有充分发挥民主权利。

表4-18 学生监督评价权的描述统计量

	N	最小值	最大值	平均值	标准差	中位数
我可以对教学目标、教学计划、教学方式、考核方式与授课教师等内容提出自己的意见	956	1	5	2.246	1.116	2
学校在制定教学改革方案等教学管理制度时会征求我的意见	956	1	5	2.844	1.324	3
我可以参加教师评教活动	956	1	5	1.373	0.748	1

(8) 诉权

诉权属于学习保障权中的程序性权利，即当学生无法享受或者行使正当权利甚至权利受到侵犯的时候，有权利向相应部门提出申诉。调查结果显示（表4-19），学生诉权状况不理想，均值为2.234，这反映出学生无法较好地采取法律途径维护自身合法的学习权利，同时，学习权利受损后也较难得到有效解决。可见，面向泛在学习时代的高校教学管理制度变革要关注学生的诉权。

表4-19 学生诉权的描述统计量

	N	最小值	最大值	平均值	标准差	中位数
我会采取法律途径维护合法的学习权利	956	1	5	2.177	1.109	2
我的学习权利受损后能得到有效解决	956	1	5	2.291	1.039	2

二、泛在学习理念下现行高校教学管理制度运行失灵的突出表现

通过问卷调查、访谈调查以及现行制度文本分析发现,既有的高校教学管理制度虽然对高校本科教学秩序的维护起到一定的积极作用,但在泛在学习理念下,仍存在着一些规范失灵现象。下文将分别从学校管理权、教师教学权与学生学习权三重视角阐述其规范失灵的突出表现。

(一)学校管理权向上集中

高校作为具有法人资格、能够独立承担法律责任的独立实体,在一定程度上享有办学自主权,这是由我国法律授权并确认的高校享有的法定权利,是政府权力下放的产物。在教学管理活动中,学校的管理权是高校为了实现教学目的在教学活动中行使的具体权利(权力),是高校办学自主权的下位概念,在本质上属于高校的内部管理权。泛在学习时代,由于社会对于人才培养需求及学习者个人学习需求日益多样化、个性化,高校在教学管理活动中必须享有一定程度的自主决策权、执行权和监督权,才能从根源上保障学生、教师在教与学中的自由。然而,调查显示,泛在学习理念下我国现行的高校教学管理制度中学校的管理权仍然集中在上层,体现为高校的教学管理权限不足、等级制权力关系凸显等问题。

1. 高校的教学管理权限依然不足

高校的教学管理权是高等院校依照宪法、法律、法规等规定,根据自身的办学宗旨、办学目标、办学条件,对其教学活动进行独立自主决策与实施,同时承担法律规定的责任与义务的自由裁量权,是高校办学自主权的重要组成部分之一。与其他教育类型相比,高等教育的学术性、专业性和职业性相对较强,为了更好地实现对创新型、复合型等高级型人才的培养,高校在制定教学计划、选择和使用教材、组织和实施教学活动时必须基于社会发展需要、学校自身实际,以及学校所肩负职能等综合考量。对

此，我国《高等教育法》第 34 条规定，根据实际教学需要，高校享有"自主制定教学计划、选编教材、组织实施教学活动"的权利。事实上，我国高校的办学自主权与教学管理自主权是在 20 世纪 80 年代以来扩大高校自主改革的进程中，公立高校为摆脱政府过多的行政干预而产生的政府将部分权力转移、下放至高校的产物。泛在学习时代，社会对于人才培养需求及学习者个人学习需求日益多样化、个性化，唯有赋予高校在教学管理领域充分的自主裁量权，使其发挥在教学管理活动中的灵活性，才能从根源上保障学生、教师在教与学中的自由。然而，长期以来，我国的高等教育主要采用高度集中的集权管理模式，高校被看作是行政组织的延伸。从布迪厄（Bourdieu, P.）的"再生产"理论来看，整个教育过程是一个社会的"再生产"过程，高校的教学过程在一定程度上揭示了社会统治的本质面貌。受社会历史的影响，自上而下的教育行政权力主导和控制教育过程，具体体现为：不同类别教育行政机关及其部门的职能分配，以及高校内的科层式管理体制和管理规章上，最终都渗透进了高校的微观教学管理活动领域，成为建构现行教学管理制度的关键。政府相关部门往往采用刚性的行政方式控制和管理高校，高校严格按照上级要求办学。

以历史制度主义回溯与分析高校教学管理制度时发现，中华人民共和国成立以后的一段时间，我国的高校教学管理制度在高等教育管理体制转型与国家人才培养需求转变的宏观制度环境驱动下，发生了政府主导的强制性变迁。与此同时，高校教学管理制度中高校与政府的权力重组，以及学校管理者、教师、学生的权利衡平成为高校教学管理制度诱致性变迁的内生动力。伴随着市场经济体制转型和社会对于人才培养需求的改变，我国开始逐步改革和完善高校教学管理制度，加强了制度建设中的灵活性，协调了其与政府之间的关系。然而，事实上，虽然我国的《高等教育法》赋予了高校的法人地位，也指出高校在教学管理方面享有自主权，但现行法律法规体系对于高校教学管理自主权的具体规则存在疏漏，对于高校教学管理权利的尺度、范畴及承担的义务等方面，依然缺少相应的具体界定、监督和保障性规定，使其教学管理权受到压缩。如我国的《高等教育法》

明文规定,"高等学校依法自主设置和调整学科、专业","自主制定教学计划、选编教材、组织实施教学活动",但实际上,高校设置学科、专业必须经过教育主管部门的审批,高校在教学活动中关于公共课的设置、教学计划、教学方法、"思政课"的设置、教材的选用等方面仍受到中央和地方教育主管部门的行政性约束。高校教学内容和课程体系改革由政府规划、设计、推行,政府扮演着高校教学改革设计者、发动者、推动者的角色,我国的本科教育仍然充斥着被动色彩。①

2. 高校教学管理组织呈现等级制权力关系

从上文的调查情况来看,大多数高校的组织设计是在遵循韦伯科层制的基础上建立起来的。高校往往被看作是"由职务等级制原则与上诉渠道原则确立的一种公认的高级职务监督低级职务的上下级隶属体系",属于金字塔形组织,等级关系明显,组织设计主要是为了实施有效的控制。这种组织架构使得高校教学的"行政化"管理特征明显,各职能部门之间缺乏联系。在高校整体科层制组织的影响下,以直线制和职能制相结合的教学管理组织结构也呈现出科层制的权力等级原则（Hierarchy of authority）、专业化和分工（Division of labor and specialization）、明确而严格的规章和程序（Rules and regulations）、非人格化倾向（Impersonal orientation）、职业导向（Career orientation）五大特征,强调要获得组织的最大效率,必须发挥人的理性因素,同时限制其非理性因素。一是强调等级结构和对行政命令的服从。受外部大环境的影响,我国高校教学管理的组织结构模仿国家政府的行政管理模式,并实行与政府相同或相似的运行机制。学校根据所需要实现的教学管理目标,按照劳动分工原则设置教务处、本科生院等与本科教学有关的组织结构,追求权、责的统一,形成了多层次的、自上而下的教学组织系统,呈现出"校长—副校长（分管教学）—教务处—二级学院（部）—学科组/年级组教师—学生"命令链的权力路线图,各个职位都严格按照职权等级而组织起来,职权等级明确赋予了各职位不同的等级、

---

① 邬大光. 本科教育基因六大特征解析[N]. 光明日报,2018-11-27（13）.

权利与义务。处在最顶端的是最具有权威的管理者——校长，理论上掌握着高校本科教学管理工作的最高决策权。校长将任务细化分配给相关的部门和人员，高校教务处（部）在分管副校长的领导下实施与管理高校本科教学工作，是本科生教学管理的重要与核心职能部门，以此而沿着既定的命令链条一直延伸到教师和学生。二是以严格的规章制度形塑组织的权威和等级性，以及强调行为的规范性。校领导和教学管理者通过制定备课制度、听评课制度、教学研究制度等严密的规章制度，对教学活动的各个方面进行规范。为增强规章制度的执行力，管理者通常还会制定相应的检查方案、评价标准，然而这种制度安排并不完全服务于主体的内在利益。

整体而言，在目前的高校教学场域中，高校教学管理依靠内部规则和程序运行的集权化、等级化的科层式组织结构，使内部存在一种以"命令—服从"为旨趣的权力关系，强调通过成员的依赖和服从提高教学管理效率，不考虑成员本身对于命令的看法和感受。这种遵循自上而下的金字塔体系的等级权力结构所形成的等级权威关系过多地强调制度的秩序和规范价值，以一种自上而下的沟通方式进行，分解和重组工作任务，使所有工作能在预设的组织结构中运行，要求处于命令链底端的行为主体按照上级领导的意志行事，并服从学校行政命令。这就导致管理者与被管理者、教师与学生的关系等级化。等级化关系往往忽视行为主体个性发展、生命潜能的内在因素，在某种程度上压抑其创造性并限制着行为主体个性的发展。作为教学主体的教师很难在教学行为中自由施展其知识和能力，学生也无法在学习行为中基于自足学习需求，进行多样化、个性化学习，而需要依附并服从高校教学管理组织目标、制度规范的安排，使其更多地受权威控制和支配。处于形式上的服从关系中，服从者在执行上级命令时，往往将命令内容视为自身行为举止的准则，而不考量命令本身有无价值。这种权力关系是建立在对权力的敬畏和对主体的依赖之上，而非理性和知识的基础之上。一方面，科层制组织内部信息交流较为封闭、沟通渠道单一，这种等级式权力关系一方面忽视了民意传达，另一方面，忽视了权利主体间的横向交流。各高校为有效运行"命令—服从"关系，均按照自上而下的等级逻辑，并根据任务分工，成立不同的教学管理部门。比如：招就处负责本科生的招生工作，学生工作处负责本科生的评优评奖与处罚工作，教务处服务日常本科教学行政和教研工作等。表面上看，各部门各司其职相互协调，共同完成教育教学任务，但事实上，各职能部门相互独立容易导致教学管理中的条块分割，或出现口径不一致的相互矛盾或相互掣肘。

此外，据当前高校教学管理实践的调查发现，在教学管理过程中，教学管理权对教师的教学自主权、学生的学习自由权存在不同程度的干预。调查显示，有27.49%的教师表示在课堂教学中，学校管理者会干涉其对学生的自主管理；25.59%的教师表示整体而言其教学活动受外界控制太多。就其干预形式而言，既有显性的直接干预，也有隐性的间接干预。显性的直接干预表现为在教学进程中，过度强调进度的统一、集中备课等，并对教学内容、方法、时间、地点等方面有明确规定，这正是行政权力干预教师的教学权利、教学自由以及学生的学习自由的体现。隐性的间接干预主要表现为依靠行政力量进行日常的教学检查、教学工作的考核等。在此过程中，学校管理者往往充当着检查者、评估者的角色，在评估考核中发挥行政权力，而教师和学生则作为被检查者、被评估者存在，其学术权力在某种程度上处于被遮蔽状态。当行政权力超出一定边界，成为教学领域的支配力量时，会导致很多行政化问题，并严重危及高校教学质量。

（二）教师的教学权被消解

教师作为从事教育教学工作的专业人员，在教学活动中所享有的专业自主权和学生管理权是我国法律赋予教师的基本权利。从调研结果来看，教师对自身教学权利的认知水平整体偏低，这在一定程度上反映出教师对自身教学权利的了解不够，不利于其教学权利的行使和维护。此外，由于对教师个性化教学的关照不足、教师的教学自由被限制等问题的存在，使得教师在高校教学管理活动中的教学权呈现出被消解的现状。

1. 教师个性化教学的关照不足

在高校教学管理活动中，我国高校从事本科教学工作的教师主要以被管理者的角色存在于教学管理进程中。在高校内部，较之于学校管理者而言，教师更多的处于被动、被约束、被管制的地位，其关系与地位存在着事实上的不平等性。为了保障日常高校本科教学工作的有序运行，增进教学秩序，建立管理威信，减少教学事故并厘清其责、权、利，大多数高校都制定了《教学事故认定办法》《教师教学规程》《本科生教学督导工作办法》《教师课堂教学规范》《教师本科教学工作考核的原则意见》之类的专门性规章制度，对从事本科教学工作的教师课前教学准备、课中教学过程和课后教学评价进行了较为详细的规范。然而，教学原本就是一种个性化和创造性兼具的活动，教师的教学行为也应该具备鲜明的个体特征。尽管教师主观上认为自己具有专业自主性，并且期望在教学活动中能够获得专业自主权。可是，在高校的教学管理活动实践中，受制于这些僵化的、统一的教学规章制度，教师鲜少决定教什么、怎么教，更多的是遵循或服从于既定规则与程序。既有的"大一统"的高校教学管理规章制度试图以一种定性与定量化方式对教师的教学行为进行种种考核与管理，建立一个"客观公正"而不以某一个人的意志为转移的规范标准。从某种程度上来说，处于各种规范中的教师成为以学校为本位、以管理者为本位的刚性制度与组织的附庸，其自主精神与创造意识受到一定的影响。但是，对教师的教学行为使用过多的固定标准去衡量和限制，会导致教师的教学失去个性和创造性，教师个体的多样性也会被消解于群体的划一性中。这样所呈现的课堂将会失去千变万化的色彩而成为一种凝固的模式，学生的学也会因固化而无法适应泛在学习的特征。在海德格尔看来，"杂然般的共同存在实际上是为平均状态而烦忙，日常生活中的平均状态是一种常人的存在论性质，此在正是在各种被抛的可能性中，被赋予了'平均''平整''平常'或'平庸'的日常特性。面对公众的周遭世界，此在总是卷入到他者的生存方式中，卷入到韦伯所谓的那种社会夷平的过程中"。高校教师在教学活动中个性化教学的关照不足也反应在教师参与组织决策权不足上。在访谈中，有教师就谈到，"我无法参与学校的教学管理规定的制定。我们学院的教学管理规定的制定只有院领导、系主任和副教授职称以上的教师才有机会参加，其他教师只能遵照已经制定出的规定执行。我希望参加这样的会议，第一，这可以使我有机会表达我自己的想法；第二，可以使我听到不同人对本科教学管理规定的意见，开拓我的眼界"。对此，联合国教科文组织（UNESCO）呼吁，让更多教师参与教育决策……学校的行政管理、检察和教师评价系统能从教师参与的教育决策中获得好处。①

2. 教师的教学自由受限

教学是一项复杂的创造性活动，要求教师基于人才培养标准和教学目标，在深层次反思、独立思考的基础上不断更新与完善教学模式。如果一种机构或社会以某种理由，强制人们按照某种规定的目标统一行动，并强制人们接受特定范围内的知识，这种社会的思想权利就会被少数人控制，人们独立思考的权利、批判和反思的权利被排斥，即精神空间被限制。

调查显示，我国部分高校的教学管理制度在教学内容、教材选用、教学目标等方面都没有赋予教师较多的自主权，使得教师的教学管理活动多个环节都被限制。其中，有34.12%的教师表示基本不能自主选择与决定合适的教学内容；33.17%的教师表示无法选编和使用合适的教材；30.33%的教师表示不能自主决定课程教学目标；45.97%的教师表示完全不能控制与决定课堂教学的时间和地点；更有49.76%的教师表示甚至无法自主选择以线上或线下的方式进行课堂教学。整体而言，有25.59%的教师其教学活动受外界控制较多；有27.49%的教师还指出，在进行课堂教学的进程中，学校管理者会干涉其对学生的自主管理。笔者在访谈时就有教师表示："目前来看，自己的教学活动往往会被教学管理制度包围和限制着，这种限制导致自己的教学工作处于被控制状态，进而导致自身主体的意识和能力的隐退。我只需要按照既定的由制度安排的路线按部就班的在固定的、模式化的框架内运行教学活动就行了，几乎不需要，也基本无法享有教学活动自主权。"还有教师谈道："比如在教学过程中，我会发现有些部分比我预设

---

① 联合国教科文组织总部中文科. 教育——财富蕴藏其中[M]. 北京：教育科学出版社，1996：21.

的要更加重要,有些部分则没有我预设的那么重要,那么我就会希望根据实际情况来调整我的教学进度,然而有时这与学校规定的要按照进度表上的进度来进行教学会有冲突。所以,如果遇到这种情况的话,我基本上都是按照学校的规定进行教学。"

由此可见,在高校教学活动中,各种制度化的规范、约束不自觉地将教师限制在了一个狭小的空间里,在一定程度上控制着教师的教学,使其无时无刻不受到规训权力的监控。在既有教学管理规范的权威控制下,教师的教学目标和方向在某种程度上被控制,限制了教师在教学活动中的行为与思想之表达。然而,泛在学习时代强调的教学是一种动态的、复杂的活动,其教学无法标准化、也不应该标准化。在这种灵巧教育理念下,教师不能因循守旧,而要在实践中创造知识,并熟练驾驭新型教学模式。在各种规范性条文的约束下,这种"他治"状态在一定程度上使教师对于教学的判断与思考能力逐渐被削弱,而无法形成其独特的教学思想与教学能力,并在教学管理活动中形成了一种依附性人格——从某种意义而言,教师在教学管理活动中,只是指令性地执行上层决策和意见,教师接受既定教学管理制度对其教学行为的指导、控制和协调,在教学活动中逐渐失去独立自主精神,无法与教学建立一种有效的价值联系。当其教学理念、教学行为、教学需求与制度冲突时,他们习惯于认同,而不善于批判;当因创新教学方式而与现行制度产生矛盾时,他们习惯于守旧而不是创造。因此,教学成为一种外化的形式存在的维持生存的手段,其教学活动变得被动。正如有学者谈道:"当前高校教师的教学活动就像一种被迫的劳动,劳动的异己性使教师将重心放于对教学技术的驾驭,以及对教学常规的顺应和教学任务的达成,丧失了自我改造的德行品质,忽略了洞察实践合理性的智慧品质。如果解除这种强制性,教师们也会像逃避瘟疫一样逃避这种劳动。"

换言之,教师的教学自由被限制,尽管可以以一种省事的方式使其服从既定安排,但教师会因此失去精神创造的空间,自我价值的实现也会受到阻挠。泛在学习时代的高校教学是一种具有鲜明个性特征的教学活动,若通过各种严密的规章制度控制、规训教师的教学行为,教师无法摆脱依附、屈从而自主、有效地行使其教学权,那么教师就无法打破思维定式,并创造性地开展教学活动,这样的教学自然难以满足学生学习的需求。

(三)学生主体性的迷失

从哲学认识论角度来看,主体是从事认识活动和实践活动的人。马克思(Marx,K.)基于主客体的对象性关系,在分析人的自我实现方式时指出,能动性、受动性与为我性都是在人的对象性的实践活动中形成、发展和发挥作用的。质而言之,主体性不只是能动性,还包括受动性与为我性。也有学者认为主体性是人在同客体的相互作用中表现出来的能动性、创造性、自主性[1];主体性是人作为社会活动主体的本质属性,包括独立性(即自主性,是对自我的认识和实现自我的不断完善)、主动性(对现实的选择和对外界的适应的能动性)和创造性(对现实的超越)三个基本本质特征[2];主体性的内在规定性为自主性、能动性和超越性[3]。事实上,如果将主体性的构成内容加以综合就会发现,学者们认为主体性包括独立性/自立性、自主性、主动性/能动性、选择性、自为性、为自性、社会性、现实性、有效性、创造性,等等。[4]概而言之,人的主体性是人不满足于现有生存境遇,而通过不断创造新的生命价值,以获得全新的自我的行为和意识的特征……是对人作为社会实践主体的质的规定性,是人与客体相互作用过程中得以发展的自觉能动性和创造的特性。[5]

---

[1] 齐振海,袁贵仁.哲学中的主体和客体问题[M].北京:中国人民大学出版社,1992:98.
[2] 北京师范大学教育系、河南安阳人民大道小学联合实验组.小学生主体性发展实验与指标体系的建立测评研究[J].教育研究,1994(12):53-59.
[3] 肖川.从建构主义学习观论学生的主体性发展[J].教育研究与实验,1998(4):1-5.
[4] 唐智松.由自与自制——论网络文化中的主体性教育[M].北京:中国社会出版社,2005:24.
[5] 王坤庆.精神与教育:一种教育哲学视角的当代教育反思与建构[M].上海:上海教育出版社,2002:195.

自 20 世纪 80 年代我国教育理论讨论"教育过程中师生主客体关系"开始，再到"教育的主体性"和"主体性教育"，我国的相关理论研究和实践认识已经突破传统教育的"塑造论"和"工具论"，肯定了学生的主体地位，要求培养学生的主体性。高等教育是否视学生为主体，如何帮助学生体现出主体性，一直是高校教学管理体制改革和教学改革的核心问题，关涉到整个高校的管理和教学质量的提升。[①]因为，主体性作为人性的精华和人的精神生活的内在尺度，是人在思想与行动中所表现出来的能动性、自主性、自为性等。换而言之，主体性是高校教学管理活动中学生精神生活的一部分，反映着学生内在的精神状态和人文享受，是学生存在和发展的重要尺度之一。正是由于学生主体性的存在构成学生在人格、心理、个性、情感、意志等方面的不同特征，才使得学生成为具有不同主体性的独立个体。学生主体性缺失的结果就是，学生在高校教学管理活动中变成"非人""非我"。若是教师作为主体，便意味着学生处于教师支配下的依附地位，学生也就被当作教师认识和教授的物化对象，其主体性被湮没，自由精神、自主能力被遮蔽，故不可能有主体精神。

在此，还需要注意，就一般与个别的关系而言，学生的主体性既包括一般意义上的人类主体性，又包括学生在教育教学活动中所具有的特殊性。结合泛在学习时代学生在高校教学活动中的特点，高校学生主体性包括自主性、自律性、创造性和选择性。[②]首先，就国家社会而言，泛在学习时代对高校人才培养目标提出了培养复合型、创新型人才的要求，学生只有具备主体意识与品格，成为学习的主人，才能适应泛在学习时代社会的人才需求。其次，就高校内部而言，高等教育大众化使学生的来源、构成呈现出多样化特征，学生的文化、价值差异日愈明显，其异质性增强使学生个体对其主体性地位的需求增强，这就要求高校教学管理制度能够充分的反映其正当需求，维护其合法权益。再次，基于现代信息技术的泛在学习时

---

① 李福华. 高等学校学生主体性研究[D]. 上海：华东师范大学，2003：17.
② 唐智松. 由自与自制——论网络文化中的主体性教育[M]. 北京：中国社会出版社，2005：26.

代高校教学活动具有民主化、个性化的特点①，教育信息、教育资源由学生自动"提取"（Pull），而非被教师掌控或主动"推给"（Push）给学生，这使得学生必须保持学习的主动性，具有学习目的自控性、选择性等主体性，②否则基于信息技术的网络学习难以开展。

由此可知，从理论上讲，在泛在学习时代的高校教学管理活动中学生的主体性理应得到进一步"凸显"。然而，现行的教学管理制度的最大不足就是以人的同质性为制度建设的假设前提，忽视学生的主体地位和个性差异，使教学管理未能体现教育教学的价值旨趣与主体关怀。其具体表现在以下几个方面。

1. 选择学习自由的权利尚未完全实现

为提高组织管理效率，标准化长期被作为学校运行的重要形式。从某种意义上说，学校变相地成为生产统一类型学生的工厂。在这个工厂里，"原始产品（儿童）被造就成成品以满足各种生活需要……根据规格的规定来塑造学生是学校的职责"③。虽然，部分高校的现行教学管理制度已明确指出，学校允许部分课程免听、免修，学习能力和学业水平达到相关要求即可提前申请毕业，在以教学计划为依据的基础上学生可根据学业规划自主选择课读程、安排学习进程，学生修读经学校认可的在线开放课程可由学生申请、经学校审核后予以换取学分或成绩等，在一定程度上承认并保障了学生选择学习自由的权利。然而，研究显示，我国不同类型高校平均学分数是156.9，选修课平均学分为29.8，占比为19.0%；平均学时总数是2495.0，选修课平均学时数是500.3，占比为20.1%，可见在课程选择上，学生自主选择的空间较小。④此外，据调查，分别有21.68%和12.21%的学生表示不太能和完全不能灵活选择上课时间；有19.37%和9.26%的学生认

---

① 张怡，郦全民，陈敬全. 虚拟认识论[M]. 上海：学林出版社，2003：276.
② 唐智松. 由自与自制——论网络文化中的主体性教育[M]. 北京：中国社会出版社，2005：26.
③ [美]马克·汉森. 教育管理与组织行为[M]. 冯大鸣，等，译. 上海：上海教育出版社，1993：27.
④ 邬大光. 本科教育基因六大特征解析[N]. 光明日报，2018-11-27（13）.

为自己不太能合理和完全不能选择以线上或线下的方式上课；有12%和4%的学生表示比较不能和完全不能自主选择课程；有20%和13.68%的学生表示比较不能和完全不能自主选择合适的学习材料。对此，有学生在访谈时谈到，"感觉自己仍然像初高中学生一样，不仅不能自由选择以网络或面授的形式完成课程学习，甚至还有严格的类似于'打卡式'的课堂考勤制度，部分课程教师会采取课前、课后或随机点名的形式将出勤率与平时成绩、期末成绩挂钩"。不久前，有新闻甚至爆料某高校大学生因家人去世请假却被教师拒绝之事：

> ××大学一声乐系学生因家人去世向老师请假，被老师拒绝后，该老师表示："你可以回去，必须回去，那是你的职责。你没来上课，我要扣分，那是我的职责。"随后，该老师在全年级合唱课上公开拿该生隐私做例，并表示："如果这学期你家里面有四个人去世，那么不好意思，我这门课，你只能重修。"①

此外，虽然现行的高校教学管理制度明确指出学生享有申请调换专业的权利，各高校也明确允许学生在全校范围内选择课程或实行主辅修制，甚至选修网上课程或其他联盟高校的课程，也出台了专门的有关转换专业、主辅修课、学分认证的规章制度，但有32.63%的学生却表示转换专业的手续和流程并不简单。质而言之，学生事实上所享有的转换专业的权利受限。同时，泛在学习理念下学生随处可学且学习能够被认证的情况也保障不足。有8.85%的学生表示在校外交换学习所获得的学分并不能转换为学校学分，有15.58%的学生表示通过网络学习（如MOOC联盟等）所得之学分亦不能有效转换为学校学分，甚至有24%以上的学生表示从未采用过网络学习途径获取学分。对此，通过深度访谈，有学生表示，"今年开学的时候，我想通过线上学习的方式选择其他名校的《金融学》课程，但是在××平台上筛选时，我发现可供选择的课程并不多，而且提供的课程与我们学校自己

---

① 川大学生请丧假被拒上热搜，高校回应：老师已道歉[EB/OL]．（2018-10-22）
[2018-12-20]. http://edu.sina.com.cn/gaokao/2018-10-22/doc-ihmuuiyv6859510.shtml.

开设的课程在设计上并没有太大差异。那我为什么要大费周章的通过各种申请、审批、认证来选择网上课程呢,还不如直接将就学校开设的课程就学习了,更省事。"

2. 参与教学管理的权利不足

近年来,随着主要以法治、自由、民主和公正为价值基础的教育治理理念不断深入发展,本科生参与教学管理的问题日益受到广泛关注,部分高校也提出要学生可以通过参与学校的某些事务管理。有学生在访谈时谈到,"由于在班级担任班委,参与过学院组织的教学反馈讨论,就是针对学期班级课程的安排是否合理、教师是否尽职尽责进行讨论和提出建议等。我是十分愿意参与这类活动的,我认为这能很好地表达学生的真实想法,学生反馈信息给学院,学院再反馈信息给老师,这个过程我们不会直面任课老师,会放下很多疑虑将最真实和切实的问题进行反馈,通过讨论得出改进办法,再由学院反馈老师进行教学改进。这种形式中间环节少而且直接高效"。然而,在具体的教学管理进程中,学生参与教学管理决策、参与教学改革、参与教学评价以及监督教学管理的程度远不如预期。据调查,14.53%的学生表示自己不可以对教学目标、教学计划、教学方式、考核方式与授课教师等内容表达意见,21.05%的学生表示学校在制定教学改革方案等教学管理制度时几乎不会征求其意见,12.84%的学生表示学校制定教学改革方案等教学管理制度完全不会征求其意见。由此可见,高校本科生参与教学管理的权利不足,关系到自己切身利益的利益诉求并不能得到充分重视。因此,在制度层面其利益表达更不能得到较好彰显,使得学生在高校教学管理制度安排中主体性缺失的问题并未从根本上得以解决,真正具有民主性的适应于泛在学习理念的高校教学管理制度尚未建立起来。

第五章
泛在学习理念下现行高校教学管理制度不够完善的因素分析

归因（Attribution）是社会心理学研究的基本概念，首先由美国学者海德（Heider，F.）在其著作《人际关系心理学》中研究人际知觉时提出。他注重对归因过程的研究，认为决定行为包括人格、品质、动机、情绪、态度、心境、努力、能力等个人原因——内部因素，以及任务的难易程度等环境原因——外部因素。而后，琼斯（Jones）、戴维斯（Davis）、阿特金森（Atkinson，J. W.）、伯纳德·韦纳（Weiner，B.）等学者在此基础上对归因理论进行了拓展研究。其中，韦纳的归因观点不同于早期的研究，他创造性地把归因研究与动因研究有机结合，形成了动机归因理论。[①]他认为，能力、努力、任务难度、运气、身体状况及其他六种因素是人们对成败归因的解释或分类，这六种因素又可以依据控制点（因素源）、稳定性和可控性三个向度将其分为内部与外部归因、稳定与不稳定归因、可控与不可控归因三维模式。[②]概而言之，归因是人类探究事物变化发展与行为之间的因果关系时，为了预测和评价观察对象的行为，观察者通过控制或激励与观察对象相关的环境、

---

① 张爱卿. 归因理论研究的新进展[J]. 教育研究与实验，2003（1）：38-41.
② 韩仁生. 韦纳的归因训练理论模式及其实施[J]. 齐鲁学刊，2003（1）：56-58.

行为，寻找事物发生的原因，而对观察对象及行为过程所进行的一些因果解释与推论。一般而言，内在因素与外在因素共同制约着事物的发展变化。基于上文对泛在学习时代现行高校教学管理制度规范情况的调查现状，结合归因理论，本研究以制度理论为核心，从高校教学管理制度供给与制度需求、高校教学管理制度结构、高校教学管理制度环境与高校教学管理制度价值等视角共同归因，探究泛在学习理念下现行高校教学管理制度调适失灵的深层因素。

一、制度供给不足难以满足主体需求

制度大体上被划分为宪法秩序、制度安排与行为的伦理道德规范三种类别。①宪法秩序是具有普遍约束力的，包括确立生产、交换和分配的一整套有关政治、社会和法律的基本规则；制度安排是在宪法秩序下界定交换条件的一系列具体的操作规则，包括成文法、习惯法和自愿性契约；行为的伦理道德规范源于人们对现实的理解。制度供给是制度供给者基于既定的主观偏好、利益结构、理性水平、技术条件、制度环境等，经由特定程序、渠道制定或更新正式规则的过程。高校教学管理制度由正式制度与非正式制度构成，本研究所探讨的主要是正式的高校教学管理制度供给与需求的不对等所导致的现行高校教学管理制度无法有效的激励、规范泛在学习时代的高校教学活动。

（一）现行高校教学管理制度相对较弱

一是现行高校教学管理法律制度尚不全面、法律位阶较低。改革开放以来，我国逐步恢复和加强了教育立法工作，以《中华人民共和国宪法》为依据先后颁布了 8 部教育法律、14 部教育行政法规，以及其他一些教育

---

① 杨瑞龙. 论制度供给[J]. 经济研究，1993（8）：45-52.

规章和地方性政策，形成了现行的教育法律体系，对改革开放以来我国教育事业的发展起到了重要的推动与保障作用。但在现行的教育法律体系中，并无专门的关于高校教学管理活动的国家立法或行政法规。有关高校教学管理制度的法律条文散见于《高等教育法》《民办教育促进法》中，其内容主要立足宏观层面，给予一些原则性规定，尚未出台涉及学校教学管理活动中具体管理的行政法规与教育规章。如：《高等教育法》规定，高校"依法自主设置和调整学科、专业""根据教学需要，自主制定教学计划、选编教材、组织实施教学活动""自主确定教学、科学研究、行政职能部门等内部组织机构的设置和人员配备"，同时指出高校由"校长全面负责本学校的教学"，学术委员会审议教学计划方案、评定教学研究成果等。此外，涉及高校具体教学管理的法律制度主要体现为部门规章，如《教育部高等学校教学指导委员会章程》(教高厅〔2018〕4号)、《教育部关于推进高等教育学分认定和转换工作的意见》(教改〔2016〕3号)、《普通高等学校学生管理规定（2017修订）》(教育部令41号)，等等。但这些法律政策也是基于传统的高校的教学形态制定的，对于网络教育开放性、实时交互性等方面的新形势、新特征的体现尚存不足。

二是现行的高校内部教学管理规章尚不健全。规章是高校教学管理制度的一种外在表现形式，对组织的有效运行具有五项功能，即：是直接命令的等同物、能代替一个上级亲自复述命令、能对一个下属的决策权限范围起界定和限制的作用、可促进管理者"深入控制"的才能以及具有"合法惩罚"的功能。[①]从本研究所选择的样本高校内部教学管理制度建设情况来看，现行的教学管理规章数量较多，但其内容零散、模糊，本身尚存一些不完善的地方，需要不断补充、调整、更新。主要体现为如下四个方面：其一，高校内部教学管理规章的体系矛盾或交叉。通过梳理各高校的内部教学管理规章制度时发现，现行的内部不同规章制度之间相互矛盾，彼此

---

① [美]马克·汉森.教育管理与组织行为[M].冯大鸣，等，译.上海：上海教育出版社，1993：38.

不协调，进而使高校教学管理制度形不成合力，无法形成良好的制度支撑。此外，有些高校内部教学管理规章的内容相互交叉，权责不明。如此一来，极有可能造成学生、教师、管理者关于教学活动的利益冲突，又可能会造成高校内部教学管理职能部门之间的推诿与扯皮。其二，现行的高校内部教学管理规章更新较为滞后。调查显示，在现行的高校内部高校教学管理规定中，有些高校的教学质量管理制度等年代已久，制度被制定下来后一直延续至今。泛在学习时代的高校教学模式、教学管理理念、相关利益主体的利益诉求、学生与教师或管理者之间的权利冲突已然发生变化，然而高校在进行制度安排时，并未及时察觉新时代的新矛盾，因而未对不合时宜的制度做出及时修正和更新。其三，现行的高校内部教学管理规章体系残缺。梳理样本高校的内部教学管理规章时发现，有些高校对相关教学管理问题缺乏配套的制度建设，抑或缺少对高校内部教学管理缺少监控与反馈环节，导致现行的高校教学管理制度失灵或出现制度真空，这种制度体系中的"漏洞"使得现行的高校教学管理制度无法良好地约束、规范泛在学习理念下的高校教学活动。如国内大多高校都实行了导师制，但导师制度尚不够完善，往往是学校为学生配备导师后，剩下的事情则由导师和学生看着办，导师指导什么，何时指导都没有明确的规定。没有建立师生定期见面交流制度，绝大多数情况是学生若有问题想请教导师，则可以去与导师见面沟通，部分导师几乎不会主动安排见面和有计划地指导学生。于是，这种导师制的实行完全依赖于导师的责任心和学生的主动性。另外，由于担任导师的教师，尤其是新导师，没有建立针对性的导师岗前培训制度，未对心理学、学生事务管理、管理学、社会学、教育法规、生涯发展规划等主题做针对性培训，即便担任导师的教师有很强的责任感，也往往处于有心无力的状态。如此一来，导师制的实施很大程度上依靠学生的主动性和教师的既有经验，如果学生不够主动，导师制则形同虚设，效果往往也不佳。另外，据某大学导师制实施效果的调查显示，学生对导师工作的期望与实际情况之间差距较大，有学生认为自己从导师制中"受益不大"。①其四，高校内部的教学管理制度文本规定的内容具有模糊性，在表述上过于抽象和概念化，可操作性不强。以师生权利的救济及其途径为例：通过梳理样本高校的大学章程发现，几乎所有高校的内部章程都充分中了教师在教学管理活动中教师享有表达异议、提出申诉的权利。如：有大学章程明确指出，当教师的权利受到侵害时，教师可以向有关部门和委员会表达异议和提出申诉。然而，样本中只有C大学和D大学的章程对教师表达异议、提出申诉的权利的具体操作流程做出了规定，而其他高校章程并没有说明教师应该向什么机构与部门反映和申诉。类似的，在学生学习权保障方面，章程也指出学生对学校给予的处分或处理有异议的，可以向学校和教育部门提出申诉。但对于学生权利救济的具体申诉流程、相关的申诉内容，在高校内部的章程中却鲜少提及。据此可见，现行的高校内部章程鲜少明确提出当教师或学生在教学管理活动中的全被侵犯时，其权利救济的具体途径和实际操作方式。总体来讲，这些规定过于笼统、抽象和概念化，不具有操作性，进而导致在高校教学管理活动中，师生行使权利时容易引起教师、学生、学校管理者及其他利益主体之间的纠纷。

（二）泛在学习理念下的高校教学管理制度建设滞后

一是制度制定者对泛在学习时代的教学管理变革复杂性认知不足。制度制定者对社会发展规律与教学规律的认识程度是高校教学管理制度是否合理、科学制定的重要保障。在当前社会体制和教育体制下，自上而下的行政推动是引领高校教学管理制度更新的重要动力。然而，诚如富兰（Michael Fullan）所言："强制是重要的，政策制定者有义务确定政策、设立标准并监督实施。但是要达到某种目标——在这里是重要的教育目标，你不能强制决定什么是重要的。因为，对于变革的复杂目标来说，真正重要的是技巧、创造性思维和投入行动。"②事实上，泛在学习时代的高校教

---

① 陈向明. 大学通识教育模式的探索——以北京大学元培计划为例[M]. 北京：教育科学出版社，2008：40.
② [加]迈克尔·富兰. 变革的力量——透视教育改革[M]. 中央教育科学研究所，加拿大多伦国际学院，译. 北京：教育科学出版社，2004. 30-31, 33.

学变革并不是一个简单的、线性发展的过程,而是一个复杂的、动态变革的过程,充满着不确定性。这就好比在一次有计划的旅程中,却在一条漏着水的船上,遇见一伙叛变的水手将这条船驶进了没有海图的水域。①在信息技术与高校教学不断深度融合发展的过程中,无论是高校外部以教育行政部门为主的政府,还是高校内部的学校管理者、教师等相关行为主体,尚未以一种复杂的、动态的视角,来认识即将变成现实的泛在学习时代高校教学模式的变革。这主要表现在两个方面:其一,以线性思维方式认识改革。毋庸置疑,影响高校教学变革效果,使其无法达到预期效果的因素是多种多样的。但在我们的高校教学管理变革实践中,如选择网络课程的学分互换,其旨意原本在于增强学生的选择自由,并以制度的方式保障学生的学习自由权。然而,由于学分互换是高校学生人才培养模式、学生学籍管理制度的重要关键点,往往关涉并受制于高校教学管理中其他制度建设情况。当实践活动无法及时产生或得到明显的预期效果时,高校教学管理行为主体不一定能意识到学分互换制度更新是一个系统的、复杂工程。因此当制度建设出现问题时,就表现出怀疑、犹豫,甚至是否定和拒绝。其二,功利主义思想。虽然相较于初高中教育而言,高校教学并不受学校升学率的影响,但每一轮的高校本科教学评估以及各种大学指标排行榜,仍使得高校管理者重视教学变革后的成效,一旦改革效果不明显,则很容易将改革放置,回到原来的教学范式中去。

　　二是师生的权利意识淡薄,对于更新泛在学习理念下教学管理制度的需求不够强烈。长期以来在教学管理制度建设方面,教师和学生的主体意识比较缺乏,没有认识到自身在制度建设方面的应有责任和使命。从调研结果来看,教师对自身教学权利的认知水平整体偏低,教师自身对所在学校本科教学管理机构及其职能的了解、对法律法规中所规定的教师权利的了解、对其他教学管理规定所赋予的教学权利的了解、对《大学章程》赋予的教学权利的了解程度都不够高。同样的,学生对自身学习权利的认知水平也整体偏低。其中,"我清楚教师的哪些行为会伤害我的学习权利"均值最低,"我清楚学校管理者的哪些行为会伤害我的学习权利"均分次之,这表明学生对自己的学习权认识不清，不能准确感知到自己的学习权是否受到侵害。然而，任何教学改革都是在学校领域和课堂领域发生，在学校管理者的推动和教师的教学改革中完成的，只靠强制的命令是远远不够的，师生自身的权利意识淡薄，自然对泛在学习时代所催生的教学模式变革下所产生的新问题无意识或漠视，严重阻碍制度更新。

三是受到一定程度的行政干扰。众所周知，在当前高度集中的行政体制和教育管理体制下，公立高校或多或少都已经被纳入了我国的教育行政体制结构之中，公立高校往往是我国教育结构中的一个子系统。因此，公立高校的教学管理制度建设往往会受到自上而下的行政权力的推动与影响。虽然这种教育行政体制在很大程度上促进了我国教育事业的发展，但在目前的教学管理实践中，就高校教学管理活动而言，这种自上而下的行政权力除了体现在各级教育行政机关和部门的职能分配中之外，同时也延伸到了高校的内部科层体制、教学规章制度中来，最终，这种行政权力也会渗透进高校的教学环节。因而，在这种自上而下的权力机制下，高校的教学管理变革在一定程度上是出于教育行政权力的压力，而不是高校自身基于真正情境、需求做出的时代回应。当然，其自身基于教学管理的新问题、新矛盾进行教学管理制度建设或重构，就更是无从谈起。

四是制度变迁的路径依赖。路径依赖是在选定某种制度时，制度本身会在惯性的作用下产生自我强化机制，使其得到强化而不轻易改变，因此在制度变迁中会出现一些无效率制度在一定历史时期内存在的现象。通过历史梳理，高校教学管理制度存在的"巨大的固定成本、学习效应、协调效应和适应性期望"[①]四方面自我强化机制，使其回报递增进而减速着高校教学管理制度发展，导致我国的高校教学管理制度呈现局部替换的渐进式变革特征，伴有明显的路径依赖。具体而言，其一，高校教学管理制度变革会牵涉到招生制度、教师管理制度、后勤管理制度等其他相关制度的改变，相互关联的规范体系使制度变迁存在高昂成本，导致政府更倾向维持

---

① [美]道格拉斯·C.诺斯.制度、制度变迁与经济绩效[M].杭行,译.上海:上海三联书店,2014:111.

过去的制度结构和关系；其二，在制度执行过程中，个体和组织会恪守、适应与学习制度形塑的规则关系，短期内重新学习和接纳新制度产生的学习效应会在一定程度上降低相关主体对于制度变迁的积极性；其三，长期以来，高校教学管理的正式制度和非正式制度已经形成了一个稳固结构的高校教学管理制度共同体与相对稳定的利益格局，其彼此间的协调效应强化了旧制度的稳固性、增加了制度变迁的难度；其四，高校教学管理制度经过充分的制度化过程已趋于固定，尽管在制度变迁的过程中，现行高校教学管理制度通过增强制度弹性等微调制度变迁以适应环境变化，但是仍能使多数利益主体受益，这种制度的适应性期望使多元主体倾向减少大幅度改变制度的可能。

二、制度结构失衡存在合法性危机

制度主义理论尤为关注制度的合法性机制问题。合法性，是指在特定的信念、规范、价值观等社会化建构的系统内部，对行动是否合乎期望的恰当的一般认识和假定。[1]从行政管理视角，合法性是习俗、利益关系等纯粹情绪动机或价值合乎理性之外的使统治能够巩固、稳定的不可或缺的资源。[2]而合法性机制就是社会的法律制度、社会规范、文化观念或某种特定组织形式成为"广为接受"的社会事实后，所具有的强大的约束力成为规范人们行为、诱使或迫使组织采纳与共享与之相符合的组织结构和制度。[3]制度之所以能够稳定存在并具有规范力，就在于它的合法性。如果组织机构或制度有悖于社会事实而不能被广泛接受，那么就会出现合法性危机。换而言之，高校教学管理制度的合法性危机就是高校所制定和实施的教学管理制度不被利益主体认同和接受，导致制度效率低下甚至出现负功能。其合法性危机既可以表现在教学管理组织体系上，也可以存在于某单一或一

---

[1] Suchman M C. Managing Legitimacy: Strategic and Institutional Approaches[J]. Academy of Management Review, 1995, 20(3):571-610.
[2] 余华. 管理主义合法性危机的反思与超越[J]. 求索，2008（7）：79-80.
[3] 周雪光. 组织社会学十讲[M]. 北京：社会科学文献出版社，2003：70-76.

整套规章制度上。从结构功能主义视角来看,由美国著名社会学家塔尔科特·帕森斯(Parsons,T.)所提出的结构功能主义(Structural functionalism)从结构与功能及二者的相互关系为出发点,认为社会是类似生物有机整体的大系统,由一定的结构或组织构成。这些组织部分有机联系并对社会整体有相应的功能使得社会整体在一定时期内能维持相对稳定,各组成部分之间虽会发生变化但具备自我调节能力并趋于新的平衡。[①]任何一个社会系统必须实现四项基本功能才能生存和维持下去,即 AGIL——适应(Adaptation)、目标达成(Goal attainment)、整合(Integration)和潜在模式维持(Latent pattern maintenance)。在 Parsons 的均衡模式中,AGIL 分别借助货币、权力、义务与影响等媒介进行的系统间互动与交流造就了社会统一体的稳定与变迁。相应地,社会组织按照被组建的功能被分为经济生产组织、政治目标组织、整合组织和模式维持组织四种类别,并分别对应为适应目标、实施目标、整合目标和模式维持目标四种目标类型。高校属于具有文化、教育和解释功能的模式维持组织。[②]结构功能主义方法论所强调的系统性、整体性为研究者关于高校教学管理制度及结构功能的合法性分析提供了批判性检视依据。

(一)高校教学管理组织结构不健全

系统科学强调系统的反馈、有序和整体性。反馈原理意指任何系统若要实现有效的控制并达到某种目的,必然离不开信息反馈;有序原理意指任何系统若实现有序,则必须开放、有涨有落,并远离平衡态;整体原理意指任何系统必须形成整体结构并使其相互联系才能发挥整体功能。基于三大原理,任何系统必须重视系统结构的合理性才能实现或保持系统的良性动态发展,这就需要系统结构能够及时准确地反馈信息,在对此进行监控、统计时也能分析、处理系统中的矛盾。高校教学管理组织体系亦是如

---

① 刘润忠. 试析结构功能主义及其社会理论[J]. 天津社会科学, 2005(5): 52-56.
② 彭红玉. 我国高等教育治理结构的反思——结构功能主义的视角[J]. 高教探索, 2007(6): 5-8.

此。然而，从既有的高校教学管理组织结构来看，我国高校主要采用"校长—分管教学校长—教务处—二级学院（部）—学科/系"的教学管理组织结构。在高校的教育教学行政运作上，科层制已经成为一种不可或缺的机制。不得不承认，作为形式理性的最高表现的科层制具有权威阶层、正式法令规章、专职分工、超私益性、效率、准确、快速、可计算性等优点，但是，也必须清楚地认识到，科层制亦有组织僵化、不知变通、束缚于规则与忽视正式组织功能等缺失。[①]诚如有学者将高校的科层制组织结构比喻为一台机器，指出如果让这台机器一直运转而不加维护，那么一切事务都会陷入混乱之中。因此，我们应该意识到，虽然科层制在一定时期内保证了高校本科教学工作的正常运转，但从系统结构的反馈原理、有序原理、整体原理视域，不难发现，现行的高校教学管理组织结构尚不健全。

一是缺少能及时、准确反馈信息、监督教学管理实效的教学督导机制，导致教学状态信息采集滞后、甚至失真。虽然从组织机构设置来看，多数高校在其大学章程中指出要设置教学督导委员会、教学质量监控中心，督促、管理、检查高校的本科教学秩序、教学质量，但在实际运行中，这些委员会大都流于形式。当然，学校管理者自身也拥有监督权，其监督权是管理权的组成部分之一。但这种依靠教务处或教学部门自己对自己所进行的监督，无法体现公正权威。如果仅仅只是依靠职能部门自身来监管教学质量，很难对整个教学过程实施全面有效的监督。在高校的教学管理活动中，由于缺乏有效的监督和约束机制，高校的教学管理权很容易走向自我膨胀，造成权力的滥用，既容易压制高校内部教师的教学权、学生的学习权的行使，也容易让管理者行使管理自主权时滋生一种非正当性力量。在反馈与监督程序缺位的情况下，管理者只有依靠"道德"自觉形成约束力。正如法国启蒙思想家、法学家孟德斯鸠认为权力具有扩张性，"一切有权力的人都容易滥用权力，这是一条万古不易的经验。有权力的人们使用权力到遇有界限的地方才停止。"为了防止权力间的相互侵害，孟德斯鸠提出要

---

① 谭光鼎,王丽云.教育社会学：人物与思想[M].上海：华东师范大学出版社,2009：81.

以权力制约权力。此外，制定、实施、监控和反馈是管理制度内在的结构性因素，任何一项管理制度都需要这四个因素，才能形成一个完备的管理制度运行过程。教学管理组织体系既是制度的一部分，也是制度安排的外在表现，因此，管理制度的结构要素也应体现在管理组织体系中，这是制度得以有效发挥其管理效力的基本前提。

二是缺少专门性的常设教学管理决策机构，教学管理的决策权呈现单向、一元垄断特征。从现行的教学管理组织设置来看，高校的教学管理权主要掌握在校长、分管教学校长和教务处领导手中，由教务处或本科生院领导统筹规划并通过二级学院（部）领导研究产生，是一种典型的上下级隶属式的教学执行结构。就高校教学管理运行的决策系统而言，理论上应由决策管理机构、决策研究机构和决策信息机构等组成。但是，在教学管理控制决策中往往受限于领导个体的思维方法，带有一定的主观色彩，使得高校教学管理工作在决策中民主性不足，缺乏科学性和有效性，进而在高校的办学规模急剧扩张，管理日趋复杂和繁重，以及泛在学习时代所需求的教学多元化诉求上，教学管理行政权力干预着教学活动中的教与学，高校教学管理决策行为里行政权力占据上风，学术权力与民主权力无法与之形成相互制衡的关系。此外，决策权的过度集中，往往容易降低制度执行过程对人情、妥协、竞争等各种行为主体不恰当行为侵蚀和影响的抵抗能力。

（二）高校教学管理制度基础性要素缺失

新制度社会学家 W·理查德·斯科特（Scott, W. R.）在其《制度与组织——思想观念与物质利益》一书中，综合了以往各派学者关于制度研究的各类观点，拓展了自己关于制度的认知，指出"制度包括为社会生活提供稳定性和意义的规制性、规范性和文化—认知性要素，以及相关的活动与资源"[1]。这三大基础要素是一个连续体，是制度的关键要素。其中，规制

---

① [美]W·理查德·斯科特. 制度与组织——思想观念与物质利益（第三版）[M]. 姚伟，王黎芳，译. 北京：中国人民大学出版社，2010：56-59.

性要素是学者们普遍关注的制度基础性要素，其突出特征在于特别强调明确、外在各种规制过程，即规则的设定、监督等活动。如经济学家道格拉斯·诺斯（North, D.）认为"制度完全类似于经济体育运动的比赛规则……制度运行的实质内容之一，就是确保违反规则与律令会付出沉重的代价，以及受到严厉的惩罚"①。规范性要素强调制度存在的说明性、评价性和义务性维度，在确定目标的同时也规定了事情应该如何完成的手段，并规定了一种追求所要结果的合法方式或手段。诸如詹姆斯·马奇（March, J. G.）、约翰·奥尔森（Olsen, J. P.）所持有的制度观就着重于制度的规范性要素，认为"组织会遵守规则，组织中很多的行为是由标准的运行程序所规定的"，"行为是由规则所驱动的……规则按照角色职责必须承认另一些角色的哪些职责，来界定角色之间的关系"。①文化—认知性要素意指"内在的"理解过程是由"外在的"文化框架所塑造的，人们遵守制度是因为制度是"我们做这些事情的"恰当方式。在制度的三大基础性要素中，其在遵守基础、秩序基础、扩散机制、逻辑类型、系列指标、情感反应、合法性基础等核心观点上的具体表现如表 5-1 所示：

表 5-1 制度的三大基础性要素

	规制性要素	规范性要素	文化—认知性要素
遵守基础	权宜性应对	社会责任	视若当然、共同理解
秩序基础	规制性规则	约束性期待	建构性图式
扩散机制	强制	规范	模仿
逻辑类型	工具性	适当性	正统性
系列指标	规则、法律、奖惩	合格证明、资格认证	共同信念或行动逻辑、同形
情感反应	内疚/清白	羞耻/荣誉	确定/惶惑
合法性基础	法律制裁	道德支配	可理解、可认可的文化支持

资料来源：[美]W·理查德·斯科特. 制度与组织——思想观念与物质利益（第三版）[M]. 姚伟，王黎芳，译. 北京：中国人民大学出版社，2010：59.

---

① March, James G., Johan P. Olsen. Rediscovering Institutionalism: The Organizational basis of politics[M]. New York: The Free Press: 1989: 21, 23.

从理论上讲，高校教学管理制度也应由规制性要素、规范性要素和文化—认知性制度要素有机构成。然而，反观既有的高校教学管理制度时发现，无论是高校教学管理制度制定抑或管理者在依托教学管理制度进行教学管理的过程中，均比较重视制度中的规制性、规范性要素，轻共享的、积极的文化—认知性制度要素。尤为明显的是高校内部教学管理制度的基本要素失衡，使其过多发挥着制度的规约和强制功能。文化—认知要素的缺失使得教师群体、学生群体甚至学校管理者在制度执行时并未形成一种共同理解的认同，教学管理制度异化成了教学管理中师生的行动目标。因此从某种意义上讲，高校教学管理制度的激励和诱导功能发挥不足，具体主要表现为如下三个方面。

一是高校内部教学管理规章数量多、范围广。规章是高校教学管理制度的一种外在表现形式，在组织的有效运行中，它是直接命令的等同物，能代替一个上级亲自复述命令，能对一个下属的决策权限范围起界定和限制的作用，可促进管理者"深入控制"，以及具有"合法惩罚"功能。① 本研究在整理、分析10所样本高校教学管理制度进行时发现，为保证教学秩序的正常运行，各高校在管理本科教学活动时，在横向和纵向层面均制定了较为完备、详细的规章制度，将教学管理主体的权力、权利、义务及其相关程序和行为标准以制度化的形式通过规章确立下来，使教学管理活动能够符合一定的标准。其内容广涉教学建设、教学改革、教学研究、教学运行、实验与实践教学、教学质量监控与评价、人才培养方案与管理等方面。部分高校还将这些规章制度汇编成册，以《××高校教学管理文件汇编》《××高校本科生教学手册》《××高校教师手册》《××高校学生手册》等形式呈现。

二是高校内部教学管理制度文本表述上规训色彩显著。一般而言，规训往往把人作为一种改造的对象，规训主要是通过提供一个有秩序和规则的图景，实现着占权威的行为主体的权力霸权。为彰显制度的规范性和严

---

① [美]马克·汉森. 教育管理与组织行为[M]. 冯大鸣, 等, 译. 上海: 上海教育出版社, 1993: 38.

肃性，高校内部教学管理制度在制定时以"服从命令、遵守秩序"为原则，制度文本内容表述上明显充斥着控制主义倾向。诸如"不得……""不准……""必须……""务必……"等用语出现的频率较高。这种指令性、禁止性的文本强调的是一种简单规范、规制而非个性化的管理，往往使师生及教学管理人员扮演被支配、被管制角色，忽视教学管理工作的复杂性、差异性。高校教学管理工作呈现出的控制倾向使教学管理活动中的"我"性缺失，变成了"他"性教学，严重抑制与束缚了人的主动性和积极性的发挥。正如笔者在访谈时，就有教师谈到，"目前的教学工作不是没有规范、没有制度，而是过多的规范与制度束缚了教学管理活动的灵活性，这是与泛在学习理念下的个性化、多样化的灵巧教育相违背的，因此如何超越既有规范，使现有教学管理制度走出所谓的'制度化'陷阱，是当前高校教学管理制度改革亟待思考的关键问题之一"。

三是目前的高校内部管理规章制度在执行时，一般沿着科层组织的等级结构，借助下发文件、召开会议或者填报表格等形式进行传递，且在制定中存在程序危机，即在制定时较少征求师生等利益相关主体的意见与建议，忽视其参与使制度无法彰显其利益诉求。这种单靠外在的、自上而下式的强制、规范，很难将规章制度、责任期待、价值规范等真正内化、建构到行为者的内心当中，行为者更多的是以犬儒主义心理被动接受上级领导的责任期待来约束其行为，甚至使师生在高校的教学管理活动中存在"缺位"或"失语"现状，使得现行的教学管理既不符合泛在学习理念下的教学管理模式，也导致教学管理的低效率。按照科尔曼（Kelman，H.）的理性选择理论，个体对目标的态度分为三种类型或三个阶段，即制度性服从、内在化和个人认同。其中，制度性服从——目标者表现出影响者所期待的行为其动机纯粹是制度性的，服从的原因就是从影响者那里获得一些切实的利益或避免惩罚；内在化——目标者内化和整合了影响者的价值和信仰，并对他们的建议表现出支持和执行的行为；个人认同——目标者认同影响者的观念和做法，并真心实意地追随他们，他们的行为动机来自内在的承诺和尊严的需要。[①]因此，高校教学管理制度中文化—认知要素的缺失虽然使高校教学管理制度依然能够发挥其规范作用，但实质上使其具有工具理性，缺失价值的合理性，因而制度本身就缺失一种基于共同信念或行动逻辑所形成的可理解、可认可的文化支持，而只是强调相关主体在高校教学管理活动中的被迫的或计算性的参与，只是为了获得奖励或避免惩罚的制度性服从。故此，其不符合高校教学管理相关利益主体的价值要求和利益诉求，很难激发学生的内源性学习力与教师的内源性教学力，进而面临生存和发展的合法性危机。也正因对人的非理性因素的忽视使得高校教学管理制度中学生、教师的主体性地位明显不足，屈从于外在力量的控制，制度无法形成强大的凝聚力彰显其规范作用。在访谈调查时，有教师谈到，"我校的本科教学管理规章对我们的教学资料管理进行了统一安排。要求老师们要在学期上课前一周或者两周必须把教案（前四周）、进步表、教学大纲和实践教学计划交到教务办；期中，教务办老师会对学院老师的教案（前四周）、进步表、教学大纲、教师日志和实践教学运行记录册进行检查。期末考试前两周要求教师按照试卷出题要求出 AB 两套卷子；期末考试以后，教师要交常规资料（与开学雷同）和期末考试材料（试卷、纸质版成绩表、打印版期末成绩表和质量分析报告）。这种烦琐的制度安排，使得我要投入大量的时间和精力准备材料"。这些纪律被理所当然地解释为照章办事，而不是为了达到某一特定目标制定的衡量标准，异化成各种形式主义乃至繁文缛节，使本来只当作手段的服从规章转化成最终目的，教学管理制度的工具性价值转化为制度的最终价值，进而从制度层面制约着学生学的自由与教师教的自由。

三、制度建设环境影响制度形成与演进

从宏观结构来看，制度是一种政治产品，制度供给深嵌于由政治体制、

[①] [美]加里·尤克尔. 组织领导学[M]. 陶文昭, 译. 北京：中国人民大学出版社，2004：168.

经济制度、文化观念等组成的社会制度中，决定着制度的形成机制和变迁指向。具体到高校教学管理制度而言，由于高校本身就是社会大系统中的一个子系统，因此其制度安排亦不是在法律与社会机制中真空运行，而是与我国的传统文化、经济制度等紧密依存的，它深嵌于社会体制和社会结构之中，在一定程度上是特定历史、文化、政治体制安排的一种回应，且有鲜明的历史性。这些内外制度环境在一定程度上综合影响并决定着现行高校教学管理制度的形成与演进。

（一）我国传统文化观下的个性遮蔽

无论制度设计的多么细致或全面详尽，都不可能涵盖世界的各种现象，也难以囊括社会和人发展中的各种可能性。加之，在社会和人的发展进程中，人的情感、思维、动机根本不是制度性的，因而较难精确量化和描绘。因此，以有限的制度设计根本无法解决无限的人的发展问题。制度实质上是文化的凝结，背后往往内蕴着更深层次的文化形态问题。而政治、经济和社会方面的差异都可以从独特的文化遗产和文化传统中找到根源，因此在影响社会制度选择的诸多因素中，文化至关重要。[①]文化是一个复杂的整体，文化的内涵极其丰富，既包括知识、法律、道德，也包括艺术、风俗，以及作为社会成员的人所具有的其他一切能力和习惯。文化既是物质的又是精神的，既是无形的又是有形的。简单地说，一个民族的传统文化是该民族在长期的历史中所形成、积淀的，带有鲜明的个性特征和稳定性特征的精神文明形态、物质文明形态和行为文明形态，具有民族性和稳定性特征。[②]一个民族总是生活在某特定的生存与实践环境中，在这种具体环境中形成的具有独特个性的价值立场与行为范式就是传统文化的个性特征。同时，传统文化有其形成的条件、基础，也与其凝聚着广大社会成员当时的想法一致，绵延不已的文化立场与价值认同，这就是传统文化的稳定性。

[①] 韩毅. 历史的制度分析——西方制度经济史学的新发展[M]. 沈阳：辽宁大学出版社，2002：161.

[②] 向怀林. 中国传统文化要述[M]. 重庆：重庆大学出版社，2016：5.

我国的传统文化博大精深，在轴心时代主要有道家、法家和儒家三种不同派别，其中法家和儒家所主张的集权观和等级观充分彰显了我国传统政治文化。集权思想在中国自古有之，但是其理论体系的丰富和完成则是在汉儒董仲舒努力之下的独尊儒之后，成为中国传统政治伦理的核心，也成为中华民族最为强悍的凝聚力量之一。

在传统集权思想和等级观念的观照下，我国的高校教学管理决策权高度集中。一方面，以各级各类教育行政部门为主体的政府，通过政策制定的形式，在一定程度上规定高校的课程设置、教材选择、课程计划和评价方式，从根本上限制了学校在教学活动中管理权的权限，也抑制着教师思维和创造性发挥的空间。教育行政部门在高校教学管理活动中强烈的行政控制色彩，使得部分高校往往根据上级指示，只希望其教学活动能够符合管理标准就行。这种高校教学管理体制在一定程度上造成了教师、学生个体自由选择和执行命令之间的张力。调查显示，教师和学生往往只是被动地接受上级的指令与安排，他们较少去质疑，或者是去批判。由此而来，教学活动就变成了一种枯燥单调、机械重复的简单劳动。高校教师的教学思维被禁锢于固定框架中，教师自身被沦为缺乏创新意识的教书匠。本科生也成了被动接受知识，而非高深知识创生的主体。第二，高校教学管理过程中的事物处置权和教学资源配置权常常被集中到高层来处理。调查显示，目前我国高校中有些二级学院（部），除少量日常运行经费、图书资料费用以外只有少量的机动财力，在教职员工的人事权方面，只能在一定范围内表达招聘需求，而无法最终决定是否要聘任或辞退某人。在这种集权体制下，高等学校的决策与信息只能由上级的"命令"，"民可使由之，不可使知之"。这种重视集权观念的管理模式，重上级管理意见，轻大众参与，由此导致下级管理人员出现逃避自由的心理倾向。正如弗洛姆（Fromm, E.）所言，有权威人格的人特别强调权威的价值，重视以权力的地位决定人的价值，重视命令与服从，缺乏友爱和温情。由此可见，教学管理决策者与教学管理决策的执行者，甚至教职员工和学生之间都缺乏一些必要的沟通与交流。而且在实践中，高校的教学管理决策往往被看作是高校或负责高校教学管理的领导的事物。在此之外的广大的教学管理人员、教师、学生则被排除在高校教学管理活动的决策过程之外,使得高校的教学管理决策事实上根本无法体现一种"公共"特性。其结果导致,一定程度上教学管理部门决策的合法性被妨碍,在具体的管理活动中,教师、学生在贯彻决策方案时的自觉性也被妨碍。

(二)计划经济体制下高校教学管理的制度惯性

在当前的高校教学管理制度建设中,教育行政权力起着主导作用。然而,实践中教育行政权力虽然占据的主导地位,并不意味其本身就是一种自足性力量。从某种意义而言,教育行政部门的自足性力量之所以如此强大,除了受到我国现实政治体制结构影响之外,其背后还有着一些复杂的关联因素。从更宏大的社会背景来考察制度建设时,不难发现,高校教学管理制度事实上已被深深嵌入社会体制和社会结构之中。高校教学管理制度在一定程度上是社会体制和结构安排的一种回应。总体上看,高校在教学活动中的管理方式、制度安排是与高校所处的宏观社会体制和社会结构相一致的。

计划经济与市场经济是两种截然不同的经济制度。计划经济体制要求国民经济和社会发展实行统一和集中管理。中华人民共和国成立后,受制于当时特定的社会历史条件,如加快工业化实现现代化的目标追求等因素,以及国际经济环境的制约,我国政府借鉴了苏联的计划经济体制来管理国家,在政治、经济、文化等领域将一切资源收归国有,由政府统配。在教育领域,教育行政部门对高校实行高度集中领导,片面强调教育的社会价值,用统一的教学计划培养各种专门人才。也就是说,计划经济体制下,高校是作为政府的附属机构而存在的,政府是一种"无限的政府"。虽然在20世纪90年代后,我国逐步从计划经济向市场经济转型,但在教育领域,政府集中管理教育的做法仍未彻底改变。在高等教育事业发展中,"政府是资源的主要供给者和教育事业的管理者,手中握有各种调控手段;而高校则是政府提供的资源环境下受调控管理的办学者。在这种规定性前提下,政府和高校作为博弈主体就分别处在主导和从属的位置上"。①计划经济体制遗留下的计划、行政和等级观念，无形中渗入高校教学管理制度建设中，同时也影响到高校在教学管理中的制度安排。这种以社会本位为主的价值观成为一直以来高等教育制度安排中的基本指导思想，而高校在发展过程中也形成了对政府的依赖心理。例如：在高校的教学权方面，计划经济时代，高校作为政府的附属机构，其教学活动须由教育部批准实行，没有教学自主权。而当前，根据《高等教育法》《教育法》的精神，政府把本属于高校的权力逐步下放至高校，高校在法律层面具有自主制定教学计划、选编教材、组织实施教学活动等教学活动上的自主管理权。但在现实中，政府作为管理高校的主体，在与高校的关系中，政府主要通过制定政策、规章等对大学进行管理和控制，通过行政手段直接插手高校的教学事务，总体上仍处于主导地位。高校在设置学科、专业方面，必须经过教育主管部门的严格审批，在教学活动中关于公共课的设置、教学计划、教学方法、"两课"的设置、教材的选用等方面仍受到中央和地方政府的行政性约束，并没有自由设置学科、专业等自主权。这种计划体制下的制度惯性，使政府扮演着高校教学改革设计者、发动者、推动者的角色，本该由高校自下而上发起的各项教学改革，事实上都是由政府规划、设计、推行，如高校内部的面向21世纪高校教学内容和课程体系改革、大学文化素质教育等教育教学改革。

四、制度建设价值凸显工具主义偏向

高校教学管理制度的最终价值，旨在保障与管理高校教学活动正常、有序地开展，并为其提供规范和秩序。因此，追求合理的规范性和规制性要素是教学管理制度存在的工具理性。工具理性是科层制管理视域下以技术手段厘定好的方式行动，通过实践途径确认工具的有用性，从而在实现某种功利服务、追求事物的最大效益时所体现出来的一种以工具崇拜和技术主义为目标的价值观，主要特征为工具的目的性、控制性与可计算性。

---

① 冯向东. 高等教育结构：博弈中的建构[J]. 高等教育研究, 2005（5）：2.

当工具理性走向极端时，其外在表现即为工具主义。换言之，高校教学管理制度若单纯表现成为规范而规范、为了秩序而秩序，只追求其工具价值而忽略其人性，以"秩序至上"为价值基础，就很容易遗忘教学活动的最终目的，使其在教学管理制度建设上陷入工具主义泥潭。正如赫尔巴特（Herbart, J. F.）所言，"假如要把监督作为常规工作的话……我们也许只能期待这样的人，他们始终只是单调刻板的，并习惯于墨守成规俗套，不思改变，而对于高尚与奇特的事件则畏缩不前，把自己葬送于庸庸碌碌与安逸之中。"①现行的教学管理制度建设"工具主义"倾向明显，偏离了教学价值旨归实现之轨道，并对现实教学活动、人才培养造成了一定程度的危害。结合调查结果不难发现，在现行高校教学管理制度建设中，正是由于制度设计中人性假设与行为假设的偏向导致高校教学管理出现"手段"与"目的"的价值错位，呈现出高校教学管理制度价值的工具主义偏向。

（一）偏颇的人性假设

通过对现行高校教学管理组织体系及教学管理规章制度的分析发现，二者都呈现出泰勒（Taylor, F. W.）的科学管理范式和韦伯（Weber, M.）的科层制特征。从理性视角来看，科学管理范式与科层制都追求理性主义，主要通过利用与操纵、控制人，从而提高管理效率的管理理念。这种管理理念的人性假设在于把人作为管理的工具，关注个体的工具性和客体性等功能属性，忽视个体的主体性与目的性。关于人性的经典阐述，古今中外的孔子、老子、孟子、奥古斯丁（Augustinus, S. A.）、卢梭（Rousseau, J.）、康德（Kant, I.）等众多思想家早已有过"性善论""性恶论""性有善有恶论""性无善无恶论"等诸多经典的人性假设。持"性善论"教育观的卢梭、康德等，强调人的主体性和人的自主发展，认为人是拥有自然法则和权利的自由人，人只有通过教育才能成为人，是一种"个人本位论"的教育目的观。正如卢梭在《爱弥儿》开篇就谈道，"出自造物主之手的东西，都是

---

① [德]赫尔巴特. 普通教育学[M]. 李其龙, 译. 杭州：浙江教育出版社, 2002: 28-29.

好的，而一到了人的手里，就全变坏了……偏见、权威、需要、先例以及压在我们身上的一切社会制度都将扼杀他的天性……他的天性将像一株偶然生长在大路上的树苗，让行人碰来撞去，东弯西扭，不久就弄死了。"① 而越是好的制度越能知道如何能够最好地使人改变他的天性，如何才能剥夺他的绝对存在，在一种相对存在中把"我"转移到共同体中，以将个人看作共同体的一部分。②我国的著名思想家孔子虽然没有过多讨论人性问题，但通过其系列论述也不难发现，孔子认为人性是善的，并认为"仁"不仅是人性修养的理想境界，也是人性的本来面目。正所谓"克己复礼为仁，一日克己复礼，天下归仁焉"。在此基础上，儒家学派的另一代表人物孟子更是明确地指出，"人性之善也，犹水之就下也"，而人皆有四端，即"恻隐之心，仁之端也；羞恶之心，义之端也；辞让之心，礼之端也；是非之心，智之端也"，进一步肯定与丰富了性善之说。基于人性本善论的高校教学管理制度设计，理应建立于发掘人之善之上，正谓"大学之道，在明明德，在亲民，在止于至善"。与"性善论"不同的是，持"性恶论"教育观的荀子、霍布斯（Hobbes, T.）、杜威（Dewey, J.）等强调教育对于矫正和改造人的天性的作用，认为教育可以免除人与生俱来的懒惰与私欲，从而不断养成人之为善的良好品行。正如霍布斯所认为的，在自然状态下"人对人像狼一样"，时时处在一种"每一个人对每一个人战争的状态"，因此要摆脱此种自然状态，唯一的方法就是人们把所有的权力和力量交付给一个人或一些人组成的集体。②历史经验表明，虽然我们渴望得到好的统治者，但我们不可能找到这样的统治者。我们需要的并不是好的人，而是好的制度。"设计使甚至坏的统治者也不会造成太大损害的制度是十分重要的。"③因此，政策制定者在设计高校教学管理制度时，往往将其建立在性恶论的偏颇人性假设之上，认为唯有基于此假设，高校教学管理制度在设计与安

---

① [法]卢梭. 爱弥尔[M]. 李平枢, 译. 北京：商务印书馆, 1996: 5, 10.
② [英]霍布斯. 利维坦[M]. 黎思复, 黎廷弼, 译. 北京：商务印书馆, 1985: 131.
③ [英]卡尔·波普尔. 猜想与反驳[M]. 傅季重等, 译. 上海：译文出版社, 1986: 491.

排时才能充分实现对权力的规范与制约，以此而限制公共权力，体现一种"社会本位论"的教育价值观。实际上，我们的管理把90%的精力花在了如何限制学生上，通过各种形式来形成各种模式，这是一种社会本文的产物。[①]相较于"个人本位论"的教育价值观而言，社会本位观认为教育应该首先满足社会发展之需求，教育更应该考虑的是国家利益，因而教育是国家政治和经济发展之工具。也是就是说，高校的教学管理应该首先为国家的政治、经济、文化服务，所培养的人才应该是社会化的人才，因此在具体的高校教学管理进程中表现出高度集权的、教学单一的"模具制造—批量生产"的工业化教育模式，严重忽视学习者的个人价值与个性发展。

（二）追求效用最大化的行为假设

制度设计在把握人的行为模式时，往往从经济角度出发，对人的行为采用一种亚当·斯密（Smith, A.）所提出的经济人假设。其典型特征表现为追求利益最大化，各相关利益主体都有其利益追求与价值偏好，行为主体会在权衡收益和成本后，追求个体效用最大化的目标。在经济人假设下，制度往往倾向通过利益分析形成某种物质激励性的制度安排。在高校的教学管理进程中存在着组织集体利益与利益相关者个人利益两种不同的利益追求与价值偏好，为了实现组织利益的最大化的制度安排，高校往往会采取各种强制性、命令性的制度措施。一方面，实现对教师、学生在教学活动中的行为控制。例如，开展教学活动的时间和空间是影响教学活动展开的重要因素，为了严格规范高校的教学行为，增进教学秩序，学校管理者往往采用多种手段和方式的制度安排在教与学的交往活动中控制教师的教学活动与学生的学习行为，使其常常处于监控之中。调查显示，24.64%的教师表示比较不能自主选择与决定教学内容；9.48%的教师表示完全不能自主选择与决定教学内容；45.97%表示完全不能自主控制和安排课堂教学时间和地点。33.89%的学生表示不能灵活选择上课时间；26.83%的学生表示

---

① 张楚廷. 教育中，什么在妨碍创造[J]. 高等教育研究，2002（6）：1-5.

无法自主选择以线上或线下的方式进行学习；33.68%的学生表示无法自主选择合适的学习教材。由此可见，不能自由选择教学时空和教学内容是教师教学自主权和学生选择学习自由权缺失的重要表现。另一方面，为了追逐利益的最大化，原应用于企业管理中的末位淘汰制、过程控制、封闭性量化等管理方式被运用于高校教学管理过程中。如，通过绩效制、团队奖励制、教学科研成果奖等，实现高校教学管理的"效率至上"。"过去那种有助于赋予生活以目的和意义的个人之间的忠诚的关系被科层制的非私人关系破坏了。对自发情感的满足和欢乐被合理而系统地服从于科层制机构的狭窄的专业要求所淹没……效率的逻辑残酷地而且系统地破坏了人的感情和情绪，使人们沦为庞大的科层制机器中附属的而又不可缺少的零件。"[①]在制度化控制和工具理性的运作下，教学活动变成按照既有程序和规定去行事的技术操作过程，教师不是真正意义的教学主体，教学被视为需要完成的任务和负担，学生亦尚未成为学习的主人，师生逐渐异化为执行命令和操作程序的工具。这种"屈服于科学管理的信条导致学校领导者在管理学校过程中把商业的考虑置于教育的目标之上……不关心高深学问，只关心商业和工业的生产性和效率性。这使得新一代的学校领导人成为会计员而非教育者"[②]。

综而观之，基于"性恶论"的人性假设与"经济人"行为假设的预设，我国现行的建立在理性规则和程序上的高校教学管理制度在工具理性的支配下，使教师与学生在教与学的双边活动中，呈现出二者的需求与情感被忽略的现状。管理者在把握人和事的关系时，往往只看到了管理中"物"的层面，把"管理"当作"控制"，而忽略了人的主体性和目的性，仅仅把高校教学管理制度作为一种"驭人之术"[③]——借用制度实现"驭人"目的。

---

① [美]D. P. 约翰逊. 社会学理论[M]. 南开大学社会学系，译. 北京：国际文化出版公司，1998：292.
② Callahan. R. E. Education and the cult of efficiency[M]. Chicago:University of Chicago Press,1962:47.
③ 张红霞. 制度更新：探寻学校运营"新秩序"[M]. 南京：江苏教育出版社，2012：78.

在工具理性的支配下，我们常常以技术的眼光看待教学，主要表现为人的物化——使人不成其为人，而成为零件、工具、对象；功利化——不断制造人的需要，使人丧失对生命意义的追问；匿名化——使人丧失自我特性，成为芸芸众生中同质的一员；等级化——使人和人相对立，并在人们之间建立一种依附关系等特征。①从应然角度来看，就高校教学管理活动的本质而言，人是教育的对象，高校是培养社会所需人才的场域，高校教学旨在通过教育活动促进学生人格发展、增进学生之道德福祉，因此高校教学管理作为塑造人、培养人的具体环节，制度的制定与实施理应为人的健康和谐发展而服务。正如《教育法》第6条明确指出"教育应当坚持立德树人，教育的本质在于育人"，维护教学秩序只是高校教学管理制度的工具价值，而其本体价值则在于保障学生的受教育权，实现高校教育育人的目标。②然而，现实中，这种控制主义倾向的教学管理制度使得高校的教学管理活动过多关注于规定、考察行为者的行为举止，将管理者的意图单方面内化为多元利益主体的共同意图。如同福柯（Foucault，M.）所描述的圆形监狱，仅仅关心被监禁者做些什么，而不在意他们在想些什么，管理者如同处于中心瞭望塔上，能观看一切，但不会被观看到。这种信奉教育的目的在于教会学生掌握"如何而生"的知识和本领的工具主义教学管理观，越来越聚焦于技术和操作，遗忘了操作背后的思想和理念，把学生抽象化、工具化、机械化，使学生的学习自由在高校教学管理活动中式微，学生的学习思想自由及表达自由被消解，培养人的高校教学活动变成技术化和模式化的生产"产品"之流程。在工具理性的支配下，我们常常以技术的眼光看待教学。设计、计划和安排教学活动是上级操控的范围，教师往往机械地执行教育行政部门和管理者预设的教学任务，成为技术上的一个环节，较少理性地分析教学行动的价值和意义，难以进行自我改造和洞察实践的合

---

① 康永久. 教育制度的生成与变革——新制度教育学论纲[M]. 北京：教育科学出版社，2003：378.
② 庄国荣. 大学学生行政争讼权的重要突破——评释字第684号解释[J]. 台湾法学杂志，2011（3）：62-74.

理性。在各种规章制约、行为规范和严密监督的控制下，教学蜕变成一种简单的辛苦劳作。教师成为各项事务的执行者，需要精心准备统一样式、统一环节、统一规范的教案，需要应付各种检查，需要完成上级布置的各项工作，鲜少有闲暇的时间思考和研究教学，对教学结果进行价值批判和省思。然而，"将教学过程的控制权从教师身上分离出去，尽量削减乃至剥夺教师对教学内容和方法的自由裁量权和选择权，约束教师能力发挥和技艺运用的自主性，从而使教师在教育教学过程中不再具有'引擎'的地位和功能，只有嵌齿和杠杆的作用"。因此，若要真正实现法规制度对于提升教学管理效率之成效，不仅要关注制度工具理性，更要重视其价值理性。

第六章
泛在学习时代高校教学管理制度的重构建议

"当每个人都买得起铅笔时,学习方式将会随之改变。同样,当每个人都拥有一台具有便携、廉价、通信和交互,且具有强大情境感知能力的移动学习设备时,我们的学习更会发生变革。"[1]当前,物联网、云计算、大数据、人工智能等新兴技术的迅猛发展,对教育领域产生了巨大冲击,学习的便捷性和灵活性显著增强,能支持每一个学习者随时、随地、随意地进行各项学习活动、获取各地优质学习资源的广泛学习生态正在形成,学习边界不断拓展,"人人皆学、时时能学、处处可学"的泛在学习模式成为可能。在此背景下,高校教学也随之发生变革,即由强调教学的统一性和规范性向注重教学的多样性和创新性转变,这就要求重构一种新的教学管理制度,在规制与自由之间寻求平衡点,不断增强制度弹性,强化服务内涵,从而确保教师教学权和学生学习权的实现。

一、重构要义:建构以学习权为基础的高校教学管理制度

从人类文明发展史来看,无论是从农业社会过渡到工业社会,还是从工

---

[1] Chan, T. W., Roschelle,j.. One-to-one technology enhanced learning: An opportunity for global research collaboration[J]. Research and Practice in Technology Enhanced Learning, 2006(1): 3-29.

业社会过渡到信息社会,技术都扮演着最为重要的角色,它始终通过推动生产力和生产方式的改变来帮助人类社会实现产业结构和社会形态的演变,且这种演变一直深受西方学术界争论,如科学社会、后工业社会、第三次浪潮、服务社会、通讯革命、信息社会等。当前,随着信息时代的到来,信息技术的快速应用正在加速"破坏"与"瓦解"传统的生产、生活和学习方式,整个社会活动逐渐呈现出知识化和智能化特征。及时拥有信息和处理信息的能力成为集体和个人共同追求的目标,而创新意识和创新能力也在开始被社会所要求,"终身学习"也成为追赶知识经济的基本要求[1]。同时,联合国教科文组织系列丛书《教育——财富蕴藏其中》也明确提出,面向未来社会的发展需求,教育必须围绕四种基本能力来重新设计和组织,即学会认知(Learning to know)、学会做事(Learning to do)、学会共处(Learning to live together)和学会生存(Learning to be)。[2]可见,"学习"问题已经上升为知识经济时代各个领域关注的核心议题。然而,世界银行发布的《2018世界发展报告》却提到,上学和学习并不是一回事,学生即使在学校里也并不代表他们在进行有意义的知识和技能积累。只有能让学生们既有所学又有所长的教育才是好教育。[3]因此,新时代要求推动学习者主体身份由"学生"转变为"学习者",确认并保障学习者的学习权即成为助推学习主体身份转型的关键。

学习权研究最早始于日本,它是随着学习化社会的到来,教育者和学习者之间关系发生变化的产物。对学习权的理解比较有代表性的观点有四种:一是日本法学家兼子等所提出的把受教育权理解为受教育者的学习和发展权;二是联合国教科文组织于1985年发表的《学习权宣言》所明确指出的学习权是"读与写的权利、持续疑问与深入思考的权利、想象与创造的权利、阅读自己本身的世界而编纂其历史的权利、获得一切教育方法的

---

[1] 甄峰. 信息时代的区域空间结构[M]. 北京:商务印书馆,2004:5.
[2] 国际二十一世纪教育委员会. 教育——财富蕴藏其中[M]. 联合国教科文组织总部中文科,译. 北京:教育科学出版社,1996:2.
[3] World Bank Group. World Development Report 2018: Learning to Realize Educations Promise[M]. Washington, D. C.: World Bank Group, 2017:3.

权利、使个人与集体的力量发达的权利";三是把学习权与受教育权看作学习者学习进程中两个相互关联的权利,也就是说二者是相对分离的;四是把学习权分为主动学习权和被协助学习权(即受教育权)。一般而言,从广义上讲,学习权是由学习自由权、以受教育权为核心的学习条件保障权、个体的发展权构成的统一体,是涉及公民学习整个过程的权利束。其中,学习自由界定了学习者不受干预的私人空间,明确了教育权力和其他权力与学习者的权利的边界,使人的自由发展成为可能;以受教育权为核心的学习条件保障权着重规定国家和社会组织有义务为人的学习创造条件,使人的学习权利由抽象变为现实;而个体的发展权则明确了学习的最终目的。一方面,这些权利都有各自的内涵,关乎学习的某个方面,为人的学习所必须;同时,这些权利又构成一个相互关联的综合体,缺一不可。①

2017年9月,世界银行发布了题为《学习以实现对教育的承诺》(Learning to Realize Education's Promise)的2018年"世界发展报告"(World Development Report),首次将报告主题聚焦于教育领域,并直指全球教育面临着"学习危机"。"上学却没学到知识,这不仅是浪费发展机遇,也是对全世界儿童和青少年的巨大不公。"②是什么导致了学习危机的出现呢?其中一个重要的原因在于教育系统的运行与学习目标的设定存在不一致性。一般而言,教育系统往往设有多个目标,学习目标并不是首要目标,因此在利益的争夺战中,官员、教师、学者、私营教育服务提供商、学校管理者等利益群体相互争夺利益,进而忽视了学生最根本的学习利益。近年来,我国的《国家中长期教育改革和发展规划纲要(2010—2020)》倡导帮助学生学会学习,推进"分层教学、走班制、学分制、导师制等教学管理制度改革",《2017深化教改意见》指出,在高校教学管理方面,"强调要创新人才培养机制""完善课程体系,加强教材建设和实训基地建设,完善学分制,实施灵活的学习制度"。从这些相关的国家政策文件可知,伴随着学习型社会的到来,

---

① 陈恩伦. 论学习权[J]. 中国教育学刊, 2003 (2): 27-29.
② World Bank Group. World Development Report 2018: Learning to Realize Educations Promise[M]. Washington, D. C. :World Bank Group, 2017:3.

学习者的主体地位在制度层面逐渐得到确立和强化，教学过程中学生的"学"逐步受到重视。事实上，随着信息技术不断发展，现有的教学早已突破时间和空间的桎梏，为学生选择多样化的学习形式提供了现实操作的可能，但实践中却仍存在学生选择学习自由的权利尚未真正实现、参与教学管理的权利不足等学生主体性地位缺失的问题。有鉴于此，在泛在学习时代高校教学管理制度建设中，我们必须强调学生学习权的重要意义，以建构学习权为基础的高校教学管理制度作为重构要义，在建设"人人皆学、处处可学、时时能学"的学习型社会的要旨下，为高校学生提供多样化、灵活化的学习方式，为学生提供更多自主学习的时间、空间、资源等。

（一）学习自由：高校教学管理所必需的制度环境

人对自由的追求是一种天赋倾向，是人的本质所在。诚如康德所言，"只有一种天赋的权利，就是那与生俱来的自由"[①]。人的本性是自由的，这种自由包涵四层意思，即人在本性上是利己与自私的，是有尊严的，是有理性、能自我决定和选择的，以及能够抵抗一切侵略的。[②]人所追求的自由既包括思想自由，也包括行为自由。思想自由是自由的灵魂，是一种存在于人的头脑中，体现为"我想"的自由。人之所以比其他动物高级就在于人能够思想。行为自由是思想自由的外在表现，是体现在人的实际行动上的一种"我做"的自由。概而言之，自由是每个人在法律或其他不能抗拒的物质力量之外可以任意作为的一种自然能力。"处在社会中的人的自由，就是除经人们同意在国家内所建立的立法权以外，不受其他任何立法权的支配；除了立法机关根据对它的委托所制定的法律以外，不受任何意志的统辖或任何法律的约束。"[③]

事实上，人是自由的观点早在古希腊时期就已被亚里士多德（Aristotle）

[①] [德]康德. 法的形而上学原理——权利的科学[M]. 沈叔平, 译. 北京：商务印书馆, 1991: 50.
[②] 刘升平, 夏勇. 人权与世界[M]. 北京：人民法院出版社, 1996: 68.
[③] [英]洛克. 政府论（下篇）[M]. 叶启芳, 瞿菊农, 译. 北京：商务出版社, 1964: 5.

所提及。在人类发展的长期历史过程里,"自由是人类的本性,是人作为人存在的基本规定性"的观点,在诸如洛克(Locke, J.)、卢梭(Rousseau, J.)、康德(Kant, I.)、以赛亚·伯林(Berlin, I.)等思想家的充分论述下得到了进一步彰显。尤其是英国学者以赛亚·伯林在其《两种自由概念》(Two Concepts of Liberty)一文中,富有远见地区分了自由所包括的消极自由和积极自由两种类型。①他指出,消极自由是"免于……的自由",侧重的是在什么限度内,主体可以、应当被允许做他能做的事,或称为他所能称为的角色,而不受别人的干涉。若因他人直接或间接的干涉而不能做主体本可以做的事,他就可以说他缺乏自由或被剥夺了自由;若只是因为主体自身没有能力做成某事,这就不意味着他缺乏自由。消极自由旨在强调主体的行为不受任意干预或限制。积极自由是"去做……的自由",它关注的是什么东西或什么人有权控制或干涉,从而决定某人应做何事、成为何人。积极自由源于个体想要成为自己的主人的期望,自己的所做所想取决于自己,而不是异己的强制力。以赛亚·伯林更倾向于消极自由观点,认为不在于指出自由应该是什么,而在于指出政府权力或其他权利不应该限制什么、损害什么、剥夺什么。再进一步说,消极自由理论又分为两类。洛克(Locke, J.)、密尔(Mill, J. S.)、亚当·斯密(Smith, A.)等哲学家认为,人们活动的目的在人类社会中会自动协调。而霍布斯(Hobbes, T.)等哲学家则认为,为了防止人们的互相斗争,必须构建更多的防范措施使其各安其所,每个人的自由行动都应受到法律制约。但这两派思想均强调有一部分的个人生活应免受法律、规章、政策等社会因素的制约,人类生存的某些方面必须独立于社会控制之外。伯林赞同这种观点,强调"必须保有最低限度的个人自由的领域"②,"个人自由应该有一个无论如何都不可侵犯的最小范围,如果这些范围被逾越,个人将会发觉自己身处的范

---

① [英]以赛亚·柏林. 自由论:《自由四论》扩充版[M]. 胡传胜,译. 南京:译林出版社,2003:189.

② [英]以赛亚·伯林. 自由论:《自由四论》扩充版[M]. 胡传胜,译. 南京:译林出版社,2003:194.

围，狭窄到自己的天赋能力甚至无法得到最起码的发挥，而唯有这些天赋得到最起码的发挥，他才可能追求、甚至才能构想，人类认为是善的、对的、神圣的目的"①。然而，消极自由的滥用最终有可能会危及自由权利本身，如果"无约束的自由放任的恶，以及允许和鼓励这种恶的社会和法律体制，导致了粗暴违背'消极'自由——违背各种基本人权，包括自由表达和结社的权利，而没有这些权利，或许还能存在正义和友爱甚至某种幸福，但不会存在民主"②。概而言之，消极自由比积极自由更接近自由的原初意义，体现主体对于自由的最低要求。将摆脱强制作为自由的原初经验，并以此为基础将自由（以否定性的方式）界定为"外部人为干涉或强制的缺乏"，就赋予自由明确而特定的意义。③自由不仅仅是不受干涉的个人领域，也应是特定范围内主体行为和意志的自主。换言之，自由需要法律确定人们自主行动的领域，防止外在强制力量对个人自主权利的侵犯，同时个人在行动中也具有支配和决定自己行为的主动性。因此，国家及国家制定的法律法规作为保护个人自由权利的工具，它必须是"最小的""守业者式"的，要最大限度地尊重个人的主体性和自立性。也就是说，法律法规要指出的是不应限制个人的哪些权利，这样国家才能自证其合法性和正当性。

自由既然如此重要，因而需要从自由的角度对高校教学管理进行反思。高校是时代发展的产物，不同时代高校有不同的特征，但学术自由一直都是高校最根本的精神理念和制度。一般而言，我们常认为学术自由的对象是高校教师。但从完整意义上讲，学术自由既包含教师的学术自由，也包括学生的学习自由。④

一方面，就高等教育传播的知识层次而言，这种知识往往具有高深性、

---

① [英]以赛亚·伯林. 两种自由概念[M]. 陈晓林，译. 台北：台湾联经出版公司，1987. 2.
② [英]以赛亚·伯林. 自由论：《自由四论》扩充版[M]. 胡传胜，译. 南京：译林出版社，2003：43
③ 刘擎. 自由及其滥用：伯林自由论述的再考察[J]. 中国人民大学学报，2015（4）：43-53.
④ 程勉中. 学习自由：大学精神的理性回归[J]. 辽宁教育研究，2006（2）：27-30.

专门化和默会性的基本特征。①所谓高深性，是指其相对于一般常识、基础知识而言，是一种相对高级的深奥知识；专门化是指随着社会分工的日愈细化，知识的分类、领域和内容日益增多、变窄、有序；默会性所强调的是探究和传授高深知识时的独特方法与传统风格等。由此可见，高深知识是已知与未知的统一，而人的认识能力是有限的又是无限的，因此，高深知识的发展是无限积累的过程。②高等教育高深知识的特点，决定了本科生在高校的教学活动中不仅要被动的、单向度地接受知识，更要主动研究、探索高深学问。高校若要传播高深知识，培养科学人才和独立人格，就需要给予学生应有的学习自由，使其带着批判精神从事学习。若制定各项刚性的教学管理制度限制与约束学生的自由学习，"那就是精神生活、创造和研究的终结之日。在这种状况下成长起来的人，必然在方式上模棱两可，缺乏批判力，不会在每一种境况中寻求真理。"③

另一方面，就国家社会的人才培养需求而言，高校的重要职责和使命之一就是培养国家社会需求的高级专门人才。高等教育兼有生产力和上层建筑的双重社会属性，其教学管理制度变迁理应顺应国家社会人才培养需求的改变。中华人民共和国成立初期，我国确立了与政治目标紧密相连的专业化人才培养目标，培养当时社会主义改造和建设需要的"又红又专"的各种专门人才。改革开放之初，社会主义经济建设迫切需要大力发展高等教育培养大批各类人才、形成科研成果，在"解放思想"理念下，人才培养需求转成为"四化"服务，高等教育功能突出学生知识、素质和技能的获得，从为政治服务转为促进经济和社会发展。随着我国经济增长由粗放型向集约型转变，《中共中央关于教育体制改革的决定》的出台提出要加速"一专多能"的人才培养需求。然而，在高等教育事业不断发展的进程

---

① 李明忠. 论高深知识与大学的制度安排[D]. 武汉：华中科技大学，2008：24-30.
② 张德祥，王晓玲. 高等学校专业动态调整的三重逻辑[J]. 教育研究，2019（3）：99-106.
③ [德]卡尔·雅斯贝尔斯. 什么是教育[M]. 邹进，译. 北京：生活·读书·新知三联书店，1991：168.

中，人才思想僵化、人才规格和类型过于单一、人才层次比例不适当、高层次和创新型人才缺乏等问题凸显，难以适应日益建立起来的社会主义市场经济发展的要求。[①]国家社会所需求的是"社会主义建设急需的高层次、应用型和复合型人才"，是"具有创新精神和实践能力的高级专门人才"。伴随着社会经济发展不断深入，科技革命和工业革命持续加速，以及我国提出的"一带一路"倡议、"中国制造2025"等战略，都对劳动力需求的结构，对人才培育类型与素质提出了新需求，为培养以"厚基础、宽口径、强能力、高素质"为目标的复合型人才，实现"从人力资源大国向人力资源强国迈进"，我国高校亟须再造人才培养流程，创新人才培养模式。虽然创新人才培养涉及人才培养过程中诸多要素的综合改革，但最为根本的是学生主体性的增强和自主自由意识的养成，强迫的教育与强迫的学习过程培养不出具有自由精神和创造性的学生。[②]高校所制订的一系列关于学生学习方面的教学管理制度是高等教育管理体制和人才培养要求的反映。基于泛在学习理念的制度环境和人才培养的新要求的泛在学习时代高校教学管理制度，必须要进一步增强高校教学管理制度的灵活性和自主性，切实保障学生选择专业、课程、教师、学习时空、学习方式的自由，使学习自由成为具有操作性意义的概念。

由此可见，本科生享有学习自由是其学习或研究性学习过程顺利进行的必要条件，同时也是高校传播、生产高深知识的应然要求。学习自由是学生作为学习者的基本规定性，是学生作为学习者的基本权利，同样也是泛在学习时代高校创新人才培养，保障学生学习权的基本制度环境。

泛在学习时代高校教学模式变革实质上就是以学生为本、以学生为主体的学习改革的体现。我国的高校教学活动涉及国家、学校、教师、学生、家长等多元主体，受制于国家的教育目的、人才培养目标，以及各高校的

---

① 郄海霞. 改革开放三十年我国高校人才培养目标的变迁[J]. 中国高教研究，2009（3）：33-35.
② 马廷奇，张应强. 学习自由的实现及其制度建构——兼论创新人才的培养[J]. 教育研究，2011（8）：50-54.

教学条件、教学资源等多重因素。虽然当前的高校教学管理制度改革日益增强了制度弹性,但改革并没有达到预期成效。比如,高校虽明文规定学生拥有重新选择专业或自由选择课程等权利,但某些高校在实际执行中又对其设置了种种不合理的限制,使得学生的学习自由权保障不足。而且随着高等教育大众化,在教育资源有限的情况下,高校扩招使得教育资源的供给与需求存在着一定的矛盾。一些高校通过强化对学生学习过程的控制与管理,在制度设计时往往采用传统的、控制型的"封闭式管理""准军事化管理"理念[1],难以带来学生自由以及创新智慧的发展。要培养创新人才就必须创设与学习自由相适应的制度环境,建构与学习自由相适应的学习制度,在扬弃行政干预的同时,强化学习自由,彰显学生权利。但是,在此必须注意的是,强调学习自由并不意味着全盘否定高校教学管理制度应有的规范性。学习自由作为泛在学习时代人才培养的价值取向,它同时也是历史的、实践的制度安排,这种自由是基于既有的人才培养目标与高等教育管理体制的有限度的自由。泛在学习时代的高校教学活动的顺利进行,必须以必要的教学管理制度规约为基础,学习自由如果没有适度的制度约束、规范,很有可能产生适得其反的效果。例如,哈佛大学曾希望实行完全自由的选课制,实现学生学习的完全自由,然而却导致了该校课程体系的支离破碎,严重影响了教学质量。对此,哈佛大学通过不断完善这种过度自由的选课制度,在保证必要的人才培养质量的基础上,对学生选课进行了一定程度的限制,此实现了规范与自由的统一。因此,泛在学习时代强调教育的个性化、灵巧化的背景下,重构一种更具弹性、灵活性的制度,同样需要需要达到教学管理规范秩序与自由的统一。这种制度规范,既是为了明确学生应享有的学习权利及其义务,同样也是在更积极的意义上保护学生的学习自由。

---

[1] 马廷奇,张应强. 学习自由的实现及其制度建构——兼论创新人才的培养[J]. 教育研究,2011(8):50-54.

（二）寻求学校管理权、教师教学权与学生学习权的衡平

泛在学习时代，现行的高校教学管理制度难以规范与保障其教学活动的健康、可持续运行，重新寻找高校教学管理秩序是当前我们亟须思考之问题。当高校教学管理活动中的多元主体有着新的利益诉求时，我国高校教学管理秩序的构建就需要寻觅一种新的行为准则，重申高校教学管理中各类主体的权责边界，以使教学管理活动中已发现或者未发现的法律问题能够得到深刻而妥当的解决，并进行体系化的建构。

衡平法则是一整套有关利益平衡和关系协调的方法和准则，其理念源自古罗马。从其拉丁文原意来看，衡平涵盖了融合与平准的意思。衡平法则以平等自由为主线，以机会公平为原则，以客观事实为基础，以效力和协调为手段，并以和谐共荣的秩序为目的，通过弥补对方的不足实现利益主体的共同理想。[①]衡平法则注重实际，形式多变，其要义是利益兼顾、多元互动。针对泛在学习理念下我国现行的高校教学管理制度所存在的管理权高度集中，教学权和学习权保障不足等问题而导致的管理者、教师、学生三者权利产生的冲突，运用权利衡平法则，对管理者、教师、学生在不同层次上的利益关系进行细致划分，明确三者的责权利范围，制定出良性互动的"游戏规则"，并敦促相关主体真正遵守和执行，可以使不同权利在合理限度内受到法律保护，使其权利冲突产生的损害降到最低限度。具体而言，基于高校复杂的自组织特征，泛在学习理念下创生的教学系统要想从无序走向有序，对于泛在学习时代的高校教学管理制度重构来说，遵循衡平法则，一方面需要推动政府和院校之间的衡平，确保高校作为一个学术机构的学术自治；另一方面是要寻求高校内部管理权、教学权和学生学习权之间的衡平，确保学生在教学管理中的主体性地位。概而言之，就是要推动高校教学管理权的建设与规范和师生权利的维护与保障，在增强高校在教学管理中的自主权限的同时，提升师生的教学权利与学习权利。依

---

① 左崇良，潘懋元. 高等教育治理的衡平法则与路径探索——基于我国高教权责失衡的思考[J]. 清华大学教育研究，2016（5）：9-16.

照"权利本位"的理念，教师、学生与学校管理者作为权利主体是平等的，其关系是权利主体与权利主体之间的"我—你"关系。"在'我与你'的关系中，我与'你'相遇，我不再是经验之物、利用之物的主体，我不再是为了满足我的任何需要，哪怕是最高尚的需要而与其建立'关系'。因为，你便是世界。"①而要建构这种平等的"我—你"关系，需要高校教学管理从重视学习自由入手，在制度建设上保障学生更多的选择自由权、赋予学生更多的决策参与权。在此需要明确的是，尊重与保障学习权并不意味着轻视管理权和教学权，因为管理权、教学权是学生学习活动的衍生物和外部保障，管理权的合理使用、教学权的有效发挥是保障高校教学管理运行效率和秩序的必要条件。高校的教学管理从"管制"转变为"服务"，需要价值的重塑，需要组织结构与文化的重建，要求行政人员以服务师生作为其核心价值观和首要职责，不断强化管理即服务的意识。具体而言，需要通过增强教学管理制度弹性、构建教学管理交往实践中的利益协调机制来寻求学校管理权、教师教学权与学生学习权的衡平。

1. 增强以学习者为中心的教学管理制度弹性

弹性教学管理制度是一种关注人、建立在"人学"理念之上的，以学生弹性为目的，旨在促进学生的自我发展和完善的主体间交往实践活动。正如前文所述，受传统文化观下个性遮蔽及计划经济体制下高校教学管理制度惯性等制度环境的综合影响，受偏颇的人性假设与追求效用最大化行为假设下制度价值的工具主义偏向的影响，我国现行的高校教学管理制度呈现出确定性、可控性和秩序化、规范化的特征。维特根斯坦认为解决问题的根本在于方法上的转变，"洞见或透识隐藏于深处的棘手问题是艰难的，因为如果只是把握这一棘手问题的表层，它就会维持原状，仍然得不到解决。因此，必须把它'连根拔起'，使它彻底暴露出来，这就要求我们开始以一种新的方式来思考……一旦新的思维方式得以确立，旧的问题就

---

① [德]马丁·布伯. 我与你[M]. 陈维刚，译. 北京：生活·读书·新知三联书店，2002：26.

会消失，实际上人们会很难再意识到这些旧的问题。因为这些问题是与我们的表达方式相伴随的，一旦我们用一种新的形式来表达自己的观点，旧的问题就会连同旧的语言外套一起被抛弃"①。有鉴于此，解决高校教学管理制度规范失灵的根本方法是将现行工具价值偏向的教学管理制度向有机论、生成论和实践论认识范式的转换，在重构泛在学习时代的高校教学管理制度时增强以学习者为中心的高校教学管理制度弹性，从根本上保障学生学习权利的有效行使。

弹性的教学管理管理制度强调的重心和出发点是为学生的学习自由提供制度保障，尊重学生的差异性和选择的权利，满足学生多样化需求，充分保障学生的学习权，是一种以学生为中心的新型教学管理模式。增强泛在学习时代的高校教学管理制度的弹性，需要从如下三个方面着手：

其一，赋予高校教学管理制度一定的灵活空间。重构泛在学习时代的高校教学管理制度，增强其制度弹性，意味着在制定高校内部的教学管理规章时应该留有余地，加强制度建设的开放性。一方面，制定的规则不宜过多，不能太细。高校现行的内部教学管理规章文本数量泛滥，学校领导者和教学管理者围绕教学活动的方方面面制定了严密的规章制度，如备课制度、听评课制度、教学研究制度等。为了保证规章制度的执行，管理者还制定了相应的检查方案和评价标准。并且，在制度文本内容表述上，诸如"不得……""不准……""必须……""务必……"等用语出现的频率较高，以一种指令性、禁止性的话语体系实施着简单规范、规制而非个性化的管理。一言蔽之，在高校教学活动中，这些林林总总的、过细的制度化规范、约束，不自觉地将教师、学生限制在了一个狭小的空间里，僭越并控制着教师的教学和学生的学习，使其无时无刻不受到规训权力的监控。因而，在制度重构时应保留一定余地，体现对学生、教师的尊重，减少对师生的束缚。同时，要使制度具有一定的开放性。过于封闭稳定的制度必然会带来制度的僵化，从而缺乏自我改进和完善的空间，无法应对新问题

---

① [法]皮埃尔·布迪厄，[美]华康德. 实践与反思——反思社会学导论[M]. 李猛，等，译. 北京：中央编译出版社，1998：1-2.

做出相应的调整和更新。另一方面，高校内部教学管理规章建设应把握关键环节、重点环节，而不是面面俱到。如从学生的考勤、听课，到教师的备课、阅卷等环节都做出事无巨细的规定、检查、监督，不利于给学生和教师留出可供支配的空间。

其二，进一步完善富有弹性的学籍管理制度。学籍管理制度是高校教学管理制度的核心，也是学生自由学习的重要制度保障。因此，要进一步完善富有弹性的学籍管理制度，使其对学生个人需要的关注能够适应泛在学习时代学生学习自由的要求，在一定条件下允许学生根据自己的实际情况提前或推后毕业、允许休学、放宽退学规定，使学生在遇到难以完成学业的现实情况时，可以在承担一定损失的条件下，通过及时更正其选课计划，或重修，甚至选择退修等。

其三，构建多元评价制度。从现行教学管理制度中的学习评价机制来看，其最大的弊端在于过多的重视终结性评价，且评价方式单一，忽视诊断性评价和过程性评价，常以学生的期末考试成绩和出勤情况作为评价依据。根据本研究的问卷调查显示，仅有23.23%的教师在评价学生时综合考虑了学生成绩之外的其他因素，仍有8.53%的教师在"我在评价学生时更侧重于考虑学生的考试成绩"一项选择了"完全符合"，30.81%选择了"比较符合"。泛在学习时代的高校教学是一种以社会建构知识观为理论基础，以学生为中心，强调学生对知识的主动探索、主动发现和对所学知识意义的主动构建的过程。泛在学习时代的高校教学流程不再局限于传统实体课堂，而是学生自主选择以线上或线下的形式展开，教师成为教学活动的引导者和合作者，在学生需要帮助时提供适当的点拨辅导，学生因应转变为学习资源的自主选择者和学习者。因此，对于学习结果的评价不应囿于传统的、单一的考试评价标准，而要充分利用现代信息技术，将评价贯穿于教学全过程，采用学生自评、学生互评、教师评价、师生互评、机器自评等交叉结合的形成性评价与总结性评价相辅相成的多元评价机制，多角度、全方位的评价学生的学习情况。

2. 构建教学管理交往实践中的利益协调机制

马克思主义理论认为，人们奋斗所争取的一切，都同他们的利益有关。这是因为，利益从本质上表现为人们企求满足的要求、愿望或期待，这些满足既是人们需要的实现，同时也是新需要的起点和契机。因此，追求利益是人类最一般、最基础的心理特征和行为规律，是一切创造性活动的源泉和动力。众所周知，利益关系的发展具有其独立发展逻辑。在经济社会活动中，各种利益关系随着生产方式变革、市场经济发展而不断演变和进化。正如马克思主义所强调的，生产力决定生产关系，社会经济生产方式对上层建筑起着决定性作用。制度作为协调经济社会关系的上层建筑，对各种经济社会关系具有规范、调整和约束等作用。任何一项制度都有其独特的价值取向和功能目标，制度冲突从本质上来说反映的是制度间在价值取向和功能目标上的冲突。

从利益学视角来看，泛在学习时代的教学模式变革是对相关利益主体之间利益关系进行调整的过程，它通过对各利益主体的行为进行规范，采取相应的措施来满足各利益相关者的利益要求，在新旧体制交替背景下实现改革的目标。在一定程度上来说，变革就是为了要使各利益相关主体获得充分发展，保证各种利益目标得以实现的一种根本性手段。然而，由于变革会引发各利益相关者在利益关系调整和利益成果分配上的变革，必然就会触动各利益相关者既有的利益格局，从而产生冲突与碰撞。因此，在任何改革过程中，针对不同利益相关者及其在改革过程中对改革产生的期望与要求，做出相应的调适，将是变革的重点与难点。从改革本意而言，改革也是一各利益博弈的过程。一方面，从变革的政策理性层面出发，由于政策的理性设计可能与政策的现实运行、实施会存在一定差距，改革的成效将是一个长期的过程，需要较长时间才能凸显出来。另一方面，变革不可能十全十美，肯定会导致一部分人利益受损，一部分人受益，即使同样受益，也会存在时间先后、程度不同的现象。这些情况最终都将通过利益关系体现出来，造成行为与观念上的矛盾，最终影响改革的实效。基于此，协调多元主体的利益需求，寻求学校管理权、教师教学权与学生学习权的衡平，是泛在学习时代高校教学管理制度重构之关键。

泛在学习时代高校教学模式变革的进程中，就学校管理权而言，泛在学习时代的教学模式使得教学突破了原有的物理空间限制，呈现出"无边界"特点，由封闭走向开放的教学模式使高校教学管理的权利主体从单一的某所学校走向多元的多所学校、某一教师变成多位教师。在信息技术支持下，从纵向垂直模式转向多向交叉的互联模式的教学管理组织结构，以及主体之间扁平化的无中心网状交往形态以及多对多的交互传播形式使学生、教师在参与教学管理决策中的权利份额逐渐增大，学校的教学管理权不再集中于学校管理者或某一领导手中，高校教学管理权的权利结构面临新的分化与重组。就教师教学权而言，信息技术拓展了高校课堂教学与学生学习活动的边界，教师对教学活动的控制权、教学时空的管理权已不再完全掌握于教师手中，同时随着学生选择的多样性，使教师在教学进程中的知识权威下降，教师对于教学内容筛选权、教学形式和教学方法选择权的需求愈加强烈。此外，信息技术与教育教学的深度融合使传统教师的全能角色分化为多人合作完成，分解教师对学生的指导与评价权。就学生学习权而言，教育教学资源的多元化拓展与丰富了学生自由选择学习的机会与权利，学生学习权利主体地位进一步凸显，要求保障学习权的诉求高涨。然而通过实证调查发现，现行的教学管理制度在规范泛在学习理念下的教学模式时，仍表征出高校的教学管理权限依然不足、高校教学管理组织呈现等级制权力关系使学校管理权向上集中；教师个性化教学的关照不足、教师的教学自由被限制使教师的教学权被消解；学生选择学习自由的权利尚未真正实现、参与教学管理的权利不足使学生的主体性缺失等显性问题。由此可见，高校教学管理中原有的利益格局已被打破，重构高校教学管理制度，其重点内容就是要构建一个系统、完善的利益协调机制，充分关照学校管理者、教师和学生的利益需求，通过构建多层次、合理化的高校教学管理活动利益表达渠道，赋予学校管理者、教师和学生平等的利益表达权利，在落实立德树人根本任务的基础上，通过厘清教学形态变革下多元利益主体利益供给与需求，合理、有效地化解其利益冲突以不断优化、完善教学管理制度变迁中的"非帕累托改进"。

一是构建利益引导机制，为规范教学管理奠定思想基础。首先，加强利益相关主体的利益观教育，增强多元主体的责任意识。一定程度上来说，信息技术与各领域充分融合发展所产生的社会转型过程是一个社会的价值观不断演变的过程。伴随着新旧体制的转换，必然会存在变革前后的利益观念的偏差或偏离。因此，积极引导社会转型变革中各利益相关主体树立科学的、合理的利益观，使其能够正确认识、正确处理、正确对待改革中的各种利益问题，是改革得以顺利进行的思想保证。对于泛在学习时代的高校教学管理制度而言，从传统实体的教学模式转为混合式教学模式，增强了学习自由属性，势必会带来利益关系的调整与重构。教学管理者、教师与学生在面对变革时，会因为利益关系、利益诉求的改变而产生价值观上的冲突以及心理上的失衡，甚至部分利益相关者因为对变革中及变革后所造成的利益分化认识不够深入，从而产生一些不正确的思想与行为，为变革的顺利进行及其成效带来负面影响。因此，政府、高校应充分、灵活运用各种各样的宣传手段，从思想上入手，引导高校教学模式变革的各利益相关主体从整个教育改革、发展以及稳定的大局出发，有效地协调好整体与部分之间的利益关系。同时，也要结合变革中各利益相关主体的具体情况，通过建立一些科学合理的利益激励机制，培养高校教学管理中各主体的竞争意识、法治意识，培养其健康的改革价值观。正确处理好当前与长远、公平与效率的关系，从而避免因利益差别引发的矛盾。

二是完善利益表达机制，保障利益相关主体的权利诉求。构建和完善利益表达机制，既是保证社会民众利益诉求、有效表达的内在需要，也是督促政府恪尽职守地运用好公权力，为社会民众提供优质产品与服务的客观要求。对于任何改革而言，必须要顺从民意，倾听民意。也就是要遵从相关利益主体的意愿，在一定程度上充分保障、赋予其自由表达权。一个科学有效的民意诉求表达机制，可以为各种利益主体提供充分表达自身利益诉求的平台，从而使各利益相关者在利益受损时能够通过正当、规范的渠道进入到政府公共决策中来，使政府在制定和落实政策是权衡各方面利益，那么将会减少改革中的摩擦，降低改革成本。对于泛在学习时代的高校教学管理制度而言，首先要针对教学模式的变革建立一个公平诉求平台，倾听来自不同主体的声音。无论是基层广大教师对教学模式的不同意见，还是学生对变革的不同看法，都需要认真倾听。只有这样，才能在制定政策时最大限度地兼顾各利益相关者的利益，减少改革遇到的阻力。

对于重构泛在学习时代的高校教学管理制度而言，建立利益保障机制主要是通过建立合理、流畅和稳定的利益表达平台，将教学模式变革中各利益相关者的利益诉求及时向学校管理者、政府进行反馈，引发政府对其变革的思考。在变革过程中通过民主协商的形式，对各利益相关者进行协商，化解改革中遇到的各种困难，减少改革中的摩擦；对学校管理者在变革中的职能进行监督纠正，坚持最少受惠者最大利益原则对弱势群体进行利益补偿，以保证泛在学习时代的教学管理制度能够充分保障学习者的学习权利。

二、重构支点：以"学分银行"撬动高校教学管理流程再造

学分银行制度作为微观层面的教学管理制度，具有开放性、灵活性和服务性等特点，能通过发挥学分积累、学分兑换和学分转移功能，不断扩大学习成果认定的适用边界，使得学习者的学习随时随地都可以开始，不需要从"零"开始，不需重复学习，且在不浪费时间的前提下获得进一步的教育经验和资格。[①]因此，泛在学习时代，以"学分银行"作为高校教学管理制度的重构支点，能真正打通终身教育和终身学习体系，从而确保学习者享有自主决定学习时间、自由选择学习内容、自愿选择学习空间的权利，[②]进而推动高校教学从固化教育向灵巧教育的转型。

---

① Toyne, P. Educational Credit Transfer: Feasibility Study[M]. Department of Education and Science, London, 1979: 7.
② 黄欣，吴遵民，蒋侯玲. 论现代"学分银行"制度的建设[J]. 开放教育研究，2011（6）：42-46.

（一）学分银行制度建设的域外经验

相比于国内，国外学分制起步早且具备较为成熟的运作体系，如美国和加拿大的"学分衔接和转移"，欧洲的"学分转换和累积系统"，以及韩国的"学分银行"等，都能为泛在学习时代我国高校教学管理制度重构提供有益借鉴。

1. 美国的学分衔接和转移制度

早在 19 世纪 70 年代，美国高校就基于当时大力推行的选课制构建了学分制，主要用于大学和社区学院的学分认证，这被公认为现代学分银行制度的雏形，其运行机制也被视为世界学分认证机制的典范。①

19 世纪末，为应对人口急速增长引发的入学压力和就业压力，以及教育财政供给严重不足的压力，②芝加哥大学校长威廉·哈伯（Harper, W. R.）率先将大学分为两级——初级学院（Junior college）和高级学院（Senior college），高级学院为三、四年级，而初级学院即一、二年级，其是社区学院的前身，主要吸纳高中毕业生就读，完成两年学业后分流，或是修完学分获得副学士学位后参加工作；或是进入高级学院（四年制大学）继续学习，进而获取学士学位。③随着高等教育体制改革的推进，社区学院的转学功能日趋凸显，这不可避免地触及各高等教育系统之间相互衔接的问题，即学生进入四年制大学后，其在社区学院取得的学分继续有效，也就是之前的学习成果认定能在新学校获得认可，从而避免学生对相同课程的重复学习。为进一步满足更多学习者对自由自主接受高等教育的需求，美国联邦政府及其地方各州逐渐在社区学院和大学之间建立了学分互认及转移机制，试图打通不同类型、不同层次高等教育间的壁垒。尽管各州的学分制度都是基于本州实际情况制定，但其在运行过程中仍然存在共性之处。

---

① 黄欣，赵华. 学分银行立法——基于国际经验的思考[J]. 开放教育研究，2013（5）：38-44.
② 米红，李国仓. 美国大学与社区学院学分互认机制研究——以北卡罗来纳州为例[J]. 比较教育研究，2007（10）：46-50.
③ 周志群. 美国社区学院课程变革与发展研究[M]. 福州：福建教育出版社，2012：34-52.

（1）学分衔接和转换的运作框架

其一，优先落实教育政策和法规。由于美国是典型的地方分权制国家，教育行政权力分属各州行使，因此，联邦政府的教育法律体系只是从宏观层面对学分互认与转换的操作理念、基本原则等做出明确规定，每个州的教育委员会或者教育行政部门还需要基于联邦政府的教育法律法规框架，同时结合本州的教育实际，制定出一系列州内适用且利于推进社区学院与大学间学分转换和互认的教育制度和相关政策体系，且这些制度政策体系主要从微观角度详细介绍院校间课程衔接及其学分互认的具体操作。具体而言，首先，各州越来越重视制定相关教育法律法规，致力在本州内强制打通社区学院与四年制大学的学制衔接，相关统计显示，截至2005年底全美共有39个州针对学分衔接与转移进行了立法。[①]其次，强调在州范围内的高等教育院校间构建课程衔接和学分互认的政策框架体系，或者直接授权给相关院校开发制定学制衔接协议。这种衔接协议制度产生于20世纪初并一直延续到20世纪70年代，旨在确保社区学院学生进入四年制大学后，已修课程和学分能够得到顺利认证和转换，尤其是通识教育课程的认证与兑换。再次，基于对美国社区学院和学习项目的质量认证建立可累计的学分管理系统。最后，各州相继出台一系列奖励措施促进社区学院的学生转入四年制大学继续学习，如提供财政资助、确保学分互认和转移、优先录取转学生等。[②]

其二，签订学分互认和转学协议。学分互认和转学协议在美国是常见的、确保不同院校间学生实现学分转移的政策工具。该协议通常是由院校层面基于联邦政府和地方各州教育法律法规框架自行开发的，即不同层次的各个院校和大学通过自发协商并拟定详细完善的"合作协议"（Cooperative

---

① NCES. Transfer and articulation policies, full-time-equivalent fall enrollment, and percentage dictribution of enrollment in public 2-year institutions, by state:2000 [EB/OL].(2011-01-27)[2019-1-2].http://nces,ed.gov/programs/coe/2005/section5/table.asp?tableID=300,2011-01-27.
② Junor, S., Usher, A. Student Mobility& Credit Transfer: A National and Global Survey [EB/OL]. (2011-02-08)[2019-1-2]. http://www.educational policy. org/publications/pubpdf/credit. pdf.

agreement）或"转学课程协议"（Transferable course agreement，简称 TCA），从而促进学分转换。从形式上而言，美国的学分互认和转学协议可以分为三类，即学校对学校的宏观协议，专业对专业的中观协议以及课程对课程的微观协议，但总体而言，签约的学校之间必须实行学分制且学分所对应的学时数大致相当。①因为协议主要通过明确课程间的学分对等和学分互认来实现不同院校学生学分的自由流通，这就意味着社区学院的学生如果能顺利修完学分，那么其在转入四年制大学后先前学分仍然会获得认可。20世纪70年代后，随着高等教育入学率和社区学院数量的增长，各州政府越来越重视参与衔接协议和学分政策的制定，社区学院委员会和四年制大学管理委员会也在州政府的支持下签署州际层面的学制衔接协议，旨在保证学分互认程序和互认过程运作的规范化。②除此之外，部分社区学院还与肩负远程教育职能的院校签署合作协定，对学生转学和学分互认转移的相关事宜进行规定，其中不仅会对不同阶段普通教育课程互认和学分转移进行详细说明，也会对不同类型院校学生的转学衔接做出明确规定，同时还补充说明了课程学分评估和学分转换的操作方法。

其三，创建核心课程编码系统。不同类型院校间要真正顺利实现学分互认，或打通学生转学通道，签订学分互认和转学协议只是前提，更关键的是要解决课程如何对等的问题。曾经有社区学院的学生，在申请转入四年制大学的过程中，原有学分不被认可而面临相关课程的重复学习，甚至无法完成转学等问题，最根本的原因是地方各州之间没有统一一致的课程标准，这就加剧了对不同院校课程质量进行科学评估的难度，从而导致民众不认同社区学院的教学质量，往往断定社区学院的课程质量达不到四年制大学的水平。针对此，美国联邦政府及地方各州政府积极要求指定或设置共同核心课程，并以州为范围将核心课程的目录和编码进行统一，从而

---

① 王海东，刘素娟. 依托自学考试制度构建国家继续教育学分银行[J]. 开放教育研究，2011（6）：47-51.
② 朱朝霞. 美国社区学院学分转移给中国高职教育改革的启示[J]. 学术论坛，2010（11）：204-206.

规范社区学院和大学之间的课程及其学分互认机制。[①]共同核心课程实际上是一些通识教育课程，一般由各个高校结合本校具体的毕业要求自主设置，然后各州组织高校参与协商，并从中挑选出的最普适、也最具有代表性的课程。通常而言，各州政府会统一规定共同核心课程的学分及其等级，并制定学分互认标准。此外，各州的教育委员会或者相关部门要将遴选出的共同核心课程，或其他相似的能够对等的课程按照一定的标准统一分类，并开发课程编码，课程编码包括数字编码、数字与字母混合编码等，一般大多采用6位数字进行编码，编码的含义在不同州和不同院校间都是统一一致的、可通行的。基于此，学分转换就会更加规范可行，也更便于管理。

其四，规定转换学分的总数和性质。无论是州际层面还是校际层面，美国社区学院的学生要申请转学到四年制大学中，都必须经过严格的课程评估和学分认定，并且很多四年制大学对接受转换和互认的学分总数和学分性质有明确的限定。具体而言，从州际层面看，四年制大学明确规定社区学院转入学生的学分总数和成绩绩点的最低值，比如马萨诸塞州，该州出台的《联邦转学契约》规定，要转入学校大学三年级的学习，必须同时具备以下条件：对通识教育核心课程的学习要获得至少35个学分，且课程成绩的平均绩点不低于2.0，还要获得副学士学位。[②]从校际层面看，不同院校间也规定了学分转换和学分互认的总数上限，通常而言，四年制大学可转换学分总数不超过总学分的75%，社区学院不超过60%。其次，对共同核心课程的性质做出明确界定，并提出学时不同的相同课程间学分转换和互认是有条件的，同时，还规定了不能参与转换和学分互认的课程。

其五，学分存储和转换向多元领域拓展。由于美国社区学院不仅承担转学教育，还肩负社区服务和开展职业教育的重要职能，因此，学生在社区学院所获得的学分不仅仅只能用于申请四年制大学，而是可以根据社区

[①] Igbash, J. M., Townsend,B. K.. Statewide transfer and articulation policies: Current practise and emerging issues[A]. In B. K. Townsend &S. B. Twombly (Eds.), Community colleges policy in the future context. Westport,CT: Ablex Publishing,2001.
[②] Massachusetts Department of High Education. Massachusetts and National Transfer Policies and Agreements[EB/OL](2011-04-03)[2019-1-3]. http://www.mass.edu/library/ctagⅢ. asp.

学院具体开设的课程和所提供的服务，自主选择已有学分所要转换的领域或者具体的教育机构。当前，美国社区教育职能日趋丰富，其主要以区域经济发展需求、就业趋势以及民众生活需要为依据，主动适应和服务于社区不同行业发展，不同层次人才培养和接受继续教育的要求，提供各种不同类型的教育，如学生发展教育、转学教育、职业与成人继续教育、社区教育等。相应地，学分转换和互认的领域也从正规学校教育逐渐扩展到成人教育、远程教育等多种教育类型中。可见，在美国的学分互认和转移系统中，学分包含多样化的学分，同时学分也在多元化的领域存储和转换。

（2）学分衔接和转换的运作保障

首先，开发并完善转学信息系统。这个系统主要为学习者提供各种完成学分互认所必需的信息，具体包含不同类型、不同层次院校间课程衔接和学分互认的相关制度、规定、政策及其翔实的操作细则；各个院校和大学签署的合作协议或转学课程协议；共同核心课程统一的课程标准、课程要求、课程目录和课程编码；学习者提交的转学材料；指导或服务于学习者转学的相关手册等多种信息。该转学信息系统的开发和运行，能确保学生在申请转学过程中能及时、精准地获取课程衔接和学分互认的相关最新信息，掌握学分转换的步骤和要求，并提前规划以达成转学目标。

其次，建立转学咨询委员会。转学咨询委员的职能主要在于指导、管理和监督学分互认进程中的具体执行情况。该机构就学习者在学分互认具体情况中所存在的问题的即时反馈，以及通过接受学生在转学过程所提出的咨询与投诉，根据一定的程序，对既有的相关政策和规定的做出相应的调整。比如，通过及时调整核心课程编码、更新不同院校之间的学分互认协议等完善相关政策规定的方法，最大限度地保证学习者因转学等因素而所需学分互认时，学分互认机制的成功运作及其效率最大化。

第三，优化转学申诉程序。通过优化转学的申诉程序后，若学生在转学过程中，学生在了解信息、递交材料或认定课程等环节，出现了因为自己觉得受到歧视，或者遇到了任何不公正的待遇，从而影响其转学录取结果时，学生就可以依据一定的法定程序，通过向社区学院所指定的申诉官员，或者通过所在高校的学生学术事务中心等相关机构提出申诉，以保障自己享有的公平、公正的待遇权。若学生申诉成功，学生申诉后的最终结果将由上文所讲的转学咨询委员会做出及时反馈，通过更改录取结果，甚至调整既有规定或更改相关制度。

2. 欧洲的学分转换系统

欧洲学分转换系统（European credit transfer system，简称 ECTS）是隶属于欧洲委员会的一种学分转让与累积系统。ECTS 在本科和研究生教育中，通过一种可以确保学分可转让、可累积的灵活的学分制度，旨在创建一种简化、易读、可比较的学位系统，[①]进而最大化的增强学生的学习弹性，提高其学习质量。

20 世纪 50 年代左右，欧洲的高等教育逐步呈现出多种问题与挑战：其一，与一些非欧盟国家的高校，尤其是美国的高校相比，欧洲的大学日益缺乏国际竞争力；其二，欧盟内部各国家的教育计划复杂多样，各高校的教育质量参差不齐，各地方的评估手段与评估方式不尽相同，因此，欧盟内部高校学位的透明度较低、流通性较差；其三，为促进欧共体的繁荣发展，整个欧洲统一化的劳动力市场需要欧洲各国能够打破本国高校与他国高校以及国内各高校之间的藩篱，建立一种相互协调的、比较具有统一性的高等教育体制。在此背景下，"关于进入别国大学学习时文凭等值的欧洲大会"于 1953 年在法国巴黎召开。[②]此会议作为 ECTS 和学分互换理念出现的标志，提出了通过构建欧洲学分转换系统，来提高欧洲高等教育整体质量，提升欧共体的高等教育在全球国际市场竞争力的建议，并通过了依照派出国大学颁发的证书、接受国大学可以根据合约吸纳学生入学的原则。以此通过欧洲高等教育一体化促进欧洲一体化发展。自此之后，学分互换理念开始迅速发展，并日渐走向成熟。

[①] 黄欣，吴遵民，蒋候玲.论现代"学分银行"制度的建设[J].开放教育研究，2011（6）：42-46.

[②] 陈娟.欧洲学分转换与累积制度及其对我国学分银行建设的启示[J].职业技术教育，2007（25）：88-91.

（1）运作支点：ECTS 学分制

如上所述，囿于欧洲国家不同的社会文化、历史发展背景，各国基于不同的教育目的、教学大纲，对高等教育学生培养模式中学生的学习期限、学习量的要求，学习评价方式，以及相应学分认定和互换规则的教学管理制度等做出了不同的规定。为了通过欧洲高等教育一体化促进欧洲一体化发展，欧洲的学分转换系统通过制定统一的欧洲学分认定机制——学分制，来推动欧洲高等教育一体化中的学分互认制度的实施。概括地说，欧洲学分转换系统中的学分转换是基于高校中全日制学生的学习量，即其课业负荷量来计算与评估的。一般而言，学生每修 1 个学分，往往需要累积学习 25~30 个学时，因而一般情况下，一个全日制本科生每年的学习量应约为 1500~1800 学时。[1]当统一要求了全日制本科生每年所需的学习量后，学生们的学分在进行计算时，就可以不用考虑是否为同一类型的课程，亦毋须思考不同课程的长度，以及这些课程的内容构成。换而言之，学生在计算累积学分的课程时，既可以选择某一个学期的完整课程，也可以选择某一个周期的短期课程；既可以选择学习某门初级课程，亦可以是某种中级课程或更高阶段的研讨课程等。此外，ECTS 学分转换系统所认定的"学习量"，既可以是学生在高校课堂内所完成的既定的学习成果，也可以是高校学生在课外通过自学或其他工作、实践活动所产生的学习量。由此可见，相对于传统意义只基于课堂内学时的学分制度相比，该学分转换系统的学习量涵盖面更广，几乎能够囊括学生所有与学习有关的时间。除此之外，为保障学生学习成果的有效性，ECTS 还会根据之前的学生学习量的计算，定期对其进行考核、评估，并结合学生的反馈（适当的评估证明），对该制度予以修订。[2]

具体而言，ECTS 能够有效运行，主要在于其通过制定了课程目录（Course catalogue）、学习协议（Learning agreement）、学业成绩单（Transcript

---

[1] European Union. European Credit Transfer and Accumulation System(ECTS)[EB/OL]. (2011-10-22)[2019-1-3]. http://ec.europa.eu/education/lifelong-learning-policy/doc48_en.htm.

[2] 安东尼. 约翰. 维克斯，宋颉. 欧洲学分互认体系：一个转换与累积体系[J]. 开放教育研究，2012（1）：33-35.

of record)、学业证书(Traineeship certificate)、申请表(Student application form)等各种关键性文件,促进学分认定、学分转换。其中,课程目录主要包括高校的基本信息、高校的资源与服务信息、高校的课程信息以及其他一些学生需要了解的信息等。通过这种透明化的课程目录文件,可以为其他高校想要参与到或流入到该校的学生,提供丰富、清晰的信息,提升学生流动的满意度。学习协议是学生与原所在高校及转入高校所签订的协议,分为关于学分流动的学习协议,以及关于实习工作的学习协议两种类型。两种协议都需要学生提供所学课程的清单,以及对应的 ECTS 学分。学习协议可以为学生在转换学分过程中,其与各高校、机构之间互动过程提供正式的、具有约束力的保障。学生的学业成绩单和学业证书是学生在高校的学习成果评价证明,是 ECTS 系列关键性证明中最为重要的部分之一。通过记录学生的学习成果,反映学生的学习实际,因此是学生在流动期间成果认定最有力的证明,对学生的流动起着非常关键的作用。学生申请表则是学生在转学的学分互认时所需要填写的一些重要的信息。

总体而言,该体系成员国之间的不同高校在学分流动方面,其黄金原则是把学生在其他高校学习或是通过信息技术方式进行的虚拟学习,所获得的学习协议和学业成绩单等 ETCS 认定的所有学分尽快转换到其学位中,而并不需要其他额外的考核与评估。在学分流动的前期,学生与原高校、转入高校之间会签署上文所述的学习协议,以规范学分流动、学分互认行为。在学分流动的后期,学生转入的高校会根据该生所完成的教育内容的实际情况,将学生在流动期间的学习成果评价以学业成绩单或学业证书的形式提供给学生及学生流入前的原高校。原高校则会基于此成绩单或学业证书,对其进行一定的评估后,对学生的学习结果进行认定,并将其转换为学生的资格需求。

(2)运作模式:缔结协议

ECTS 的运作核心与关键因素在于缔结协议。所谓的缔结协议是指,学生在进行学分流动的过程中,原高校与流动高校的相关教学管理部门会签署一份相互合作的缔结协议,其旨意在于确保学生在流动学校所获得的学习成果能够得到原高校的认可,而不需要再次重复的学习同一内容。

具体地讲,ECTS 的运作流程大概分为四个步骤。首先,欧盟各个国家的高校都会公开的公布该校所制定的课程目录的相关信息,主要包括与高校类型、历史文化传统相关的高校基本信息,高校所能提供的课程内容、课程评价方式、课程的组织结构等课程信息,以及学生入校后的学习生活概况、学生的学费等学生信息,旨在帮助学生在流入前能够进行自主判断与选择。其次,当学生自主选择后,学生与原高校、流入高校就会签署上述的缔结协议,以此确保学生回到原高校后其学分能得到认定并合理转换。第三,签署缔结协议后,学生无须完成其他手续或流程,只需要根据自己的选择按规定学习,即可将其获得的学分与成绩等级记录在学业成绩单上,或者获得学业证书。最后,当学生在流动期间的学习计划完成后,学生即可回到原高校,经由原高校对成绩单或学业证书的评估与认定后,获取流动期间所修学分。

综上所述,ECTS 有效实现了高校学生的学分在不同空间与时间上的转移,从而使得不同国家高校学生能够用统一的标准实现在国内外高校的流动。[1]从某种意义上讲,ECTS 对于构建欧洲高等教育区,推动欧洲高等教育一体化起到了积极的建设作用。

3. 韩国的学分银行制度

为实现非正规教育的价值评价与功能转换,韩国教育改革委员会在研究"学分银行"体系及其相关机制的基础上,创建了"学分银行"制度,并于1995年提交了《关于促进开放式终身教育社会和教育体系的革新设想》报告书。[2]该报告书提议采用"学分银行"制度来实现非正规教育的价值评价及功能转换,成了国际上首个明确提出"学分银行"概念的国家。1998年,韩国教育部颁布的"教育部令第 713 号"文件,正式标志着韩国学分银行的全面实施。

---

[1] 刘海涛. 欧洲和北美高校学分转换体系的实践与思考——基于欧洲 ECTS 和美国北卡罗来纳州 CAA 的分析[J]. 外国教育研究, 2016 (12): 106-115.

[2] 杨黎明. 从韩国的"学分累积制度"看我国"学分银行"的构建[J]. 职教论坛, 2005 (9): 61-64.

（1）管理体制及运行机制

健全规范的学分银行组织机构是韩国学分银行得以正常运行的基本前提与基本保障。整体而言，目前韩国学分银行的管理运行已形成从中央主管机构到地方各类教育培训机构连贯一体的组织管理体系，由其教育科技部、教育开发院、省级教育办公室及被认定具有资格的教育机构等共同实施。其中，教育科技部是韩国学分银行制度的决策中心，主要负责制定与学分银行建设相关的法律、政策、发布学分银行的课程标准体系、颁发学位证书等职责。教育开发院是韩国学分银行制度的执行中心，主要负责学生的注册、学分的查审、学位的审批、课程的评估等职责。省级教育办公室是韩国学分银行制度的信息中心，主要负责收集整理学习者的申请材料，并对其提供咨询建议等职责。

就其运行机制而言，主要包括注册申请、学分认证、学分转换累积与学分兑换四个步骤。首先，所有拿到高中毕业证或具有同等学力背景的学习者都需要填写申请表进行注册登记，申请表直接交给教育开发院，或者由省级教育办公室转交给教育开发院。待提交注册申请表后，学习者的学分必须得到权威机关的认证才能成为有效学分。紧接着，将认定的学分依据课程标准及学分转换标准，进行折算，并将折算后的学分存入学分银行。最后，当学习者的学分积累到一定数量时，学习者可以在每年的1、4、7、10月向教育开发院或有关大学提出申请，经进一步审查合格后，即可兑换相应的学位证书或职业资格证书。

（2）学习成果认证标准

韩国的学分银行得以有效运行，除了具有健全的管理体制与运行机制外，也离不开其所建构的标准化课程体系。标准化的课程体系是韩国学分银行制度的纲领性文件，它以学科专业为单位的关于每个学科领域的综合学习计划，由韩国教育科学技术部和国家终身学习研究所在各学科专家的指导下联合开发而成，具体描述了各学科的专业名称、培养目标、课程科目、学分要求、评价方式等内容。标准化课程体系规定了每个课程的学分，规定1个学分代表15个学时，每1个学时等于50分钟的上课时间或100

分钟的实验时间。①经过学分银行系统认证的教育培训机构的专业培养方案，应至少有70%与标准化课程体系一致。②此外，根据教师、学生及社会需求的变化，该标准化课程体系也会做出相应的调整、修正。

（二）面向泛在学习时代的本土启示

在泛在学习时代，要更好地保障教师的教学权和学生的学习权，就必须以"学分银行"为支点，撬动高校教学管理流程再造，推动高校教学管理制度的变革。

1. 加快学分银行立法，赋予高校教学管理制度重构空间

教育立法通过将教育实践上升为一种强制性规则，以此来调节教育理论与实践之间的关系，是促进教育功能得以发挥的一种重要手段。③党的十九大把"推进国家治理体系和治理能力现代化"写入了党章，强调治理的现代化，实际上就是强调治理观念、治理手段的动态发展特征。法治是治理的基础和保障，是治理的一种方式，同时也是一个时期、一个阶段治理观念、治理手段的集中体现。十八届四中全会我党在历史上第一次以"依法治国"为主题并出台《中共中央关于全面推进依法治国若干重大问题的决定》，党的十九大再次重申全面推进依法治国的总目标。在此背景下，以法治思维和法治方式深化教育领域综合改革，既确立了教育基本制度和教育治理的基本模式，也为处理教育改革发展的矛盾与问题提供了基本规则和路径，对教育事业改革发展发挥了重要的引领、规范、支撑和保障作用。④从国外经验看，学分累积和转换机制的完善主要得益于立法的保障和推进，因此，加快立法切实从法律角度保障学分银行制度顺利发展，是学分银行建设最为关键和重要的保障因素，也是泛在学习时代高校教学管理制度变

---

① 杜社玲. 韩国、欧洲学分银行实践及其启示[D]. 上海：华东师范大学，2011：26.
② 朴仁钟，刘音. 终身学习型社会与韩国的学分银行制[J]. 开放教育研究，2012（1）：16-20.
③ 余雅风. 教育立法必须回归教育的公共性[J]. 北京师范大学学报（社会科学版），2012（5）：114-120.
④ 孙霄兵，翟刚学. 中国教育法治的历史回顾与未来展望[J]. 课程. 教材. 教法，2017（5）：4-14.

革的外在驱动力。

首先，明确学分银行的功能定位与价值目标。"学分银行"首次出现在我国的政策文件中，成为一种政策话语，是在教育部于2004年发布的《关于在职业学校逐步推行学分制的若干意见》中所提出的要"探索和建立职业学校学分积累与转换信息系统（学分银行）"。两年后，在2006年的教育部工作要点中，首次提出当年的工作重点之一是要对中职学校进行"学分银行"试点。2008年《关于开展国家教育体制改革试点的通知》进一步落实"在中等职业教育中进行学分银行试点，建立'学分银行'"，中等职业教育学分银行建设不断深入。然而，从我国的理论与实践情况来看，当时我国所提及的学分银旨在服务于职业教育的学习者，是为其学分获得、学习转化以及就业而服务的。换句话说，当时的学分银行只被看作是学生在职业学校学习和其职业实习的一种信息库。直到2010年，学分银行建设在我国才开始与终身教育、成人教育等非职业教育领域连接起来。《国家中长期教育改革和发展规划纲要（2010—2020年）》《关于开展国家教育体制改革试点的通知》提出，要建立学习成果认证体系，建立"学分银行"制度，在政策层面上将学分银行建设推向一个新的高度。自此，学分银行在我国被定位于人才成长"立交桥"。然而，这些政策文本只对学分银行建设进行了原则性规定，并未详细回答学分银行究竟应该怎么建设，其功能到底是什么，等等。因而，在具体的学分银行建设实践中，我国的学分银行出现了功能不明确、主体含糊等各种现实问题，使得学分银行建设步履维艰。由此可见，加快学分银行立法，首先必须重新审视我国学分银行的具体内涵，明确我国学分银行的功能定位与价值目标，通过相关制度建设，统一规范学分银行实践活动。就美国、欧洲、韩国的学分银行建设来看，我们普遍认为学分银行的本体功能主要体现为学习成果认证（即学分认证）、学分的存储与累积、学分的转换。这三大核心功能是实现学生自由学习权的最根本保障。

其次，授权与明确学分银行的建设主体。所谓的授权学分银行建设问题，是指明确学分银行建设主体，或者明确应该以何种方式建设学分银行。对此，学界对学分银行究竟是一种制度，还是一种机构进行了一定的论争。

若是前者，那么学分银行的建设理应由政府或授权的第三部门，通过制定统一标准，来规范各机构的学分积累、兑换与转换。若将其视为后者，那么学分银行建设容易被转化为机构的内部事宜，阻碍学分银行发挥其应有价值。就我国的学分银行建设的现状而言，目前我们从事与运作学分银行的主体多元。既有教育行政部门，也有教育行政部门所委托的诸如开放大学等机构，还有高校或教育机构通过联盟的形式。从理论层面讲，由于不同主体的资质差异，其利益诉求多元，因此在建设学分银行时的目的也就不尽相同，在运作学分银行时也可能会出现与初衷相违背的情况。同时，混杂多元主体分别制定不同的学分银行制度，也极容易造成制度建设的资源重叠或者是浪费混乱的局面。基于此，我们必须认识到，加快泛在学习时代的学分银行立法，其关键在于廓清学分银行建设主体。而要明晰学分银行建设的主体定位，本质就是要以授权的形式，保证学分银行建设主体的资质。一方面，通过授权，厘清学分银行建设主体与各高校、教育机构之间的权利与义务关系；另一方面，通过授权，确保学分累积与兑换的公信力和权威性。从某种意义而言，学分累积与兑换是否具有公信力或者是否具有权威性，直接关系并制约着学分银行建设的成败问题。换而言之，要通过法律授权，赋予学分银行建设主体一定的身份地位。在学分银行制度中，所有的学分认证流程都应该基于同一标准、同一程序，以法律同一授权的形式进行规范性、程序性的操作。具体到高校学分银行建设行为而言，任何高校如果参与到某一联盟或某一平台的课程资源共享的过程中，并希冀其学生能够参与其中，获得学分认证的机会，其首先需要对这些联盟内或平台内的高校经过严格的资格审核，对审核合格的高校按照一定的法律原则、法定程序进行授权。其次，在具体的执行过程中，还需要对这些平台或联盟的课程运作及其学分认证过程进行有效的法律规范与法律监督，通过构建规范的监督机制，保证其运行的诚信度与可靠性。

再次，建立学分认证与互换标准。学分银行最核心与重要的职能在于累积与兑换学分。然而，由于不同高校、不同教育机构的教育质量良莠不齐，其学分设置与计算方式也不尽相同。在学分银行的实际运作过程中，能否实现不同高校、不同教育机构的学分认证与兑换，直接关系着学分银行能否成功。从国际经验来看，无论核心课程编码系统、还是标准化课程体系抑或统一的学分量，美国、韩国、欧洲学分银行的成功之处都在于其建立了统一的、具有操作性的学分认证与兑换标准。由此可见，构建我国的学分认证与互换标准，一是以课程为导向，由国家制定类似于韩国标准化课程体系的各学科课程标准，以及课程评估机构，各高校或教育机构根据国家的课程标准制定本校的学分兑换制度，评估机构则每隔一定的时间就对提供课程的组织进行审核与评估；二是以学习效果为导向，由相关部门设定预期达到的学习量和考核标准，学习者只要能达到相应要求就可以获得学习成果证明。

最后，严格学分银行的操作标准。如上文所述，当前阶段我国的学分银行建设主体多元，加之学分累积与学分互认功能的重要性、特殊性及复杂性，要想保证学分银行实施内容的高度统一，除了需要通过法律授权建设主体的合法地位，以法律手段监督、严格管控其具有操作流程外，还应该出台具体的实施细则或操作指南。这样，既能彰显该学分银行的严肃性与公正性，更能方便包括学习者在内的相关利益主体能够充分、详细地了解其操作规程。进而学习者能够基于自身能力、兴趣以及资质，自主的筛选并决定学习内容，明晰其学习目标。从国外的相关建设经验来看，上文所提及的美国、韩国等都已发布了较为权威与详细的学分银行操作标准。例如美国各州采用了一种以6位数字编码形式的系统，统一对其规定的核心课程进行了分类和编码，并明确指出公开并详细说明其核心课程及编码，是各高校的义务；韩国通过发行《时间学生登陆制的实行指南》，详细说明学生在学分转换中的一些课程要求与标准，以此辅助学分银行的实施。有鉴于此，我国在进行学分银行建设时，为了在推广学分银行时能够更加具有规范性、公信力，也应当充分利用现代信息技术等手段为学分银行提供详细的实行指南。

2. 打通高校混合式教学学分认证体系

第四章的实证研究表明，当前我国高校教学管理制度对学生网络课程学分认证不力,这与泛在学习时代学生随时随地皆能学习的理念相悖,因此,重构高校教学管理制度必须在学分认证方面着力。具体措施如下:

首先,要完善混合式教学模式课程的学分认证政策。泛在学习时代,混合式教学将成为一种趋势和必然,而学分互认利于推进我国高校混合式教学的发展。教育行政部门在混合式教学模式课程的学分认证中,应扮演好激励者和促进者的角色,积极为高校的课程共享及其学分认定提供一种"善"的公共服务。通过制定高校混合式教学课程标准、混合式教学服务标准等,在国家层面严格管控高校混合式教学的课程质量。同时,从制度层面,有效提升服务于高校混合式教学的课程开设率,为泛在学习时代保障学生的选课自由而引发的高校教育教学改革提供强有力的制度支撑。

其次,明确高校混合式教学的学分认定和转换标准。诚如前文所分析的,学分的认定与转换是各国学分银行建设的重要内容。故而如何判断我国高校的混合式课程质量是否达到了授予学分的标准,并如何赋予其能融合、衔接各个高校的学分,是泛在学习时代高校学分银行建设中需要解决的首要难题。然而,纵观我国现有的与学分银行相关的政策,大都只是为学分银行建设提供了一个大方向。对于究竟应该按照什么标准来进行学分认定和学分转换尚未做出具体说明。从实践情况来看,高校的学分互认中,大多高校都是根据其课程标准来进行学分互认,然而,由于高校与高校间、高校与其他教育机构之间的课程质量存有差异,以高校自身的课程标准来界定反倒增加了互认的难度。以学生选修在线开放课程为例,其学分互认的不足主要表现在三个方面:一是选择的在线开放课程学分应转换为校内的何种类型的学分(传统必修课学分还是选修课学分);二是如何确定选择的在线开放课程的学分占培养方案的比例或权重;三是在线开放课程学分与现行教务管理系统应该如何融合,如教学档案归档、负责在线课程教师的工作量认定、课程平台与教务系统对接,等等。[①]参照国际经验,规范统一的学分认定与转换制度有利于混合式教学的发展。比如:美国的慕课课

---

① 汪基德,李博. 在线开放课程学分认定:形式、问题与建议[J]. 开放教育研究,2018(5):39-45.

程（包括 Coursera、Udacity、edX 上的课程）主要由美国教育委员会这样一种第三方评估机构认证，经其认证后的高校 MOOC 课程在学分转换时，则会直接被认可的高校给予相应的学分。类似的，2014 年，印度大学拨款委员会（University grants commission）颁布了在线学习课程学分框架，该框架明确指出，当学生参加由印度人力资源发展部建设的国家 MOOC 平台的相关课程时，各高校必须认可学生的学分，并且必须把这些学分同等兑换为学生在高校内学习的学分。[1]有鉴于此，泛在学习时代，我国的高校混合式教学学分认证与转换系统可以充分借鉴这些经验，通过发展第三方评估机构，对学生选取的实体高校联盟课程或者国内外在线课程的学习成果，进行统一的价值判断与标准划分，以此对通过这些认可后的平台或课程能做出同等的学分认定。教育部也可以通过委托各专业教学指导委员会，或者通过各级各类专家交流会的形式，通过对某一平台、某区域内的联盟高校课程建立课程质量标准和学分计量标准，进行质量评估，制定可以直接认可这一平台或这一联盟的学分转换制度。

最后，加强高校内部的混合式学分建设，强化高校在学分认定过程中的主体地位。在泛在学习时代的高校教学模式变革下，高校内部的混合式教学学分认定工作也是高校自身教学改革进程中的制度安排。为强化高校在学分认定中的主体地位，加强其内部的混合式学分建设，高校可以从如下三方面进行制度建设：一是积极探索建设能最大化保障学生自由选择的课程建设方案，通过与课程提供方的协商、合作，以及合适的调查，明晰不同学生所需求的学分课程，以此探索建设最合适的课程建设方案，使泛在学习时代的混合式课程建设能够呈现出小规模、个性化、多样性的特征；二是建构一支由校内外专家组建的混合式教学学分认证与转换的专家咨询委员会，通过组织委员会内的专家成员，对所开发的课程建设方案中的课程进行质量评估，对其进行权威认证，并统一学分转换标准，以此确保待选课程学分转换的合理性、合法性；三是完善采用混合式教学课程的教师

---

[1] 邱伟华．高等教育慕课市场的学分认定机制[J]．开放教育研究，2017（2）：64-74．

的师资筛选制度，加强其专业培训，通过提升混合式教学课程的教师专业发展，提升混合式教学课程的整体教学质量。

三、重构路径：推动高校教学管理制度从"规制"走向"赋能"

高校教学管理制度是高校教学中各种管理思想、理论、观念的具体化，是对高校教学管理实践活动的一种抽象规定，更是种种高校教学管理思想、理论、观念作用于高校教学管理实践的中介。泛在学习时代的高校教学管理制度需要符合泛在学习时代"任何时间""任何地点""任何方式""任何所需资源"等特点。因此，在关注学习者学习需求与学习特点的教学理念下，重构泛在学习时代高校教学管理制度，需要体现刚柔相济原则，从增强高校教学管理自主权、健全教学管理组织体制、保障教学管理制度供给三个层面，推动高校教学管理制度从规制走向赋能。

（一）厘清高校教学管理的府校关系，保障高校自主管理权能

高校与政府之间的行政关系是计划经济体制集权管理的产物。长期以来，我国的教育管理体制是行政主导型的，这种管理体制的特征是政府无处不在，掌控着教育资源，对高校的教学计划、教材选用、课程设置标准、教学评价标准等进行管理。从应然层面讲，在高校与政府的关系中，教育行政部门的职能应立足于宏观统筹，规划、监督教育的整体发展，构建一种开放、有序的教育教学环境，而不是为高校提供具体的操作模式，或具体管控高校内部的教学活动。就法律层面而言，根据《教育法》《高等教育法》，高校是面向社会自主发展的独立法人实体，享有七项办学自主权。也就是说，高校是相对独立的主体，而不是教育行政部门的附属组成部分，其与以教育行政主管部门为代表的政府之间是一种共生关系，而不是同构关系。在实践层面，虽然随着高校"去行政化"运动的不断推进，目前我国高校与政府、社会之间的关系逐步从原来的高等学校通过政府与社会发生联系的直线关系，变成三角关系，但现行高校教学管理制度中高校拥有的教学管理权限依然不足，表现为在设置学科、专业必须经过教育主管部

门的严格审批，在教学活动中关于公共课的设置、教学计划、教学方法、"两课"的设置、教材的选用等方面仍受到中央和地方政府的行政性约束，并缺乏自由设置学科、专业等自主权。此外，教育行政部门仍通过本科高校教学水平评估等自上而下的行政管理手段对高校进行评估、检查、督导。甚至高校内部的面向21世纪高校教学内容和课程体系改革、大学文化素质教育等教育教学改革都是由政府规划、设计、推行。政府扮演着高校教学改革设计者、发动者、推动者的角色，高校事实上未拥有改革教学活动的权利。

泛在学习时代的高校教学模式是包含教、学、评三重要素相辅相成、有机结合的过程，更加强调在教育教学资源开放、共享时教学过程中教与学的协同性，强调学习者学习的弹性与个性。因此，泛在学习时代的高校教学形态不再局限于传统实体课堂，而是学生自主选择以线上或线下的形式展开，通过突破高校的实体围墙，联结物理空间与虚拟空间、精神空间。在此过程中，课程、学生、教师、高校以及其他机构之间的流动性日益增强，高等教育资源开放、合作、共享的教育理念日益凸显，教师、学生摆脱对传统的固定教学时空的高度依存，实现对教学时间、地点、路径、进度等方面的自主控制。由此可见，泛在学习时代的高等学校更加需要独立的发展空间和权利。如果依然停留在法律意义上认识与承认高校的自主教学管理权，而在实际中忽视高校在教学管理活动中的主体地位，仍采用高度集中的管控模式插足高校内部的教学管理活动，必然会萎缩高校主动适应泛在学习理念、寻求改变的能力。从多中心协同治理理论来看，多中心意在指明在社会事务管理过程中，并不仅仅只有政府这样一个单一主体，而是存在着包括各级各类政府、政府派生组织、私人机构以及公民个人在内的多元主体所构型的多个决策中心。[①]欲实现高校教学的善治，既依赖于治理主体的治理能力，也必需多元主体协作。所以，应进一步转变政府职能，厘清高校与政府在教学管理上的权利与义务，在行动上确立高校的主体地位，充分赋予高等学校自主发展的权利。这既是提升我国高校在面向

---

① 唐娟. 政府治理论[M]. 北京：中国社会科学出版社，2006：84.

未来时代时增强其办学活力的重要途径，也是建立健全现代大学管理制度的应有之义。

首先，确立高校在教学管理中的主体地位，厘清教育行政部门与高校的权力边界。实际上就是将原来被教育行政部门控制的权利空间分割、让渡给高校。实践证明，仅依靠高校自身力量割断其与政府间的"控制—依赖"关系极其困难，也不太现实，而单纯依靠教育行政部门的意识自觉和权利让渡来减弱控制，也有违其维护利益的规律。近年来，一些省属高校的专业审批权、招生计划权、学籍管理权又统一收归教育部管理，这就是主体利益最大化的现实表现。因此，厘清高校教学管理中政府与高校之间的关系，一是完善教育法律法规，以法律形式，明确界定教育行政部门与高校的权力边界，明确规定其权利与义务。以教育部为主的各级各类教育行政部门，通过不断完善宏观教学管理制度，在法律法规的基础上，通过行政的、经济的、评估的手段，对高校教学活动实施宏观调控，为其发展提供制度保障和环境支持，发挥外部管理制度"导向作用""规范作用""沟通作用""协调作用"[①]。换言之，政府在高校教学活动中，处于"元治理"的角色，应"管大事、议长远、谋全局"。二是承认高校在教学管理活动中的独立性、自主性，使政府主管部门与高等学校之间的关系由"控制—依赖"关系转化为"监督—自主"关系，真正实现"政府宏观管理，学校面向社会自主办学"。

（二）重组高校教学管理组织结构，提升教学管理思维和能力

教学是高等学校诸项工作的中心任务。一般而言，一所高校的教学管理组织结构、教学管理制度中的权力与权利分配，以及高校的教学管理文化氛围等可以影响到管理者、教师、学生的工作状态，也会影响到高校教学质量和人才培养目标的实现。传统的高校教学管理组织机构是一种金字塔式的科层制等级结构形态，它以控制和稳定为目的，强调组织结构间的

---

① 别敦荣. 论高等教育系统的社会支持、制约机制[J]. 上海高教研究，1996（4）：33-35.

层级关系和规章制度，强调秩序、服从和稳定，高校的教学管理与信息传递呈现出垂直层级的方式。正如马克斯·韦伯所言，科层制是"由职务等级制原则与上诉渠道原则确立的一种公认的高级职务监督低级职务的上下级隶属体系"。不可否认，科层制的组织结构因其具有效率与合理化、分工与专门化、法规条例、权威的层级节制、非个人取向、终身事业取向等特征[1]，成为当时最具合理性、最能适应资本主义发展的组织管理模式，科层制的学校组织也为我国培养了一批批当时社会所需的受教育者。但教育系统是个特殊的科层组织，其本身在追求形式合理性的同时，也追求着是指合理性。[2]因此，进入后工业化时代，很多组织逐步进行管理和结构变革，试图以组织成员间的"伙伴关系"取代"上下级关系"，通过赋予组织成员更多的工作自由，以有效、适宜地激励个体按其内在需求，实现其个人自由与发展。就高校教学活动而言，其是一种充满创造和革新的实践，科层制的组织结构与教学实践的基本特征之间存在冲突，即这种由上至下的权力行使方式对位于金字塔底层的学生、教师进行强有力的管控，再加上数量较多的、严密的教学管理规章的约束，使教师与学生在教学活动中的积极性和创造性较难得到充分发挥。泛在学习时代的高校教学模式是以学生需求为中心的开放、民主、弹性的混合式教学模式，强调学习的个性化、定制化。目前，"行政化"了的高校按照政府部门的组织框架对口设置其内部组织机构，导致了高校内部各职能部门之间条块分割、独成体系、职责分离、目标各异。这种传统的科层式教学管理组织体系将教学管理权更多的集中于学校层面的管理者手中，通过一种自上而下的方式，对高校教与学的双向互动活动中，分别对学生的学习活动、教师的教学活动进行控制。如此一来，学生的学习自由和教师的教学自由只限于狭窄范围内。为了减少传统学校的科层组织结构固化、刚性、单向线性的弊端，学校可以通过组织层级的扁平化途径实现组织结构的变革，其目的旨在进一步抑制或制

---

[1] 张新平.对学校科层制的批判与反思[J].教育探索，2003（8）：29-31.
[2] 蔡春.在权力与权利之间：教育政治学导论[M].北京：北京师范大学出版社，2010：50.

约高校教学管理权的过度集中、膨胀，以此在高校、教师、学生所形成的三角权利关系中，通过扩展学生学习自由和教师教学自由的教学管理制度空间，为学生的学习活动提供更加灵活的、个性化的制度安排。并在这种制度设计与制度安排下，充分融入对学生的学习自由和自主权的关切，进一步彰显以学生为本的教学管理制度的核心价值关怀。

一是通过加强规章、制度建设重组内部权力与权利关系。在信息技术与教育教学深度融合发展的背景下，高校可以通过加强规章、制度建设重组内部权力与权利关系，从强调统一和控制转向更加尊重人的多样性和差异性，突出教与学关系中学生的主体地位，将高校打造成尊重学生主体性、教师教学个性及其创造力的教与学的共同体。从一般意义上讲，共同体是在自然意愿结合的基础上，一些能够共享其理念、理想的负有义务的个人的集合体。共同体的每个人将从一种"我"的集合体，逐步改造成为一种集体的"我们"。共同体的成员与成员间，彼此通过一种尊重、理解与包容，将其相互的关系紧密相连。换言之，泛在学习时代高校教与学的共同体，其旨意在于更多地依靠合理规范、共同目的与价值观等，从维持和控制组织关系转变为创造和保持组织间的探究关系，以实现成员间的相互依赖、相互联系、相互帮助。此外，通过塑造教与学的教学管理共同体，让各利益相关主体也可以更多地参与到学校的组织管理中，管理者、教师、学生由传统的服从与控制关系转为平等协作关系，形成主体之间扁平化的无中心网状交往形态，实现多对多的交互传播形式。

二是将纵向垂直的教学管理组织架构模式转变为一种多向交叉的互联模式。一般而言，所谓的扁平化组织结构，就是通过压缩金字塔式层级组织结构中间的行政机构或职位，减少自上而下的控制层次和规模，从而优化机构设置。要将教学管理权力重心整体下移，就需要实现教学管理的决策权向组织结构的下层转移。首先，构建科学、高校能够直接由校领导统筹安排的本科教育教学管理的常设机构，如建立本科生院，将原本上传下达式的管理方式，变成集咨询、指导、决策、协调为一体的综合管理，统一协调该校本科的教学运行与日常教学事务，本科教育改革、研究与发展，本科教学条件保障与质量监控、本科生就业指导等工作，精简管理层级，实现学校组织横向和纵向各部门、机构间的交叉互联、协调衔接，有效避免信息的不对称。其次，要转变中层部门的职能和运行方式，将高校内部的本科教研活动、本科教师发展等活动的执行权交给教师专业组、学科专业组等，充分发挥高校教师在高校教学活动中的科研与教学作用。最后，加强高校内部分散的各个教学管理部门，如招就处、学生处、教务处之间合作和交流。各个教学管理部门应在维护高校整体利益的基础上，协调好各自的管理权、发展权，淡化各个教学管理组织部门之间的权力边界，并把握其与学校整体行政权之间的度。此外，还可以利用大数据提供更加精准的教育管理服务，可以尝试构建一种基于现代信息技术的"用数据决策、用数据管理、用数据创新"的新型管理机制，提升高校教学管理活动中治理能力的现代化水平。

　　三是推动教学管理组织功能从行政事务型转为专业引领型。泛在学习时代的教学模式下，高校教师教学的专业属性和学生学习的自有属性在人人、时时、处处的泛在学习理念下日益凸显。高校的教学活动越来越强调教师和学生自主意识和创造意识。这种教学模式、教学理念的转变，使得原有的重在规范和控制教学活动的组织类型，已然无法适应泛在学习时代教学活动的新需求，这就需要推动教学管理组织功能重视行政事务转为注重专业引领。就现行的教学管理组织结构而言，高校教务处（部）是实施与管理高校本科教学工作的重要与核心职能部门。一般而言，教务处主要负责学校本科的人才培养计划、教学组织与管理、教学质量监控与评估、教学建设与改革、学籍与学士学位管理和国家大学生素质教育基地建设等教学管理工作的宏观管理与调控，在高校教学管理中的管理权主要体现为执行和落实国家的教学计划、课程计划，它对教学的领导和管理主要是贯彻、执行和传达上级部门的指令与精神，是高校本科教学管理工作的中枢。虽然，这种管理方式能够较好地完成上级规定的教学任务，却只是一种被动的完成，教务处负责布置和检查教学任务，将管理权集中于自己手中，教师与学生只负责执行命令。然而，事实上，教务处不应该也并不是一般意义上的行政组织结构。准确地说，教务处若想充分发挥其管理中枢的作用，更应该是一种专业性、研究性的组织结构，其在高校教学管理活动中的教学管理权应该下移。而要实现其权力下移，就需要充分调动教师、学生参与教学管理的积极性和主动性，赋予教师灵活制定教学计划，表达利益诉求的权利。在高校教学管理制度重构的过程中，要深入到高校的教学活动中研究高校教师的教学行为，从而更好地创建能够旨在促进高校教学改善的优良教学环境。为此，教务处应改变过去单一行政管理的方式，有意识发挥专业引领的功能。如：D大学将原来分散的教务处、学生工作处、招生处合并组建为本科生院，以"院务委员会"为本科生教育教学管理工作的最高决策机构，"教学指导委员会""学生素质发展与奖惩工作委员会"和"教学督导委员会"分别承担该校在本科教学活动中的不同职责范围的规范制定，是院务委员会的咨询及执行监督机构。此外，该本科生院还专设了教学研究处这个职能部门，教学研究处专门负责教师教学发展与教学质量管理等工作。整体而言，本科生院的设立不仅改变了原多部门管理而导致的条块分割，以及教学与研究脱离的现象。在教学管理过程中，开始强调教学研究的过程性管理，有效地促使教师的教学与研究走向统一。

（三）加强高校教学管理制度建设，优化制度供给能力

1. 加强关联性检视和整体优化，建构协调统一的高校教学管理制度

从人才培养过程的视角来看，高校教学管理是一条管理从招生、制定人才培养方案、构建教学计划构建、组织与实施课程、开展理论教学与实践教学活动、评估教学质量的活动链条，因此高校教学管理制度包括人才培养模式及其配套制度、人才过程中的具体实施与管理制度和人才培养的质量监管与评价制度，具体涉及诸如学分制，学籍管理制度，教学计划，排课、选课、考试管理办法等具体的教学组织制度与教学工作制度，以及教学评价、信息反馈制度，等等。因此，要保持高校教学管理制度体系的协调、统一，避免具体制度之间规则与规范的不一致或冲突，在重构高校

教学管理制度时必须对制度体系进行关联性检视和整体优化。

2. 建立制度评价机制，注重高校教学管理制度的合目的性、合目标性

欲对高校教学管理制度的合目的性、合目标性、协调性进行评价与判断，就必须要建立相应的高校教学管理制度评价机制。从国内外的相关实践来看，评价作为一种管理手段和质量监控方式已广泛运用于各级各类学校的教学领域。就高校教学领域而言，评价机制可以广涵课程评价、专业评价、学院教学工作评价，以及按照教学活动的性质开展的各种检查、评价活动，比如本科生的毕业论文评价、实践教学评价、实验室建设评价等。然而，从当前的实践情况来看，虽然评价机制已广泛运用于高校教学活动的诸多环节，但对于教学管理制度本身是否合理、是否科学、是否有效，其制度体系是否完整、制度与制度之间是否具有协调性和效能等制度本身的内容，却缺乏有效的评价机制。人们似乎天然的认为高校教学管理制度已经制定和颁发后就成了理所当然的正确存在，具有"公理"的特性，于是，相关的利益主体只是习惯性的遵守制度、服从制度、按照制度规范行为，鲜少会有相关主体质疑制度本身的合理性、科学性。然而，这种单向的制度制约机制，很有可能导致制度与实践的不对等关系。实践作为高校教学管理制度有效性的最终检验标准，却往往被忽视或否定，因而，在高校教学管理制度建设上，常常出现滞后、僵化的情况。笔者在访谈时就有管理者讲到，"我们在参与制定学校的教学制度，如本科生学位授予细则、教学事故认定办法、各教学环节质量标准时，初衷在于使教学有制度。一般情况我们还是会在制度制定的过程中进行一定的调查，但也只是一些简单的调查。在制度实施上，不一定会调查，因为制度出台后由于不同的部门在分管不同的工作，实施调查起来也麻烦。"然而，理论层面讲，为保证制度的合理性与科学性，出台任何一项制度前，都应经过广泛的调研、设计、论证、征求意见，再审议与颁布。因为如果制度在制定中只依据制度设计者的理念、价值指导，这种制度就是一种完全的主观存在，带有"理

想"成分。但教学实践是一种复杂活动,并且高校教学管理活动中对象都是具有主观能动性的人。因此,从某种意义而言,在总是包含着创新元素地不断演化的实践中,即使高校教学管理制度"先天"地存在着不包括在规范之中的"意外",也总会在执行的过程中遇到复杂实践的"反常"问题。因此,对于制度本身的评价也应该纳入高校教学管理制度建设的范畴。通过建立高校教学管理制度的评价机制,在制度制定、执行、监督和反馈环节,检视制度的科学性、合理性和有效性,及时完善、更新制度体系,更好的发挥高校教学管理制度的整体育人效能。

3. 合理调整制度的规范空间与自由空间,实现规范价值与自由追求的统一

首先,要树立法治思维,运用法律规范、法律原则、法律精神和法律逻辑,将民主、公平、正义之理念内蕴其中,构建以法治为基础的高校教学管理秩序。一是制度建设的内容首先要合法,即大学章程、教学管理规章制度建设应遵循法律保留原则,其内容必须以法律、行政法规及政策为依据,不得以大学自治之名直接或间接地违反、抵触上位法的规定、精神和原则,不能超越法定权限和教育需要授予权利、设定义务,这是本科教学管理制度得以有效成立的关键要件之一。二是制度建设的过程、步骤、方式必须符合最低限度的正当程序要求,即做到程序合法。从某种意义而言,树立法治思维就是要养成程序思维,依法办事就是要依照程序办事。[①] 根据《高等学校章程制定暂行办法》(教育部第 31 号令)、《依法治教实施纲要(2016—2020 年)》(教政法〔2016〕1 号)要求,高校在涉及教师、学生相关权利的本科教学管理制度建设中,应合理释放师生参与制度制定的空间,通过座谈会、论证会、听证会等方式广泛听取意见,甚至通过风险评估、合法性审查和集体讨论决定等形式对制度予以论证,以充分保障师生权利,促使本科教学场域中相关教育共识的达成。

其次,坚持"学生—教师—管理者—服务者"的逻辑关系,形成以学

---

① 张文显. 运用法治思维和法治方式治国理政[J]. 社会科学家,2014(1):8-17.

习者为中心的制度演绎体系。在工具理性的支配下，现行建立在理性规则和程序上的高校教学管理制度更像一种"驭人之术"。在教师与学生的教与学双边活动中，这种控制主义倾向的教学管理制度使得高校的教学管理活动过多关注于规定、监控行为者的行为举止，将管理者的意图单方面内化为多元利益主体的共同意图。如同福柯所描述的圆形监狱，仅仅关心被见尽者做些什么，而不在意他们在想些什么，管理者如同处于中心瞭望塔上，能观看一切，但不会被观看到。这种信奉教育目的在于教会学生掌握"如何而生"的知识和本领的工具主义教学管理观，越来越聚焦于技术和操作，遗忘了操作背后的思想和理念，把学生抽象化、工具化、机械化，使学生的学习自由在高校教学管理活动中式微，学生的学习思想自由及表达自由被消解，培养人的高校教学活动变成技术化和模式化的生产"产品"之流程。

　　人才培养是高校的根本任务，教学工作是高校的中心工作。因此，泛在学习时代的高校的教学管理制度重构，设应该始终将人才培养和学生发展放在制度重构的核心位置，坚持"学生—教师—管理者—服务者"的逻辑关系，形成一种在统一理念指导下，以办学理念和人才培养目标为核心的制度演绎体系。换句话说，泛在学习时代的高校教学管理制度重构，应该以学生的发展为中心、以学生的有效学习为关键，进行资源配置，调控教师与学生的关系，为学生发展、有效学习提供制度支持。如果现行的制度有与之不相符的，都应通过制度再建设来加以规范、限制、削减和消除。在此应该注意的是，学生的学籍管理制度是教学管理制度中最基本的制度，决定着高校教学管理中的人才培养模式和人才培养目标的实现，是高校人才培养理念的集中体现。其他教学管理制度都是围绕着学籍管理制度对具体教学活动的规范，是其他人员和活动的依据和判断标准。因此，学籍管理制度应成为整个高校教学管理体系的核心制度，是高校教学管理制度体系演绎的逻辑起点。

　　第三，适度保障制度的弹性、灵活性，避免在高校教学管理制度操作、运行过程中过于机械和整齐划一。教学是一个充满着各种复杂因素的非线性实践，泛在学习时代的高校教学融合了混合式教学的理念，凸显着学生在教与学关系中的主体地位。这就要求教学管理制度要充分尊重教师的教学个性、学生的学习自由，在制定规范时应该意在精简，而不是用各种烦琐的、严密的规章制度束缚教师和学生在高校教与学中的实践活动中。自由是人在自我创造和精神成长中的一种非常重要的因素，如果在高校教学活动中，侵犯了教师的教学自由，那么，教师的学术创造力就会被扼杀，进而阻碍或制约了教师的教学个性的形成，最终，教师僵化的教学模式无法促进学生个性和创造力的发展。因此，课堂教学中要给教师留下一定的自主和创造空间，给予教师教学创新和专业发展的自由；给予学生足够的可供选择的学习空间，并能为其选择学习的自由提供相应的选择保障。但是，必须意识到的是，对于学习自由和教学自由的追求，并不意味着要消除任何正常的对于教学活动的规则和约束。强调自由，并不是强调教师或学生能够为所欲为的任意自由。强调自由，事实上是强调教师、学生能够自主地规划、组织和掌握其教与学，能够在自由发挥其智慧和才智的同时对自己的行为负责。诚如前文所述，自由有积极自由与消极自由的界分。积极自由关注的是什么东西或什么人有权控制或干涉，从而决定某人应做何事、成为何人，消极自由侧重的是在什么限度内，主体可以、应当被允许做他能做的事。换句话说，积极自由把个人在生活中对终极意义的追求和价值的自我实现交给个人，意在强调唯有个人才能决定自己的未来。消极自由虽然最大限度地保证了人的发展所需要的自由空间，但同时也把自由约束在自己的责任之内——它既避免个人缺乏追求生活价值的愿望和想象力，又避免了一种类似于我行我素的放任自由；既减少自由在实现过程中的任何外在的强制和干预，又通过强调责任来实现责任的自治和合作的共存。就高校教学管理活动而言，教师的教与学生的学事实上都带有一种"自主"色彩。因此，在重构泛在学习时代的高校教学管理制度时，必须将制度视为"最小的""守业者式"的规范性要素，要最大限度地尊重教师学生的主体性和自立性，也就是说制度最好应该指出的是不应限制学生和教师在教学活动中的哪些权利。

结 语

回溯研究进程及研究内容，笔者通过理论与实证分析，基于"权利本位"理念，对信息技术与教育教学深度融合发展后高校教学管理制度重构这一问题展开了较为深入的学术研究，取得了一定的研究成果。然而，囿于一些主客观原因，本研究仍存在不足，只期为今后的相关研究起到抛砖引玉的作用。

一、研究总结与反思

（一）研究总结

本研究主要按照"发现问题——分析问题——探析原因——解决问题"的思路，沿着"什么是高校教学管理制度——为什么要重构泛在学习时代的高校教学管理制度——如何重构泛在学习时代的高校教学管理制度"的研究逻辑与进路，将理论与实践相结合，通过文献法、调查法、案例法、比较研究法、制度分析法开展泛在学习时代高校教学管理制度重构的相关问题研究。括而言之，本研究得出如下四点研究结论。

1. 高校教学管理制度主要体现为学校管理者、教师、学生之间的权利及其义务关系

高校教学管理制度是在教与学的双方交往活动全过程中，对教学活动的决策与计划、组织与实施、指挥与协调、监督与检查、控制与评价等方面具有规范、约束、导向、增进秩序功能的规则体系。既有表现为正式的、显性的正式制度，也有表现为非正式的、潜在的非正式制度。正式的高校教学管理制度生成的逻辑起点是高校教学管理的合法性保障，主要包括一些正式规则和高校内部的教学管理组织体系（高校内部的教学管理组织机构设置及其职能）；非正式的高校教学管理制度是潜在的或默示的，类似于哈耶克"自生自发"的社会秩序，主要表现为教学思维方式、教学管理的价值理念、课堂仪式等教学管理习惯。由于非正式制度具有隐蔽性和潜在的，难以直接控制并加以分析，并且，高校教学管理制度建设在很大程度上是通过正式规则和教学管理组织体系的更新来规范和塑造新的教学管理行为。因此，本研究主要探讨的是正式的高校教学管理制度。然而，规范性维度对制度的规定并不是制度的基础性规定。从制度是交往的产物，是使人作为现实存在者的社会关系结构视角来看，制度标识着特定社会交往关系的框架结构，和这种框架结构自身内在所固有的运行机制及其程序，而这些都体现为对社会成员基本权利及其义务关系的安排。换言之，高校教学管理制度之所以具有增进、规范教学管理秩序和保障各主体相关权利的规范性功能，是因为它本身就是教学管理行为主体权利义务关系的实体性存在。

一般而言，高校被认为是类似企业的利益相关者共治的组织。结合既有研究结论，根据利益相关者理论中多元利益主体的重要程度、权力大小及利益诉求的紧急程度三维指标，及当前我国高校教学管理的实际情况可知，除政府外，高校教学管理的直接核心利益相关者为学校管理者、教师和学生。基于上述分析，在"权利本位"理念下，可以从高校教学活动中学校的管理权、教师的教学权和学生的学习权来架构本研究的分析框架。通过剖析三种权利的平衡与制约来探讨高校教学管理制度的重构问题。其中，高校的教学管理权是高校作为独立行为主体所具有的、依据法律规定和政策许可，遵循办学目标和人才培养计划，在管理教学活动时所享有的自主决策权、自主执行权和自主监督权；教师的教学活动权是包括教师的专业自主权和学生管教权的权利束，是教师获得教学自由、实现内生专业成长的基本条件；而高校教学过程中学生的学习权主要体现为以学生个体学习自由为核心的学习自由权和以受教育为核心的学习条件保障权。

2. 泛在学习时代的高校教学模式是一种"教学媒体混合、学习模式混合和学习内容混合"的融合式教学方式

泛在学习时代的学习是一种在现代教育信息技术（人工智能、AR/VR、云计算、大数据等）的支持下，能够实现任何学习者在无缝衔接的学习空间中——包括教育机构、学习中心、工作空间、家庭和社区，既可以是物理空间，也可以是网络空间或精神空间，随时、随地获取任何自己所需学习资源，享受无处不在的学习服务。在此背景下，为了给学习者创造可以对接的学习环境，高校的课堂教学必须突破学校的围墙，必须依据全新的教学理念进行改造。但是，在泛在学习时代，高校仅仅只是泛在学习空间中教育机构的一部分，高校教学仍然是一种基于专业的教育机构，根据国家的人才培养目标与社会的人才需求，主要发生在高校课堂中的有组织有目的的学习活动，旨在服务正规学习。泛在学习技术与泛在学习理念作用于高校教学领域，其实质在于重新考量高校课堂内外的教学关系，以课堂教学为核心，使高校的教学目标、教学内容、教学过程在"人人、时时、处处"的泛在学习理念下，高校教学环境、教学方法、教学资源在泛在技术赋能下，循序渐进的渗透于教学过程，共同推动高校教学模式的变革。它并不意味着对传统高校课堂教学的彻底颠覆和全盘替代，更不是把传统高校课堂教学简单的数字化，而是旨在整合、优化高校课堂内外的教学资源，协调不同教学形式，打造一种"教学媒体混合、学习模式混合和学习内容混合"的混合式教学方式，循序渐进地对高校教学流程、教学模式的整体性再造，进而基于国家的人才培养需求，最大化的满足学生的学习需求，实现教学成效的最优化。

3. 泛在学习理念下的高校教学模式变革将打破相关主体原权利格局，泛在学习时代必须重构高校教学管理制度

从理论层面来讲，在泛在学习时代的高校教学模式变革进程中，学校

管理者、教师、学生的原权利格局将发生新的改变。就学校管理权而言，由封闭走向开放的教学模式使高校教学管理的权利主体从单一走向多元，其权利结构面临分化与重组；就教师教学权而言，信息技术拓展了高校课堂教学与学生学习活动的边界，使教师对教学活动的控制权、教学时空的管理权、教学内容的筛选权、教学形式和教学方法选择权的行使方式发生变革，信息技术与教育教学的深度融合使传统教师的全能角色分化为多人合作完成，使得教师对学生的指导与评价权被分解；就学生学习权而言，教育教学资源的多元化拓展与丰富了学生自由选择学习的机会与权利，同时学生学习权利主体地位进一步凸显，要求保障学习权的诉求高涨。因此，为了寻求社会要求和个体期望之间的利益再分配与平衡，高校教学管理制度必然会产生相应的变迁，这就为泛在学习时代的高校教学管理制度重构提供了可能性与合理性。

从实然层面来看，中华人民共和国成立迄今，我国高校教学管理制度建设取得了一定的成绩，制度的体系性和可行性逐步提升。目前已形成由校院（部）两级或校院（部）系三级管理组织构成的高校教学管理组织体系，学校的教学管理权分散于学校和院（部）系两个层次，大学章程与学校内部具体管理规章也为增进我国的高校教学管理秩序、推动人力资源强国战略提供了制度保障。然而，将现行的高校教学管理制度放置于泛在学习背景考察时发现，仍存在着一些规范失灵现象——高校的教学管理权限依然不足，高校教学管理组织呈现等级制权力关系，使学校管理权向上集中；教师个性化教学的关照不足，教师的教学自由被限制，使教师的教学权在一定程度上被消解，学生选择学习自由的权利尚未真正实现，参与教学管理的权利不足，使学生的主体性缺失。究其原因，主要有四点：一是现行高校教学管理法律制度相对孱弱和泛在学习理念下制度建设滞后所导致的制度供给与制度需求之矛盾，使泛在学习理念下的高校教学管理制度变迁存在路径依赖；二是高校教学管理组织结构不健全与高校教学管理制度基础性要素缺失所导致的制度结构失衡的合法性危机，使现行高校教学管理制度不被泛在学习理念下的利益主体认同和接受，导致制度效率低下甚至出现负功能；三是我国传统文化观下的个性遮蔽和计划体制下高校教学管理模式的制度惯性等制度环境的综合影响，使现行高校教学管理制度背离了以学生为中心的理念，呈现出行政导向抑或教师导向的制度安排特征；四是制度设计中的人性假设与行为假设导致制度价值的工具主义偏向，使高校教学管理出现"手段"与"目的"的价值错位，偏离了泛在学习时代教学价值旨归实现之轨道。据此可见，将现行的高校教学管理制度置于泛在学习理念下，并不能有效规范高校教学管理活动。这就为泛在学习时代的高校教学管理制度重构提供了必要性依据，也为其重构指明了方向。

4. 重构泛在学习时代的高校教学管理制度的建议

随着科技革命和工业革命不断加速发展，学习的便捷性和灵活性显著增强，能支持每一个学习者随时、随地、随意地进行各项学习活动、获取各地优质学习资源的广泛学习生态正在形成，学习边界不断拓展，"人人皆学、时时能学、处处可学"的泛在学习理念成为可能。在此背景下，现行高校教学管理制度已然不能规范与保障其教学活动的健康、可持续运行，重新寻找高校教学管理秩序是当前我们亟须思考之问题。而重构一种具有弹性的、强化服务内涵的高校教学管理制度，就需要在"规制"与"自由"之间寻求新的平衡点。其一，应把建构以学习权为基础的高校教学管理制度作为重构要义。长期以来，我国高校教学管理制度建设基本奉行以管理者或教师为主导的制度建构模式。泛在学习时代的高校教学是为面向未来社会所需的复合型、创新型人才服务的。虽然创新人才的培养所涉及人才培养过程诸多要素的综合改革，但最为根本的是学生主体性的增强和自主自由意识的养成。故此，在制度建设中，需要强调学习自由，建构与学习自由相适应的学习制度，充分彰显与保障学生的学习权。与此同时，根据高校复杂的自组织特征，基于泛在学习理念而创生的教学系统要想从无序走向有序，寻求学校管理权、教师教学权和学生学习权的衡平，就需要增强教学管理制度弹性和构建教学管理交往实践中的利益协调机制。其二，应把"学分银行"作为高校教学管理制度的重构支点。学分银行制度作为微观层面的教学管理制度，具备开放性、灵活性和服务性等特点，能通过发挥学分积累、学分兑换和学分转移功能。由于国外学分制起步早且具备较为成熟的运作体系，因此，在充分借鉴美国的核心课程编码系统、韩国的标准化课程体系、欧洲的统一学分量等国际经验基础上，我们可以从两方面着手，撬动高校教学管理流程再造，推动高校教学管理制度重构：一方面，从明确学分银行的功能定位与价值目标、授权与明确学分银行的建设主体、建立学分认证与互换标准、提供学分银行的操作标准等方面，加快学分银行立法，赋予高校教学管理制度重构空间；另一方面，通过完善混合式教学模式课程的学分认证政策、建立混合式教学学分认定和转换系统和在高校层面进行混合式教学学分建设等内容，打通高校混合式教学学分认证体系。其三，在把握重构要义和重构支点的基础上，通过如下三条路径推动高校教学管理制度从"规制"走向"赋能"：一是厘清高校教学管理的府校关系，增强高校自主管理能力；二是重组高校教学管理组织结构，提升高校教学管理思维和能力；三是加强高校教学管理制度建设的精准性与协同性，优化制度供给能力。

（二）研究反思

1. 研究重点

本研究的重点内容是探讨泛在学习时代高校教学模式变革与发展中的法律规制问题。通过搭建高校教学管理制度的权利分析框架，着重分析学校管理者、教师和学生三大直接利益主体的权益保障存在的问题，探寻现行高校教学管理制度规范失灵的成因，进而围绕这些问题及原因提出重构泛在学习时代高校教学管理制度的具体建议。

2. 研究难点

本研究的难点既表现在理论层面，也表现在实践层面。在理论研究上，本研究涉及教育学、法学、计算机科学与技术、管理学等多学科，需要用跨学科思维和方法来思考信息技术与教育深度融合后的教育法律问题，具有较大的理论难度。在实践层面，信息技术与教育深度融合所带来的教育变革、学校变革、教学形态变革的行为表现复杂多样，而且关于泛在学习时代一些新兴教学模式和理念的探讨本身也是一个实践前沿和热点问题，这些问题尚处于研究、设计阶段，因此其研究案例、样本的选取和把握也具有一定难度。

3. 研究不足

由于本研究自身的难度和其他客观条件的限制，尚存一些不足之处。首先，由于时间和精力限制，本研究对当前高校教学管理制度用于规范、调适、保障泛在学习时代学校管理权、教师教学权和学生学习权的调查资料有限。加之本研究具有一定的前瞻性，在访谈时发现有些受访者未能将问题与未来的教学活动相结合，导致有些数据不具有分析的可行性。其次，由于各高校的教学管理各有所异，本研究仅从东、西部选择了具有代表性的高校及其制度文本进行分析。虽然笔者力求选取的样本具有代表性、科学性，但其是否具有科学性、合理性还有待商榷。最后，由于研究能力有限，本研究中难免存在表述不清和观点阐述不完善等缺陷，有待其他研究者予以改进，提出更加清晰、全面的实施策略。

二、研究创新与展望

（一）可能的创新

第一，研究视角新。本研究认为，泛在学习时代必然会出现不同于传统教学形态的多样化的教学模式，完备的高校教学管理制度是以法治思维和法治方式治理高校教学活动，保障高校教学有序、规范发展的基本前提和关键突破口。但在已有研究中，学者们关于信息技术与教育教学融合的探讨大多停留在技术层面，就此谈技术的发展、需求和技术的具体应用。而本研究从教育学和法学双重视角，结合计算机科学与技术、管理学、经济学等多学科思维，系统性、前瞻性的探讨信息技术与高校教学深度融合后的教育法律问题，这一视角不仅是本研究的着力点，也是本研究亮点所在。

第二，研究思路新。本研究首先从制度标识着特定社会交往关系的框架结构以及这种框架结构内部所固有的运行机制及其程序，体现为对社会成员基本权利及其义务关系的安排的视角，指出高校教学管理制度之所以具有规范性功能，是因为它本身就是教学管理行为主体权利义务关系的实体性存在。进而根据利益相关者理论及当前我国高校教学管理的实际，在"权利本位"理念下，从高校教学活动中学校的管理权、教师的教学权和学生的学习权来架构高校教学管理制度的分析框架，这是区别以往研究所不同的研究思路。基于此分析框架，考察现行高校教学管理制度在调适泛在学习时代的高校教学模式时存在的冲突、困境，并探寻其成因，进而从权利衡平视角，提出旨在建构以学习权为基础的高校教学管理制度，推动制度从规制走向赋能。

第三，研究内容新。纵观已有研究，学者们对于教学管理制度的探讨更多是从微观的层面，研究传统高校教学形态下教学管理制度中的某一问题，如学分制、教学管理制度的规范化、教学管理制度的价值取向、教学质量评价制度等。少有学者对教学管理制度建设进行综合的、系统的整体性研究，更缺乏将之付之于现在时态和将来时态而进行系统性的前瞻思考。本研究立足变革时代的宏观背景，将泛在学习与高校教学管理制度结合起来，系统、全面地探讨信息技术与教育教学深度融合发展后的高校教学模式变革问题，综合运用问卷调查、深度访谈、案例研究、制度分析等研究方法，从实践中探寻现行高校教学管理制度运行失灵的表现及成因，在借鉴域外国家学分银行制度建设经验的基础上，进而给出面向未来的高校教学管理制度的重构建议。这也是以往研究尚未涉及的。

（二）研究展望

在科技革命和工业革命加速发展的背景下，教育与科技的深度、跨界融合正在彻底地颠覆传统的教育教学，信息技术重构的新技术生态圈改变着知识的传播形式与教育的交往方式，教育系统正在面临一场深刻的历史性解构、重构与创新。在这一过程中，有许多有价值的问题值得我们上升至学术层面进行研讨。本书只是以普通高等学校的本科教学为对象，以权利分析框架来探讨其面向未来教学模式时会怎样改变，现行的教学管理制度能否调适变革后的教学模式的问题，并从宏观的角度对于泛在学习时代的高校教学管理制度重构内容进行论证。因此，对于微观层面的具体研究也是本研究在后续研究中应重点展开的内容。另外，研究方法还需丰富。泛在学习时代的高校教学管理制度重构研究离不开对现行高校教学管理制度进行完善，既要剖析现行制度的实际情况，也要基于既有制度来探讨教学模式变革后的规管、调适。这就需要将之放置于泛在学习理念下对其保障、规范境况进行实证调查。囿于时间、精力和能力的问题，本研究主要采用了问卷、访谈进行调查，但这样的研究更多是从"效率"角度发现问题，更理想的研究是要结合大量的现实案例研究。通过剖析案例、从某一具体问题出发，可以"以小见大"。因此，未来的研究还需要把现有研究的基础上，丰富研究方法，更深入、更全面的剖析现实问题，希冀为教学管理制度重构提供更具有操作性的建议。

参考文献

一、中文类

(一) 中文译著

[1] [美]托斯丹·邦德·凡勃伦. 有闲阶级论[M]. 蔡受百, 译. 北京: 商务印书馆, 1964.

[2] [美]埃尔登. 比较法律文化[M]. 贺卫方, 等, 译. 北京: 生活·读书·新知三联书店, 1990.

[3] [美]阿尔温·托夫勒. 未来的冲击[M]. 蔡伸章, 译. 北京: 新华出版社, 1996.

[4] [美]R·科斯. 财产权利与制度变迁: 产权学派与新制度学派译文集[M]. 上海: 上海三联书店, 1994.

[5] [美]韦森. 社会制序的经济分析导论[M]. 上海: 上海三联书店, 2001.

[6] [美]菲利普·阿特巴赫. 比较高等教育: 知识、大学与发展[M]. 北京: 人民教育出版社, 2001.

[7] [美]马克·汉森. 教育管理与组织行为[M]. 冯大鸣, 等, 译. 上海: 上海教育出版社, 1993.

[8] [美]加里·尤克尔. 组织领导学[M]. 陶文昭, 译. 北京: 中国人民大学出版社, 2004.

[9] [美]安德鲁·芬伯格. 可选择的现代性[M]. 陆俊, 严耕, 译. 北京:

中国社会科学出版社，2003.

[10] [美]戴维·乔纳森. 学习环境的理论基础[M]. 郑太年，等，译. 上海：华东师范大学出版社，2002.

[11] [美]基思·索耶. 剑桥学习手册[M]. 徐晓东，等，译. 北京：教育科学出版社，2010.

[12] [美]塞缪尔·P. 亨廷顿，亨廷顿. 变化社会中的政治秩序[M]. 王冠华，译. 上海：上海人民出版社，2015.

[13] [美]艾尔·巴比. 社会研究方法（第十一版）[M]. 邱泽奇，译. 北京：华夏出版社，2013.

[14] [美]约翰·杜威. 民主主义与教育[M]. 王承旭，译. 北京：人民教育出版社，2001.

[15] [美]约翰·杜威. 学校与社会：明日之学校[M]. 赵祥麟等，译. 北京：人民教育出版社，2005.

[16] [美]约翰·罗尔斯. 正义论[M]. 何怀宏，等，译. 北京：中国社会科学出版社，2013.

[17] [美]斯蒂芬·P·罗宾斯. 组织行为学精要（第八版）[M]. 郑晓明，等，译. 北京：电子工业出版社，2005.

[18] [美]迈克尔·霍恩. 混合式学习：用颠覆式创新推动教育革命[M]. 聂风华，徐铁英，译. 北京：机械工业出版社，2015.

[19] [美]迪戈蕾. 学校教育[M]. 韩晓燕，译. 沈阳：辽海出版社，2000.

[20] [美]W·理查德·斯科特. 制度与组织——思想观念与物质利益[M]. 姚伟等，译. 北京：中国人民大学出版社，2010.

[21] [美]康芒斯. 制度经济学（上）[M]. 赵睿，译. 北京：华夏出版社，2013.

[22] [美]道格拉斯·C·诺斯. 制度、制度变迁与经济绩效[M]. 杭行，译. 上海：上海三联书店，2014.

[23] [美]卡洛琳·J. 斯奈德，等. 生活在混沌边缘：引领学校步入全球化时代（第二版）[M]. 郑旭东，等，译. 北京：教育科学出版社，2011.

[24] [美]博登海默. 博登海默法理学[M]. 潘汉典, 译. 北京: 法律出版社, 2015.

[25] [美]博登海默. 法理学: 法律哲学与法律方法[M]. 邓正来, 译. 北京: 中国政法大学出版社, 2017.

[26] [加]迈克·富兰. 变革的力量——深度变革[M]. 中央教育科学研究所, 加拿大多伦多国际学院, 译. 北京: 教育科学出版社, 2004.

[27] [加]迈克·富兰. 变革的力量——透视教育变革[M]. 中央教育科学研究所, 加拿大多伦多国际学院, 译. 北京: 教育科学出版社, 2000.

[28] [加]迪克·芬克. 未来的学习: 变革的目标与路径(第二版)[M]. 柳国辉, 译. 北京: 北京大学出版社, 2015.

[29] [澳]伊恩·帕尔默. 组织变革管理(第二版)[M]. 金永红, 等, 译. 北京: 中国人民大学出版社, 2009.

[30] [法]孟德斯鸠. 论法的精神[M]. 许明龙, 译. 北京: 商务印书馆, 2012.

[31] [法]米歇尔·福柯. 规训与惩罚[M]. 刘北城, 杨远婴, 译. 北京: 生活·读书·新知三联书店, 2010.

[32] [法]皮埃尔·布迪厄, [美]华康德. 实践与反思——反思社会学导论[M]. 李猛, 等, 译. 北京: 中央编译出版社, 1998.

[33] [德]柯武刚, 史漫飞. 制度经济学: 社会秩序与公共政策[M]. 韩朝华, 译. 北京: 商务印书馆, 2000.

[34] [德]哈贝马斯. 交往与社会进化[M]. 张博树, 译. 重庆: 重庆出版社, 1989.

[35] [德]哈贝马斯. 交往行动理论[M]. 洪佩郁, 蔺青, 译. 重庆: 重庆出版社, 1994.

[36] [德]马克斯·韦伯. 经济与社会(第二卷上册)[M]. 上海: 上海人民出版社, 2010.

[37] [德]卡尔·恩吉施. 法律思维导论(修订版)[M]. 郑永流, 译. 北京: 法律出版社, 2014.

[38] [德]黑尔格. 法哲学原理[M]. 范扬, 张企泰, 译. 北京: 商务印书馆,

2014.

[39] [德]克劳斯·施瓦布. 第四次工业革命[M]. 北京：中信出版集团, 2016.

[40] [德]马丁·海德格尔. 海德格尔选集（上）[M]. 孙周兴, 译. 上海：上海三联书店, 1996.

[41] [葡]曼努埃尔·德·安德拉德. 法律关系总论（第一版）[M]. 吴奇琦, 译. 北京：法律出版社, 2015.

[42] [英]A. J. M. 米尔恩. 人的权利与人的多样性：人权哲学[M]. 夏勇, 张志铭, 译. 北京：中国大百科全书出版社, 1995.

[43] [英]以赛亚·柏林. 自由论：《自由四论》扩充版[M]. 胡传胜, 译. 南京：译林出版社, 2003.

[44] [英]以赛亚·伯林. 两种自由概念[M]. 陈晓林, 译. 台北：台湾联经出版公司, 1987.

[45] [英]麦考密克, 魏因·贝格尔. 制度法论[M]. 周叶谦, 译. 北京：中国政法大学出版社, 1994.

[46] [英]卡尔·波普尔. 猜想与反驳[M]. 傅季重, 等, 译. 杭州：中国美术学院出版社, 2003.

[47] [日]佐藤学. 学校的挑战：创建学习共同体[M]. 钟启泉, 译. 上海：华东师范大学出版社, 2010.

[48] 联合国教科文组织. 反思教育：向"全球共同利益"的理念转变？[M]. 北京：教育科学出版社, 2017.

（二）著作

[1] 程燎原, 王人博. 权利论[M]. 桂林：广西师范大学出版社, 2014.

[2] 陈向明. 大学通识教育模式的探索——以北京大学元培计划为例[M]. 北京：教育科学出版社, 2008.

[3] 陈桂生. 学校教育原理[M]. 上海：华东师范大学出版社, 2012.

[4] 郭秉文. 中国教育制度沿革史[M]. 北京：商务印书馆, 2014.

[5] 郭继东. 学校组织与管理[M]. 上海：华东师范大学出版社, 2012.

[6] 郭冬生. 大学教学管理制度论[M]. 北京：高等教育出版社，2005.

[7] 高兆明. 制度公正论[M]. 上海：上海文艺出版社，2001.

[8] 黄金兰. 法律移植研究[M]. 济南：山东人民出版社，2010.

[9] 何志鹏. 权利基本理论：反思与构建[M]. 北京：北京大学出版社，2012.

[10] 何勤华. 法的移植与法的本土化（修订本）[M]. 北京：商务印书馆，2014.

[11] 康永久. 教育制度的生成与变革——新制度教育学论纲[M]. 北京：教育科学出版社，2003.

[12] 李秉德. 教学论[M]. 北京：人民教育出版社，1991.

[13] 李伦. 鼠标下的德性[M]. 南昌：江西人民出版社，2002.

[14] 卢鸿德. 高等学校教学管理理论与实务[M]. 沈阳：辽宁大学出版社，1991.

[15] 刘茗. 当代教学管理引论[M]. 北京：教育科学出版社，1997.

[16] 刘升平，夏勇. 人权与世界[M]. 北京：人民法院出版社，1996.

[17] 劳凯声. 变革社会中的教育权与受教育权：教育法学基本问题研究[M]. 北京：教育科学出版社，2003.

[18] 劳凯声，郑新蓉. 规矩与方圆：教育管理与法律[M]. 北京：中国铁道出版社，1997.

[19] 刘国艳. 制度分析视野中的学校变革[M]. 长春：吉林大学出版社，2011.

[20] 李春玲. 学校组织变革的理论与实践[M]. 杭州：浙江大学出版社，2014.

[21] 罗豪才，宋功德. 软法亦法：公共治理呼唤软法之治[M]. 北京：法律出版社，2009.

[22] 来冒德. 中国研究型大学本科教育探索[M]. 杭州：浙江大学出版社，2002.

[23] 孟繁华. 学校发展论[M]. 北京：教育科学出版社，2011.

[24] 马怀德. 学校法律制度研究[M]. 北京：北京大学出版社，2007.

[25] 蒲蕊. 当代学校自主发展理论与策略[M]. 广州：广东高等教育出版社，2005.

[26] 秦小云. 大学教学管理制度的人性化问题研究[M]. 青岛：中国海洋大学出版社，2005.

[27] 秦惠民. 走入教育法制的深处——论教育权的演变[M]. 北京：中国人民公安大学出版社，1998.

[28] 曾国屏，等. 赛博空间的哲学探索[M]. 北京：清华大学出版社，2002.

[29] 时伟，吴立保. 现代大学教学管理制度研究[M]. 合肥：安徽大学出版社，2006.

[30] 孙翠香. "利益博弈"中的变革力量：学校变革动力研究[M]. 天津：南开大学出版社，2014.

[31] 孙霄兵. 教育法理学[M]. 北京：教育科学出版社，2017.

[32] 石中英. 教育哲学导论[M]. 北京：北京师范大学出版社，2002.

[33] 王策三. 教学论稿[M]. 北京：人民教育出版社，1985.

[34] 王加强. 学校变革的生态分析[M]. 南京：南京师范大学出版社，2011.

[35] 王运武，于长虹. 智慧校园：实现智慧教育的必由之路[M]. 北京：电子工业出版社，2016.

[36] 王作冰. 人工智能时代的教育革命[M]. 北京：北京联合出版公司，2017.

[37] 吴遵民，李家成. 学校转型中的管理变革——世纪中国新型学校管理理论的建构[M]. 北京：教育科学出版社，2007.

[38] 吴国盛. 技术哲学经典读本[M]. 上海：上海交通大学出版社，2008.

[39] 夏勇. 人权概念起源——权利的历史哲学[M]. 北京：中国社会科学出版社，2007.

[40] 夏勇，胡水君. 法理讲义——关于法律的道理与学问（上）[M]. 北京：北京大学出版社，2010.

[41] 辛鸣. 制度论：关于制度哲学的理论建构[M]. 北京：人民出版社，2005.

[42] 徐贲. 统治与教育：从国民到公民[M]. 北京：中央编译出版社，2016.

[43] 徐建平. 学校：在政府、市场与社会之间——现代学校制度的理论探索及启示[M]. 北京：教育科学出版社，2011.

[44] 杨孝堂，陈守刚. 泛在学习的理论与模式[M]. 北京：中央广播电视大学出版社，2012.

[45] 杨小微. 整体转型：当代学校变革"新走向"[M]. 南京：江苏教育出版社，2012.

[46] 杨小微. 全球化进程中的学校变革——一种方法论视角[M]. 上海：华东师范大学出版社，2004.

[47] 杨小微. 从被动接受到主动学习——教学改革发展之路[M]. 上海：华东师范大学出版社，2018.

[48] 杨现民. 泛在学习时代的资源建设：走向生成与进化[M]. 北京：电子工业出版社，2016.

[49] 杨琼. 治理与制衡：学校法人论[M]. 北京：教育科学出版社，2011.

[50] 余雅风. 学生权利与义务[M]. 南京：江苏教育出版社，2012.

[51] 周彬. 决策与执行：制度视野下的学校变革[M]. 北京：教育科学出版社，2005.

[52] 周川，等. 现代学校制度与学校自主发展研究[M]. 哈尔滨：黑龙江人民出版社，2011.

[53] 周永坤. 法理学——全球视野[M]. 北京：法律出版社，2016.

[54] 周雪光. 组织社会学十讲[M]. 北京：社会科学文献出版社，2003.

[55] 朱德全，李珊泽. 教育研究方法[M]. 重庆：西南大学出版社，2011.

[56] 湛中乐. 公立高等学校法律问题研究[M]. 北京：法律出版社，2009.

[57] 张学文. 大学理性研究[M]. 北京：北京师范大学出版社，2013.

[58] 张文显. 法理学[M]. 北京：高等教育出版社，2011.

[59] 张文显. 二十世纪西方法哲学思潮研究[M]. 北京：法律出版社，1996.

[60] 张红霞. 制度更新：探寻学校运营"新秩序"[M]. 南京：江苏教育出版社，2012.

[61] 张茂聪. 论教育公共性及其保障[M]. 北京：商务印书馆，2012.

[62] 张波. 我国大学本科教学管理制度问题研究[M]. 青岛：中国海洋大学出版社，2015.

[63] 卓泽渊. 法的价值论（第三版）[M]. 北京：法律出版社，2018.

（三）学位论文

[1] 陈恩伦. 论学习权[D]. 重庆：西南师范大学，2003.

[2] 陈国民. 从"教育+互联网"到"互联网+教育"[D]. 大连：大连理工大学，2016.

[3] 曹双双. 基于泛在环境的无缝学习策略研究[D]. 北京：北京交通大学，2012.

[4] 杜芳芳. 从行政控制到专业引领[D]. 上海：华东师范大学，2011.

[5] 范履冰. 受教育权法律救济制度研究[D]. 重庆：西南大学，2006.

[6] 樊改霞. 公共教育的现代性转型及其困境[D]. 南京：南京师范大学，2007.

[7] 郭欣. 教育制度对大学人才培养质量的影响研究[D]. 大连：大连理工大学，2012.

[8] 顾世春. 从海德格尔到鲍尔格曼技术哲学经验转向研究[D]. 大连：大连理工大学，2013.

[9] 侯素芳. 个体权利视域中的教育现代性的正当性[D]. 长春：东北师范大学，2011.

[10] 贺新向. 基于课堂教学改革的学校组织变革研究[D]. 上海：华东师范大学，2017.

[11] 吉标. 规范与自由——教学制度价值研究[D]. 济南：山东师范大学，2008.

[12] 孔仕强. 在线教育对教育公平影响机制及局限性研究[D]. 北京：清华大学，2016.

[13] 王敬波. 高等学校与学生的行政法律关系研究[D]. 北京：中国政法大

学，2005.

[14] 王星霞. 学校发展变革研究[D]. 兰州：西北师范大学，2007.

[15] 王晓辉. 一流大学个性化人才培养模式研究[D]. 武汉：华中师范大学，2014.

[16] 王鑫. H省新建本科院校教学质量改进研究[D]. 哈尔滨：哈尔滨师范大学，2016.

[17] 王维. MOOC应用中高校教学管理存在的问题及对策研究[D]. 湘潭：湘潭大学，2017.

[18] 王柯. 我国高校弹性学制的教学管理机制研究[D]. 荆州：长江大学，2017.

[19] 刘承波. 信息时代高等学校教学过程的变革及其运行机制[D]. 厦门：厦门大学，2002.

[20] 刘冬梅. 高校教师的教学权利研究[D]. 重庆：西南大学，2010.

[21] 杨晓霞. 论教育公益性与产业性关系的理论基础及现实意义[D]. 武汉：华中师范大学，2003.

[22] 杨卫安. 教育公益性及与营利性矛盾的化解研究[D]. 长春：东北师范大学，2007.

[23] 杨琼. 学校法人治理问题研究[D]. 上海：华东师范大学，2007.

[24] 李福华. 高等学校学生主体性研究[D]. 上海：华东师范大学，2003.

[25] 李永红. 技术认识论探究[D]. 上海：复旦大学，2007.

[26] 李霞玲. 海德格尔存在论科学技术思想研究[D]. 武汉：武汉大学，2012.

[27] 李云星. 学校变革中的冲突与观念生成[D]. 上海：华东师范大学，2013.

[28] 仲建维. 沉重的主体[D]. 上海：华东师范大学，2006.

[29] 左明章. 论教育技术的发展价值[D]. 武汉：华中师范大学，2008.

[30] 罗庆倩. 高校学生泛在学习环境的评价研究[D]. 昆明：云南大学，2014.

[31] 马杰. 中外学历学位互认中的法律问题研究[D]. 武汉：武汉大学，2014.

[32] 秦小云. 大学教学管理制度的人性化问题研究[D]. 武汉：华中科技大学，2005.

[33] 唐智松. 网络文化中学生主体性的迷失与重塑[D]. 重庆：西南师范大学，2004.

[34] 田联进. 中国现代高等教育制度反思与重构[D]. 南京：南京大学，2011.

[35] 徐冬青. 市场引入条件下的政府、学校和中介组织[D]. 上海：华东师范大学，2005.

[36] 孙冬喆. 中国学分银行制度建设研究[D]. 上海：华东师范大学，2014.

[37] 张于堂. 我国网络大学的现状与发展研究[D]. 上海：华东师范大学，2001.

[38] 张红霞. 在变动中寻求秩序[D]. 上海：华东师范大学，2009.

[39] 张衡. 集体行动与秩序生成[D]. 上海：华东师范大学，2013.

[40] 张东. 论大学教学管理的伦理诉求[D]. 重庆：西南大学，2012.

（四）期刊论文

[1] 包华影，黄文峰，夏澜. 全国教师教育网络联盟网络学历教育课程互选和学分互认机制研究与实践[J]. 中国远程教育，2015（8）.

[2] 陈恩伦. 论学习权[J]. 中国教育学刊，2003（2）.

[3] 陈恩伦. 关于制定《学校法》的思考[J]. 高等教育研究，2008（6）.

[4] 陈卫东. 泛在学习的哲学思考[J]. 现代教育技术，2008（12）.

[5] 陈鹏勇. 弹性学制下虚拟教育平台的构建[J]. 高教探索，2010（2）.

[6] 程换弟. 数字化时代教育变革路径探析[J]. 教育理论与实践，2016，36（22）.

[7] 戴晓娥. 信息技术对课堂教学的影响[J]. 中国电化教育，2013（2）.

[8] 丁钢. 新技术与教学方式的转变——学校变革的核心[J]. 现代远距离教

[9] 樊文强. MOOC学习成果认证及对高等教育变革路径的影响[J]. 现代远程教育研究，2015（3）.

[10] 冯永华. 教育信息化促进教学方式变革[J]. 教育研究，2017（3）.

[11] 房敏. 地方本科院校教学管理制度的失衡与重构[J]. 现代教育管理，

2016（4）.

[12] 郭冬生. 论大学教学管理制度蕴含的基本矛盾及其协调[J]. 江苏高教, 2004（6）.

[13] 郭冬生. 我国大学本科教学管理制度的反思与重建[J]. 清华大学教育研究, 2004（3）.

[14] 郭冬生. 大学保护还是限制了学习的自由？——我国大学本科教学管理制度的调查分析[J]. 中国大学教学, 2004（5）.

[15] 高丹丹, 张际平. 技术给学习带来什么——从 e-Learning 到 u-Learning[J]. 电化教育研究, 2008（7）.

[16] 谷力. 结构治理：学校变革的系统思考[J]. 上海教育科研, 2013（6）.

[17] 黄欣, 吴遵民, 蒋侯玲. 论现代"学分银行"制度的建设[J]. 开放教育研究, 2011（3）.

[18] 黄荣怀, 张进宝, 经倩霞, 刘晓琳. 面向 2030 教育发展议程的全球教育信息化发展战略——解读《青岛宣言》教育目标行动框架[J]. 开放教育研究, 2016（1）.

[19] 韩锡斌, 王玉萍, 张铁道, 程建钢. 远程、混合与在线学习驱动下的大学教育变革——国际在线教育研究报告《迎接数字大学》深度解读[J]. 现代远程教育研究, 2015（5）.

[20] 何克抗. 智慧教室+课堂教学结构变革——实现教育信息化宏伟目标的根本途径[J]. 教育研究, 2015（11）.

[21] 花长友. 学分制与高校教学管理体制创新[J]. 江苏高教, 2002（2）.

[22] 蒋红. 促进人人、时时、处处的泛在学习——上海开放大学服务学习型城市建设的实践探索[J]. 开放教育研究, 2014（4）.

[23] 劳凯声. 重新界定学校的功能[J]. 教育研究, 2000（8）.

[24] 劳凯声. 社会转型与教育的重新定位[J]. 教育研究, 2002（2）.

[25] 劳凯声. 面临挑战的教育公益性[J]. 教育研究, 2003（2）.

[26] 劳凯声. 公共教育体制改革中的伦理问题[J]. 教育研究, 2005（2）.

[27] 劳凯声. 教育体制改革中的高等学校法律地位变迁[J]. 北京师范大学

学报（社会科学版），2007（2）.

[28] 劳凯声．教育体制改革的公益性诉求[J]．理论视野，2008（7）.

[29] 劳凯声．改革开放 30 年的教育法制建设[J]．教育研究，2008（11）.

[30] 劳凯声．把学习的权利还给学生——受教育权利的历史演进及当前发展的若干新动向[J]．北京师范大学学报（社会科学版），2015（3）.

[31] 劳凯声．坚持市场经济条件下公办学校的公益性质[J]．学术界，2017（2）.

[32] 黎军．论网络教育的法律规制与保护[J]．高等理科教育，2004（6）.

[33] 刘冬梅．碰撞与超越：教育法律观念的现代转换——法律文化的视角[J]．河南师范大学学报（哲学社会科学版），2009（1）.

[34] 刘晓芳．学习权：学校变革的新视角[J]．教育理论与实践，2016（17）.

[35] 罗洁．信息技术带动学习变革——从课堂学习到虚拟学习、移动学习再到泛在学习[J]．中国电化教育，2014（1）.

[36] 罗儒国，王姗姗．本科教学管理制度建设的探索与思考——以武汉大学为例[J]．黑龙江高教研究，2011（3）.

[37] 李卢一，郑燕林．泛在学习的内涵与特征解构[J]．现代远距离教育，2009（4）.

[38] 李亮．MOOC 发展的国家政策支持研究[J]．现代教育技术，2014（5）.

[39] 李志峰，罗梦辉，王春春．基于学生分类发展的本科教学管理制度变革——以"自我——社会认识"为分析视角[J]．国家教育行政学院学报，2016（12）.

[40] 李希光．新建本科院校教学管理制度创新研究[J]．中国教育学刊，2015（S2）.

[41] 南国农．我国教育信息化发展的新阶段、新使命[J]．电化教育研究，2011（12）.

[42] 庞春红，郦晓宁．泛在学习的多维透视[J]．河北大学学报（哲学社会科学版），2010（5）.

[43] 潘基鑫，雷要曾，程璐璐，石华．泛在学习理论研究综述[J]．远程教

育杂志，2010（2）.

[44] 盛冰. 社会资本、市场力量与学校变革[J]. 北京师范大学学报（社会科学版），2005（1）.

[45] 申素平. 高等学校教学管理中的法律问题[J]. 中国大学教学，2003(3).

[46] 申素平. 受教育权的理论内涵与现实边界[J]. 中国高教研究，2008(4).

[47] 石利萍. 高等学校教学管理制度创新的特殊性、主体和路径[J]. 现代教育管理，2010（4）.

[48] 熊才平，何向阳，吴瑞华. 论信息技术对教育发展的革命性影响[J]. 教育研究，2012（6）.

[49] 许春漫. 当代学习理论视阈下泛在学习共享空间的构建[J]. 情报资料工作，2013（1）.

[50] 王晓辉. 革命与冲突——教育信息化的教育学思考[J]. 中国电化教育，2006（2）.

[51] 王民，顾小清，王觅. 面向终身学习的 u-Learning 框架：城域的终身学习实践[J]. 中国电化教育，2010（9）.

[52] 王龙. 美国在线学历教育的发展和商机[J]. 现代远程教育研究，2010（4）.

[53] 王向东. 大学教师教学管理制度的反思与完善——基于教学行为与制度关系的视角[J]. 现代大学教育，2011（3）.

[54] 王恩华. 我国大学教学管理制度变迁的制度分析[J]. 江苏高教，2003（5）.

[55] 王宏，魏奇，杨敏. 基于政策分析的视角：欧洲学分互认与累积体系对我国学分银行制度建设的启示[J]. 现代远距离教育，2012（3）.

[56] 吴殿朝. 社会转型中的我国教育法律关系研究[J]. 武汉理工大学学报（社会科学版），2010（3）.

[57] 武丽志，张妙华. 广州大学城高校课程互选、学分互认的研究与实践——基于校际网络课程教学的视角[J]. 远程教育杂志，2013（6）.

[58] 叶澜. 实现转型：新世纪初中国学校变革的走向[J]. 探索与争鸣，2002

（7）.

[59] 余雅风，劳凯声. 科学认识教师职业特性 构建教师职业法律制度[J]. 教育研究，2015（12）.

[60] 余雅风. 论我国教育立法的价值选择[J]. 中国教育法制评论，2009.

[61] 余雅风. 引入契约理念 创新高校学生管理制度[J]. 教育研究，2007（6）.

[62] 余雅风. 契约行政：促进高等学校学生管理的法治化[J]. 北京师范大学学报（社会科学版），2007（2）.

[63] 余雅风. 公共性：学校制度变革的基本价值[J]. 教育研究，2005（4）.

[64] 余雅风. 重构中国高等教育公共性的法律保障机制[J]. 中国教育法制评论，2004.

[65] 余胜泉. 从知识传递到认知建构、再到情境认知——三代移动学习的发展与展望[J]. 中国电化教育，2007（6）.

[66] 余胜泉. 推进技术与教育的双向融合——《教育信息化十年发展规划（2011-2020年）》解读[J]. 中国电化教育，2012（5）.

[67] 尹力. 学习权保障：学习型社会教育法律与政策的价值基础[J]. 北京师范大学学报（社会科学版），2010（3）.

[68] 殷双绪，姚文建. 我国高等教育领域学分互认的典型案例分析及启示[J]. 中国远程教育，2012（11）.

[69] 杨晨，顾凤佳. 国外学分互认与转移的探索及启示[J]. 现代远距离教育，2011（4）.

[70] 杨志坚. 泛在学习：在理想与现实之间[J]. 开放教育研究，2014（4）.

[71] 杨银付. "互联网+教育"带来的教育变迁与政策响应[J]. 教育研究，2016（6）.

[72] 杨晓宏，周效章. 我国在线教育现状考察与发展趋向研究——基于网易公开课等16个在线教育平台的分析[J]. 电化教育研究，2017（8）.

[73] 鄢小平. 我国学分银行制度的模式选择和架构设计[J]. 远程教育杂志，2015（1）.

[74] 易凌云，周洪宇，王明雯，万力勇．推动我国互联网教育立法的思考与建议[J]．现代远程教育研究，2017（1）．

[75] 张波．重构与再建：大学本科教学管理制度论略[J]．国家教育行政学院学报，2009（9）．

[76] 张波．大学本科教学管理制度研究十年回顾[J]．高等工程教育研究，2009（3）．

[77] 张波．大学教学管理制度结构性失衡的社会学分析[J]．高等教育研究，2008（12）．

[78] 张学文．教育综合改革应由"教育工具论"向"教育民生论"转型——"十八大"报告"努力办好人民满意的教育"之学理解读[J]．清华大学教育研究，2013（1）．

[79] 张学文．大学理性：历史传统与现实追求[J]．教育研究，2008（1）．

[80] 周光礼，刘献君．政府、市场与学校：中国教育法律关系的变革[J]．华中师范大学学报（人文社会科学版），2006（5）．

[81] 周晶晶，孙耀庭，慈龙玉．区域学分银行建设的困境与思考[J]．开放教育研究，2016（5）．

[82] 赵哲，宋丹．高校教学制度建设的问题及消解途径[J]．中国高等教育，2016（Z1）．

[83] 祝智庭．中国教育信息化十年[J]．中国电化教育，2011（1）．

二、英文类

[1] Brown, J. S., Collins, A., & Duguid, P..Situated Cognition and the Culture of Learning [J]. Educational Research, 1989, 15 (18).

[2] Blair M.M.. For Whom Should Corporations Be Run? An Economic Rationale for Stakeholder Management[J]. Long Range Planning, 1998, 31 (2).

[3] Bickel, R. D. & Lake, P. F.. The rights and responsibilities of the modern

university: Who assume the risks of college life? [M]. Durham, NC: Carolina Academic Press, 1999.

[4] Bekhradnia, B.. Credit Accumulation and Transfer, and the Bologna Process: an Overview[R]. Higher Education Policy Institute. 2004(10).

[5] Collis B., Moonen J.. Flexible learning in a digital world: experience and expectations[M]. London: Kogan Page Limited, 2001.

[6] Clarkson, M.A stakeholder framework for analyzing and evaluating corporate social performance [J]. Academy of Management Review, 1995, 20(1).

[7] Campbell D.. Ownership and Control: Rethinking Corporate Governance for the Twenty-First Century[J]. Challenge, 1996, 39(1).

[8] Callahan.R.E.Education and the cult of efficiency [M]. Chicago: University of Chicago Press, 1962.

[9] Chan, T. W., Roschelle,j..One-to-one technology enhanced learning: An opportunity for global research collaboration[J]. Research and Practice in Technology Enhanced Learning, 2006(1).

[10] CQFW NICATS NUCCATS SEEC. CREDIT AND HE QUALIFICATIONS: Credit Guidelines for HE Qulifications in England, Wales and Northern Ireland [EB/OL]. http://www.nicats.ac.uk/doc/prop_guidelines.pdf.2001-11-02.

[11] Dey, A. K., & Abowd, G. D..Towards a Better Understanding of Context and Context-Awareness [A].Proceedings of the Workshop on the What, Who, Where, When and How of Context-Awareness, Affiliated with the CHI 2000 Conference on Human Factors in Computer Systems[C]. New York, NY: ACM Press,2000.

[12] Dey, A. K.. Understanding and Using Context [J]. Personal and Ubiquitous Computing,2001 (5).

[13] Dey, A. K., Abowd, G. D., & Salber, D.. A Conceptual Framework and a

Toolkit for Supporting the Rapid Pro-totyping of Context-Aware Applications[J]. Human-Computer Interaction, 2001(16).

[14] Evans, C.. The Effectiveness of M-Learning in the Form of Podcast Revision Lectures in Higher Education [J]. Computers & Education,2008 (50).

[15] European Union. European Credit Transfer and Accumulation System (ECTS)[EB/OL].http://ec.europa.eu/education/lifelong-learning-policy/do c48_en.htm.2011-10-22.

[16] Gabella,M.S.Beyond the looking glass:Bringing students into the conversation of historical inquiry[M]. Theory and Research in Social Education, 1994,23(3).

[17] Hwang, G.-J., Tsai, C.-C., & Yang, S. J. H..Criteria, Strategies and Research Issues of Context-Aware Ubiquitous Learning [J]. Educational Researcher, 2008(2).

[18] Iain, T. From the Question Concerning Technology to the Quest for a Democratic Technology: Heidegger, Marcuse, Feenberg[J]. Inquiry, 2000, 43(2).

[19] Junor,S.,& Usher,A..Student Mobility& Credit Transfer: A National and Global Survey[EB/OL].http://www.educational policy.org/publications/ pubpdf/credit. pdf, 2011-02-08.

[20] Kobsa, A., Koenemann, J., & Pohl, W.. Personalised Hypermedia Presentation Techniques for Improving On-line Customer Relationships [J]. The Knowledge Engineering Re-view, 2001, 16(2).

[21] Land, S. M., &Hannafin,M.j.. A Conceptual framework for the development of theorier-in-action with open-ended learning evironment[J]. Educational Technology Research Dvelopment, 1996(3).

[22] LiL.Y., Zheng Y.L., &Ogata H.. Research On Pervasive E-Learning System Development[M]. Proc.of ELearn, 2003.

[23] Mark Weiser. The Computer for the 21st Century[J]. ACM SIGMOBILE Mobile Computing and Communications Review, 1999, 3(3).

[24] March, James G., Johan P.O.. Rediscovering Institutionalism: The Organizational basis of politics[M]. New York:The Free Press: 1989.

[25] Massachusetts Department of High Education. Massachusetts and National Transfer Policies and Agreements [EB/OL]. http://www.mass.edu/library/ctagIII. asp, 2011-04-03.

[26] NCES. Table 34-1 Transfer and articulation policies, full-time-equivalent fall enrollment, and percentage dictribution of enrollment in public 2-year institutions, by state: 2000 [EB/OL]. http://nces,ed.gov/programs/coe/ 2005/section5/table. asp? tableID=300, 2011-01-27.

[27] Ogata, H.. Context-Aware Support for Computer-Supported Ubiquitous Learning [A]. Proceedings: 2nd IEEE International Workshop on Wireless and Mobile Technologies in Education (WMTE'04) [C], 2004.

[28] Ogata, H., & Uosaki,N.. A new trend of mobile and ubiquitous learning research: towards enhancing ubiquitous learning experience[J]. Mobile Learning and Organisation, 2012(6).

[29] SCQF. An Introduction to the Scottish Credit and Qualifications Framework (2nd EDITION)[EB/OL]. http://www.sqa.org.uk/files_ccc/ Introduction to SCQF-2nd Edition.pdf.2003-10.

[30] Suchman, M.. Managing legitimacy:strategic and institutional approaches [J]. Academy of Management Review, 1995(20).

[31] Stage, France's K. & Watson, Lemuel W.. Enhancing Student Learning: Setting the Campus Context[M]. Lanham: University Press of America, 1999.

[32] Toyne, P.. Educational Credit Transfer: Feasibility Study[M]. Department of Education and Science, London, 1979.

[33] Weiser, M.. The Computer for the 21st Century [J]. Scientific American,

1991, 265(30).

[34] Weiser, M..Hot Topic: Ubiquitous Computing[J]. IEEE Computer, 1993 (10).

[35] Wong, L. H.. A Learner-Centric View of Mobile Seamless Learning[J]. British Journal of Educational Technology,2012,43(1).

[36] World Bank Group. World Development Report 2018: LEARNING to Realize Educations Promise[M]. Washington, D.C.: World Bank Group, 2017.

[37] Yang, S. J. H.. Context Aware Ubiquitous Learning Environments for Peer-to-Peer Collaborative Learning[J]. Educational Technology & Society, 2006, 9(1).